日常と偶然

片山洋之介

日常と偶然

目　次

第一部　日常と偶然

第一部　日常と偶然

日常と偶然へのアプローチ

はじめに

日常と偶然とを結びつけて論ずることがどれほどの意味を持つのか、十分な成算があるわけではない。主として実存思想を手がかりに考えてきたことを自分なりに方向づければどうなるかと考えると、この二つの言葉がキーワードとして上がってきたということである。両者とも、普通には問題にする価値がないとされる事柄なので、これらを主題にすることの弁明がむつかしい。日常とは「すでにわかっている」有様だし、「偶然にすぎない」ことを問題にしても役に立たぬ。学問の営みにおいても人間の生き方においても、「日常に埋没すること」あるいは「偶然に身をまかせること」は、探求の努力を放棄することであり、称賛されるべきものではない。それらは、真理を求める学問の営みや真実な生き方の対極にあると考えられよう。まず大前提として、「真理は、それ自体で価値がある」こと、そして「日常と偶然は、真理の余所《よそ》にある」ことを認めねばならぬ。

日常および偶然の意義を主張するとしても、あくまで真理を探求するという前提においてである。このことは繰り返し確認しなければならない。その上で、ひとたび日常や偶然の意義が重視されるならば、真理はみずからの外部におびやかされることになるだろう。「自身」と「よそ」、「自体」と「外部」の境界が怪しくなり、虚偽とか欺瞞の意義が主題に上がってくるだろう。つまり、新たな真理概念が要求されるということである。

後述するが、現代はそうした思想状況にあると思う。しかし余所を余所として、明確に主題化することはむつかしい。私も日常・偶然それぞれについて、幾人かの思想家を手がかりに数編書いたが、いずれも問題を残したままだし、日常と偶然を関係づけて論ずる試みはまだ手探り状態にある。何らかまとまりをつける前に、どうしても取り上げたい思想家が残っているし、すでに言及した思想家についても論じ直したく思う。「意味」、「他者」、「身体」、「時間」といった概念を、「日常と偶然」という様相を通じて問えばどういうことになるか。問題は広がってなかなか収束しそうになく、ジグザグに歩みを進めるしかない。本稿も途上の試みである。あらかじめ全体の構成を示しておこう。

（1）二人の同僚への追悼も含め、序論として死の問題を取り上げた。生の限界としての「存在論的な偶然性」をはじめに展望しておこうという意図からである。しかしそれはあくまで展望であって、前提するべきものではない。（2）出発点として、真理への疑念が生じている現代の情況をふまえ、「真理の余所」としての日常と偶然を主題化することを試みた。後半は「現実的真理」への志向に即して、イデオロギー論を取り上げた。真理はイデオロギーとなることを免れない。そのことを積極的に認めるならば、日常性と偶然性は、真理の条件とみなすことができるだろう。(3)では「日常と真理」という見地から和辻倫理学を取り上げた。日常の事実に即してその只中に倫理を見出そうとする和辻倫理学の方法には共感するのだが、それは困難な試みである。その困難に定位すれば、「日常」はそれ自体の内に亀裂を含むと考えざるをえなくなる。そこで和辻の「間柄」論や「倫理の普遍性」が問われることにもなるだろう。(4)以上の展開をふまえ、メルロ゠ポンティが真理と偶然性について触れている一節を取り上げ、それを手がかりに暫定的なまとめと展望を試みた。

「日常と偶然」を真理との関係で論ずるというのが本稿のテーマである。テーマは異なるが、すでに旧稿で論じたり触れたりした部分もある。その箇所については註で示した。

(1) 死の必然 - 偶然

世紀の変わり目に二人の同僚の死に立ち会った。私もガンの手術をして死が身近なものとなった。三人の研究室が隣接していたこともあり、自分たちの病を話の種にしたこともある。――「死ぬことを考えても仕方ないよな」――「生きている毎日が有難いと思えるようになったのだから良しとしよう」――「その時が来たら、アバヨと笑えればいいね」などと。

死は誰にでもやってくる。種としての生物にとって、個体の死は必然（必要）だと言えよう。しかしこの必然に対し、解答のない「なぜ」を問わざるをえないのも人間の性《さが》である。偶然について、さしあたり「理由がない」ないし「理由を知ることができない」と規定するならば、「死の必然」は理由なき事実であり、「偶然」でもある。

日常において死は、自分の生を脅かす事実として主題化されることはない。事故のニュースを見聞して多くの人の死に心を痛めるとしても、他の様々な事件と同じく、情報として日常の話題に組み込まれてしまう。しかし親しい者の死に出会い、自分自身の日常が揺るがされるとき、その偶然–必然が、生への脅威として迫ってくるだろう。彼の死について、医者や警察は理由（病因とか事故の様子など）を挙げて説明してくれる。しかしそれは「いかにして彼の身体機能が停止したか」の理由であって、「なぜ彼の死が生起したか」の理由ではない。彼の死を悼む者にとって、出来事は理由なき運命としか受け止めようがないのである。科学的説明を超えた「偶然の死」に出会うとき、「人間は誰でも死ぬ」という必然が重ね合わされる。(1)

九鬼周造が言うように、運命は「必然–偶然」の構造を持つ。(2) 偶然と見えた出会いが自分の人生に深い関わりを持つに至るとき、その出会いは「必然的な運命」と言われよう。「彼と私は生まれる前から赤い糸で結ばれていた」と言われたりもする。そうだとしても運命はあくまで理由なき必然であり、偶然性が解消されるわけではない。この、決して解消されることのない、必然と表裏な偶然性を「存在論的偶然性」と呼んでおこう。それは論証を超えるものであり、生の限界において出会うものである。

我々にふりかかる不可避の事実が、不条理の感情とともに受けとめられるとき、その事実が「存在する」こと自体の偶然性が浮かび上がってくる。そこから見れば日常はどう捉え直されるか。存在論的偶然性は、日常の生活においては主題化されず、影にとどまっている。「影を落とす」と言うべきか「影にとどまる」と言うべきか、微妙なところだが、偶然性のもたらす影を積極的に解釈することによって、日常性を豊かで謎に満ちたものと見直すことができないだろうか。

「死に向かう存在」を本来性への通路としたハイデガーは、日常性をそこからの逃避として、頽落として描いた。だが彼の存在論における日常性の概念は微妙であり、積極的な解釈を許す余地を残している。「可能性」を強調するハイデガーに対して「偶然性」に定位するならば、日常性も違った風に見えてくるのではないか。

先の、二人の同僚との会話は、死を逃避するおしゃべりであり、非本来的と見なされるかも知れない。しかしその会話は「かけがえのない日常」を感じさせるものであった。彼らとの会話は今では過去となり、彼らの不在が我々の日常となっている。だが完全な忘却に至らぬあいだは、彼らは不在として現在している。

「不在としての現在」ということで偶然性と可能性の連関を示すつもりだが、後の問題としよう。「日常の内に落とす偶然の影」という表現もあまりに曖昧で、こうした言説の意味を明確にする必要がある。存在論的な次元は（「語りえないもの」とは思わないのだが）前提すべきものではなく、生の現実からの要請を通じて主題とするべきであろう。死の問題からのアプローチは中断して現実に立ち戻り、日常の生との関わりで真理の問題を考えることにしよう。

(2) 真理の余所《よそ》

はじめに「日常と偶然は、真理の余所にある」と述べた。この、真理にとっては無視すべき「余所」を主題とし、それを通じて真理を見直すのが本節の意図である。

まず真理および真実の規定をしておかねばならない。真理の意味を変えていくのが一つの目的だし、場面展開の中で意味をずらしていくつもりだが、さしあたり常識的で欲張った規定をしておきたい。――真理とは、①学問的・理性的な洞察によって見出される、②普遍的・必然的な理法・法則であり、③実際の現実に適合する言説である。真実という言葉は真理と同義に使われることが多く、本稿でもまとめて「真理探究」と書く。特に区別されて「真実」という言葉が用いられるのは、人間の生き方、倫理に関わる場合にである。真実とは「道理からはずれない」生き方であり、「心に思うことに一致する」」、「二心がない」言説だと言うことができよう。

以上の規定に則して、真理探究の発生と成果を問題にし、日常と偶然の意義を正面に押し出したい。フッサール、ニーチェ、マンハイムなどの助けを借りることにする。

①真理の探求は、何らかの方法をもって、学問的・理性的に行われる必要がある。「学問的」、「理

性的」ということの意味は様々だが、基本としてまず「曖昧な了解の上に立つ日常性から脱出する」という点では共通していよう。どのように脱出するかについては、様々な筋道が考えられる。「科学的に」とか「哲学的に」とか、あるいは「良心的に」とか呼ばれる場合、日常性からの脱出の仕方に、異なったニュァンスがある。その点に注目して哲学の流派を説明することもできるだろう。哲学史の記述も、~主義と称される以前の「問題関心の場面」に立ち戻らなければ、単なる学説史になってしまう。晩年のフッサールにおける現象学的還元は、哲学や科学による色づけが行われる以前の、それらを発生させる地盤としての日常世界を顕わにする試みでもあった。「客観的学問が問いを立てるのも、〈常に前もって、前学問的な生活に由来して存在する世界〉という地盤においてのみである。」(3)

真理を探究するには日常世界から脱出しなければならぬ。ひとたび脱出して真理探究の営みが続けられると、真理の光こそが導きとなり、世界はその光によって色づけされるようになるだろう。だが、その色づけが疑問視されるような事態が生ずるとき、真理探究そのものへの反省が起こってくる。「世界をどのように色づけしたのか」が問われ、そのために「日常世界からどのように脱出したのか」、「何を切り捨てたのか」が改めて問題にされることになる。フッサール現象学における「還元」は、日常世界から「脱出する」ことを要請するが、それが学問の危機意識と結びつくとき、日常世界を学問の豊穣な地盤として「捉え直す」作業ともなった。

ここに日常世界、ないし自然的態度と呼ばれるものの両義性が生ずる。「事実そのものに帰れ」という——あまりに自明な——現象学の標語や、「世界を括弧に入れる」とされる現象学的還元の捉え難さの一つは、ここにある。むしろ、自明に見えた日常世界の内に、確《しか》と捉えがたい両義性を見出すことが、真理を見直す一つの契機ともなろう。のちに和辻倫理学を論ずる中で問題にしたい。

②曖昧な了解に満足せず方法的に原因をつきとめ、原因から出来事を説明する態度は理性を備えた人間にふさわしい。理性的認識の努力を積み重ねることによって、より普遍的・必然的な法則を認識することができ、出来事の偶然性は徐々に克服されていくだろう。未来はより予測可能となり、人間生活の不安は減少するだろう。真理の探究は人間の幸福を目指しているのである。――

以上のまっとうな主張において、真理の探究としては科学的認識が想定されているだろう。だが「偶然性を克服して、人間生活の不安を減少させる」点だけを考えれば、以上の発言は宗教の教説においても、あえて言えば迷信においてもあてはまる。凡人は性急に原因を探し、偶然性の克服を手っ取り早い確信に求めてしまうのだ。政治的・経済的な不安が生ずるとき、仮想の原因（「外国人の策動」とか）を作り出して攻撃することがしばしばある。「金色の観音様を拝めば病気が治る」といった教説に囚われたりもする。それゆえ原因探求を科学的認識にふさわしいものとするには以上の表現では不十分であり、原因の中身、およびそれを探求する方法を限定しなければならない。近代的な合理性の確立にとって、科学と科学以前（ないし科学以上）の区別、知と信の区別は重要な契機となる。

この区別は重要である。科学者が観音様を拝むとしても、科学する者としてではない。科学の真実さの一つは、原因が不明ないし不明確な場合にはそのことをはっきりと認め、安易な臆断を戒めるところにある。そうした真実さのもとで、科学は偶然性に委ねられる領域を徐々に狭めていく。宗教の真実さは、それとは別のところにあるだろう。原因不明の病に苦しむ者にとっては、何らかの原因（「神の与えた試練」など）を想定した方が苦しみに耐えやすいかも知れない。語られる事柄よりも語る人によって、あるいは語りの響きによって癒されるということもあるだろう。心の問題は、科学的合理性で割り切るわけにはいかない。

科学と宗教のこうした区別を認めた上で、「必然性の希求」という点では両者が共通するということにも注意する必要があると思う。科学者とて人間であり、「科学以前の合理性」から自由なわけではない。もしも「克服されぬ偶然性」が存在し、それが世界を支配しているという認識が広がればどうであろうか。科学にとっても宗教にとっても脅かしとなるだろう。克服できぬ外部としての偶然性を、あくまで排除することを求めるか、あるいはみずからの前提として受け容れるか。それによって理性の意味も真理の意味も異なってくるだろう。

百年以上前、ニーチェは「神は死んだ」とニヒリズム到来を叫んだ。それは「克服されぬ偶然性の直観」と解釈することもできる。当然のことながら、神の死を語ることは、宗教への無関心を意味しない。世界全体の必然的な根拠（神）を求め、その不在を直観した上で現実の生に立ち戻るのである。ニーチェはその境地から「真理の価値」に問いかけ、「真理への意志」の危険を指摘する。(4)

彼の言うニヒリズム情況は、現代では当たり前のようになってしまった。真理、普遍性、必然性、理性といった「価値あるもの」の実在が疑問視され、これらを探求することがよいことかどうかもわからなくなっている。これらは、依然として求められつつも同時に胡散臭いものとみなされ、抑圧的にさえ感じられるようになった。二〇世紀の初頭以来「理性の危機」あるいは「人間性の危機」として語り継がれた情況は、二一世紀になっても変わってはいない。――風土も違い、経済格差が広がる中でのグローバリズムは時代の避けられぬ趨勢である反面、様々な問題を産み出している。「普遍化」の広がりは、特殊な地域に生じた特殊な基準に優位を認めることであり、見えざる抑圧を作り出す結果にならないか。――理性的動物と言われる人間は、本当に優れた動物であろうか。他の種や次の世代のことも考えずに欲望を拡大し消費し続けることは、経済の成長や国の発展にとって（短期的には）「よい」ことに違いない。普遍的な真理や合理性の探求が、こんなにも胡散臭い「普遍性」や「よさ」に奉仕すべきだとしたら、その価値をどう考えればよいのだろうか。

もちろん、こうした疑念が否定的なものにとどまって理性の破壊に終始するならば、それは頽廃しかもたらさない。「非合理主義」（そんな主義があるとして）による破壊の情熱は一時的であり、廃墟に残るのは「日常への埋没」、「偶然まかせ」といった無気力状態でしかない。それゆえ、「日常と偶然の復権」が真理や理性への疑念や否定の感情から生じたとしても、同時にこれらを豊かにする志向を潜在させていないのであれば、是認される復権とはならないだろう。「危機」は新たなものを産出する機会でもある。

③普遍的・必然的な法則や真理を求めるには、何らかの形で現実を抽象化（イデア化）する作業が不可欠であり、その結果に獲得された法則や真理は「抽象観念」と言わざるをえない。これは学問ないし科学の本質に属することである。徹底した理性主義は、おのれが見出した抽象観念がいかなる現

実にも対応する普遍的・必然的な真理だと主張する。ヘーゲルは「理性的なものは現実的であり、現実的なものは理性的である」と言った(5)。その尊大な発想を哲学の外だと切り捨てるか、この発想を制限ないし解体しつつ生かそうするか、いずれにせよ「真理と現実」の関係は問題であり続ける。かつては真理とみなされ、現実に対応するとみなされた観念への疑念が生まれ、それを産出した土台を揺るがそうとする運動が起こってきた。その運動はマルクス主義の専売特許ではない。現象学、実存哲学、分析哲学、構造主義等々、様々に呼ばれる哲学の諸潮流も、それぞれの仕方で「現実的な真理」を求めていると言えよう。だがそこで「現実的」とはどういうことか、真理の射程をどこまで広げる(あるいは狭める)かといった問題になれば見解が分かれてくる。

＊

以上の情況を踏まえ、一つの作業仮説として、「現実的」という形容詞を「日常的」、「偶然的」と置き換えてみたい。日常と偶然を復権させることによって、どのような現実的理性がもたらされるか。「真理の余所」にとどまりつつ、いかにして真理を活性化することができるか。まずマンハイムのイデオロギー論を手がかりに真理を社会学的な見地から考え、その概念を纏めておきたい。イデオロギーという言葉は多義なので、私なりに整理することから始める(6)。

イデオロギーとはまず、(A)個人に特有の思想ではなく、社会を広く支配しているとみなされた観念である。支配的な観念の圏内にある人々は、その観念の真理性を疑わない。むしろ、真理であるかどうかも問題にならぬ自明の観念と言うべきだろう。

(B)この支配的観念の自明性が崩れ、現実に適合していないと感じられるとき、その観念がイデオロギー（虚偽意識）と呼ばれる。ここでの「虚偽」とは、意識的な嘘とか論理的な矛盾ではなく、「現実に合わぬものを現実的と思いこむ」ことを意味する。(A)との関連で言えば、社会に広く行き渡った観念(A)が虚偽意識(B)とみなされるためには「その精神的内実の呪縛圏の外に身を置くような力」（マンハイム）[7]が必要である。歴史の一段階においてこうした力が生じてくるとき、それまでは自明であった観念が虚偽（現実不適合）と評価される。階級対立、民族対立、世代対立など色んな場面が考えられるが、社会の内に思想上の亀裂が生じ、敵と味方、外と内との区別が際立ってくるときに、イデオロギーという言葉が前面に出てくるのである。(C)「存在が意識を規定する」（マルクス）とか「あらゆる生きた思想は存在に拘束されている」（マンハイム）とか言われるように、観念がそれ自体としてではなく、何らかの存在の関数として把握されるときに、その観念がイデオロギーと呼ばれる。「存在」という言葉は曖昧で、のちに問題にしたいが、『ドイチェ・イデオロギー』では「現実的な生活過程」だとされ[8]、『経済学批判』序言では「社会の経済的構造」が現実の土台とされている[9]。

三木清は(C)をイデオロギーの一般概念、(B)をイデオロギーの特殊概念として区別した[10]。たしかにこの二つは、事柄としては区別されよう。観念が存在に規定されること自体は何ら虚偽ではない。しかし観念を把握する方法として考えると、(C)は(B)を前提にするのであって、「存在に規定されている」という見方は「虚偽意識」という批判の徹底化だと言えよう。つまり、観念が虚偽（現実不適合）とみなされるときに初めて、その観念を産出した存在（土台）が主題化されるのだ。

まとめて言えば、(A)支配的な観念に統合された穏やかな社会では、その観念は自明なものとして身についており、それを産み出した土台が問われることはない。(B)社会内部に思想上の亀裂が生ずるときに、(C)虚偽とみなされた支配的観念を産出した土台（存在）が、批判的に問題とされるのである。

以上のイデオロギー概念を踏まえ、二つの提言をしてみたい。一つは、思想が「虚偽意識」（イデオロギー）とみなされることは、思想の価値が貶められるのではないと考えるべきこと。つまり、真理は虚偽（現実不適合）となる可能性を避けられぬという事態を、積極的に承認すること。そうであって初めて真理は、動的な現実に対応した真理となりうる。

もう一つの提言は、(C)における「存在」を「日常」と称し、(B)における「虚偽」を「偶然」の問題として考えること。さきほど触れた(B)と(C)の関係を「偶然と日常」の関係とすることは、単に用語の問題と見えるかも知れないが、問題をより身近なところに引き寄せることになると思う。

まず虚偽を偶然の問題として考えることについて。第一の提言とも関連しているので、ここから始めることにしよう。繰り返すが、イデオロギー（虚偽意識）とは他者によって否定的に名づけられた観念であって、それこそ真理と信じている当事者にとっては、その観念は非現実でもイデオロギーでもない。おそらく彼は、自分の観念を否定する相手の発想こそが虚偽であり、イデオロギーだと主張するであろう。こうして、お互いが自分の思想をイデオロギーとは認めない「イデオロギーの争い」が続けられることになる。「善」とか「正義」とか「真理」といった言葉が声高にとなえられるのも、こうした争いの中においてである。こうした言葉は「肯定的な価値」を示すと見えるが、ニーチェが言うように、怨みに基づく「反動」であることが多い[11]。

そこで重要になってくるのは、マンハイムの言う「みずからの立場をもイデオロギーとみなす勇気[12]」である。その勇気とは、「私自身はこの観念を真理であり、現実に即していると信じている。しかしそれが現実に適合しないという批判を受け容れる」ことである。換言すれば、「これしかない」、「他様では有りえない」必然的真理をかっこに入れ、「他様でも有りえた」偶然性に身を置いてみるということである。

みずからの信ずる真理（現実との一致）が虚偽（現実との不一致）につきまとわれていることを認めるならば、他者の批判に耳を傾けざるをえない。偶然性に依拠するとは「他へと開く」ことであり、真理と虚偽、自己と他者のはざまに身を置くことである。現実的な真理は、これらのはざまに見出されると言うべきではないか。この場合の「現実」とは、自己と他者とがせめぎ合い、常に流動してやまぬ現実である。現実が動的なものであり、その現実に対して真実であろうとするならば、真理も動的なものとされねばならない。真理の基準とされた必然性・普遍性は静的な同一性を求めるが、こうした同一性は偶然性によって揺るがされねばなるまい[13]。

言葉が滑っているかも知れない。イデオロギーの対立のさ中で、偶然性に身を置くことが果たして現実的なのかどうか。――たしかに、指導的な政治家がそんな態度を見せれば、国がまとまらなくなってしまう。しかし優れた政治家は「相手を知る」ことを通じて戦略を考える。ましてや政治の外にあって文化交流に従事するような場合には、自身を相対化して相手を知る必要がある。――それは納得できよう。だがそのことをわざわざ「偶然性に身を置く」と表現する必要がどこにあるのか。――十分な説明になるかどうかわからぬが、具体的な行為の選択に即して、可能性、偶然性、必然性の様相を考えてみよう。

「可能性」の場面は、未来の行動に関わっている。二つ以上の選択肢を前に、いずれとも決断しないモラトリアム状態にある。それに対し「偶然性」は、すでに選択を行った現在に関わっている。「どちらにも立たず中間の道を探ろう」と考えていたとしても、いずれにせよ何らかの道を選ばねばならなかった。かつては可能的であった選択肢の内から、何かを選択してこれを「現実化」したのである。その選択が「必然性」と感じられるのであれば、他の可能性は消滅し、現在と未来が連続する一筋の道が見えてくるだろう。しかし自分の選択が「他様でも有りえた」と感じる場合には偶然性に身を置くこととなり、他の可能性は背景にとどまる。他の可能性は「不在のものとして現在する」のであって、偶然性の様相で捉えられた現在は、不在の影につきまとわれている。しかしそれらはあくまで自分の選択した現在＝現実の中でのみ意味を持つ。この現実をぬきにしては、「不在」の可能性はもはや不在ではなく、霧散してしまうのである。

処世訓としてどの態度を勧めるべきかは、何とも言えない。いつまでも可能性にとどまって自分を選択しないモラトリアム状態は、成熟した人間にはふさわしくない。必然性に即して「迷いなく信念を持って生きよ」と勧めるのが、おそらくは親切なのだろう。偶然性に身を置くことは「他へと開く」柔軟さを示すのだが、常に迷いがつきまとう。偶然性に依拠するとは、現実に積極的に参与しながら、同時にそこからの距離を生きることである。それは自己同一性を獲得できぬ不幸な生き方のように思われる(14)。だが、価値が相対化した時代における真実な生き方は、同一性の安らぎにとどまることではあるまい。

意識を規定するとされる「存在」を「日常」と称する提言に移る。そう言い換えてみたとて曖昧さがなくなるわけではないのだが、問題を具体的な生活の場面に引き寄せる意義はあるだろう。性急なイデオロギー批判は存在なるものを安易に確定して、そこから思想を説明するものとなりがちだ。気持はすっきりするし攻撃の武器ともなるが、こうした批判の仕方こそが、無反省なイデオロギーとして非難されねばならない。思想が何らかの存在に規定されていることはたしかだが、その存在を把握することは容易ではないはずである。

まず、意識を規定するとされる〈存在〉とはどういうものかと問う必要がある。マルクス主義は経済構造を重視するが、それに対しては経済一元論だという批判が投げかけられる。唯物論の立場をとるとしても、「意識を規定し観念を産出する」ような「経済」とか「物質」は、「人間的」なものでなければならないし、奥行が深いものとなろう。アルチュセールから批判を受けるのを承知で言えば、『ドイチェ・イデオロギー』で言われる「現実的な生活過程」の方が、より曖昧なだけに〈存在〉にふさわしく思われる。それはフッサールの言う「日常的な生活世界」に通ずる。これが学問の発生的地盤とされることについては先に触れた。もちろん、唯物論と現象学とでは基本的な発想が異なるので安易にくっつけるわけにはいかないが、問題とする事柄に即して両者の発想を借用することは許されるだろう。フッサールから学ぶことは、生活世界という概念に繰り返し問いかけ、方法上の困難と格闘する姿勢である。マルクスから学ぶことは、思想の基盤への問いを現実社会への徹底的な批判に結びつけたことである。マンハイムのイデオロギー論は、その発想を学問的に整序した仕事と見ることもできよう。

イデオロギー概念をまとめたところで、「支配的観念に統合された穏やかな社会では、その観念を産んだ土台が問われることはない。社会内部に思想上の亀裂が生ずるときに初めて、支配的観念を産出した土台〈存在〉が批判的に問題とされる。」と言った。そうだとすれば、ここでの〈存在〉とは、そもそも「亀裂を含んだもの」として解釈されないだろうか。――支配的な観念によって統合された社会では、その亀裂が見えず〈存在〉が問われることもなかった。社会に生きる人々の日常は穏やかであった。人々が特に意識しない中で、支配的な観念が人々を仲間として結びつけ、また逆に仲間意識が日常生活で確認されることを通じて、支配的な観念が活性化される。しかし何らかの理由で社会の内に亀裂が生じるとき、社会の現状に満足できない人々は、漠然とであれ、支配的な観念とはどんなものなのかを感じはじめる。明晰な知識人は、その観念を産出した〈存在〉を問い、これを語ろうとする。――事態が以上のようだとすれば支配的観念の土台としての〈存在〉とは、かつては人々が仲間とともにそこで安住した場所でありながら、今や亀裂が生じて安住が困難となった場所と考えられないだろうか。それを「日常」と名づけることで、問題を我々の身近に引き寄せることになろう。我々の日常こそがイデオロギーの土台である。日常においては常識（コモンセンス＝共通感覚）が支配し、お互いが仲間として了解し合っているのであるが、その了解は常に亀裂の可能性を宿しているのである。

ここまでくれば「日常の了解」を主題としなければならなくなる。次節で取り上げよう。イデオロギー論から日常論に移行することは、階級対立・イデオロギー対立の深刻な歴史と現状から目をそらすことだと言われるかも知れない。だが必ずしも問題を倭小化することではなく、我々の身近に引き寄せることにもなりうる。たとえば三千年以上前からの、パレスチナにおける領地をめぐる争いをどう考えるべきか。宗教上の問題に加え、特に二〇世紀以降は大国の利害が絡み合い、容易に解決がつくことではない。根本的には、長い伝統に根ざした他者（敵）との対立を超えて宥和に向かう条件を、いかにして作り出すかである。その場合、「かつて仲間であったし、仲間となりうる人々のあいだの争い」という、三千年を超えた視点が求められるだろう。そうであるだけに事態はより深刻かもしれない。その雛形は、我々の日常において潜んでいることなのだ。

（3）日常性の彩り——和辻倫理学における方法の問題——

本節では和辻倫理学の方法を手がかりに、日常と真理の関係を問題にする。現代から見れば、和辻倫理学も一つのイデオロギー（虚偽意識）だと言えよう。私自身、和辻には共感と同時に違和感を持つので、その上に立って論じていきたい。「和辻倫理学を産出した歴史的情況」の考察には立ち入らず、一般化して「倫理を産出する土台」としての日常について論ずることとする。数年前の拙稿[15]と重複するが、より明確に、一歩踏み込んだ形で問題を提起したい。おもに『倫理学』と『人間の学としての倫理学』を引用しながら論を進める。

> 倫理学を〈人間〉の学として規定しようとする試みの第一の意義は、倫理を単に個人意識の問題とする近世の誤謬から脱却することである。……個人主義は人間存在の一つの契機に過ぎない個人を取って人間全体に代わらせようとした。この抽象性があらゆる誤謬のもととなるのである。[16]

和辻倫理学は「間柄の倫理学」と言われるが、そこには近代的な個人の抽象性への批判があり、現実に即した倫理学への志向がある。「倫理を個人意識の問題とすること」は抽象的であり誤謬であると和辻は言う。同意するとしよう。だが「倫理を間柄として捉えること」が現実的であり真理であるかどうか。

間柄の問題はとりあえず括弧に入れ、まずは現実と真理との関係を問題にしよう。和辻の言葉に即して言えば、「日常の事実」と、「真理」ないし「倫理」との関係である。少々長くなるが、『倫理学』から二つの箇所を参照して考えてみる。

> 我々が日常生活と呼んでいるもの、それがことごとく〈表現〉として人間存在への通路を提供

するのである。だから我々は最も素朴な、最も常識的な意味における〈事実〉から出発することができる。……我々の倫理学は密接に事実に即する。ここには方法的懐疑などを容れる余地はない。我々が偽りを真と間違えていようと、あるいはまっしぐらに真理を追いかけていようと、とにかく我々が道を歩き電車に乗ってしかじかのところへ行き、しかじかの仕事をしているという日常の事実は、何人も疑うことができぬ。その事実の真相が何であるかは探求の後にわかることである。学問的に確実なことを最初に措定して出発しようとするのは事実に即するゆえんではない。[17]（傍点和辻、以下同様）

倫理は我々の日常の存在を貫いている理法であって、何人もその脚下から見いだすことのできるものである。この生きた倫理をよそにしてただ倫理学書の内にのみ倫理の概念を求めるのは、自ら倫理を把捉するゆえんではない。我々は我々の存在自身からその理法を捉え、それを自ら概念にもたらさねばならぬ。だからここにも〈事実そのものに帰れ〉zur Sache selbst という標語は必要なのである。[18]

和辻は繰り返し、日常の事実に帰るべきことを主張する。日常の事実が真理であるか偽りであるかはさしあたり問題ではない。方法的懐疑を通じて学問的確実性を見出し、そこから出発したデカルトの方法によっては、日常の生きた事実との接点が見えなくなってしまう。出発点は真理を確定することではなく、日常の事実に密着しつつ、これを〈表現〉として解釈することである。事実の真相がわかるのは「探求の後に」なってからだと和辻は言う。ここで「事実の真相」とは、引用にある「真理」ないし「倫理」と考えてよいだろう。それは「我々の日常の存在を貫いている理法」であって、まっしぐらにこれを追いかけていようと、そこからはずれていようと、「何人もその脚下から見いだすことのできる」ものである。

和辻の言う「解釈学的方法」は日常の事実に出発し、これを表現として解釈し、そこに貫いている人間存在の理法を見出す作業である。——と要約すれば簡単だ。しかしその作業は容易なことではない。日常経験から倫理へと至る作業は、自然法則を求めての、合理論と経験論の対立に示される困難以上に微妙な問題を含んでいる。和辻自身、「最も日常的な人間存在の表現から出発するということが、最も根本的な出発を要求する哲学にとって、多くの躓きを提供することもまた否み難い」(19)と言う。そこで和辻は解釈学、現象学など当時の最新の哲学を駆使して方法論を展開するのだが、率直な感想を言えば、方法上の困難に沈潜した論述だとは思えない。歩みを進めるためにともかくも地ならしをしておき、まずは具体的な現実の解釈に向かおうとするのが和辻の方針と思える。そうでなくてはあの豊穣な倫理学を産み出せなかっただろう。とはいえ、少し立ち止まって考えれば、方法的懐疑が出発点ではないにしても、「方法に対する懐疑」がつきまとう。袋小路に陥る危険はあるが、和辻の言う「躓き」に積極的に定位する道もありうるだろう。日常から倫理を導くことの困難は、「日常の豊かさと謎」を顕わにする機会と考えられないであろうか。

まず素朴な疑問を提起してみよう。第一に、日常性の内に理法が存在するとしても、その理法を誰がどのようにして見出すのだろうか。「道を歩き電車に乗ってしかじかのところへ行き、しかじかの仕事をする」日常生活にあって、そこに内在する理法は関心の外にある。そんなことを考えていたのでは日々の仕事を片づけることなどできはしない。日常生活を〈表現〉とみなすためには、日常を生きることを一時停止しなければなるまい。先に触れた「現象学的還元」にも関わるのだが、この一時停止は無関心な観察にとどまるのであろうか。〈表現〉とみなされるときにすでに、日常生活は何らかの彩りを与えられざるをえないのではないか。日常性なるものは、それを把握する方法との関連で問われねばならぬ事柄のように思われる。

第二の素朴な疑問。我々の日常の存在を貫いているとされる倫理は、「事実」なのか、それとも「当為」なのか。あくまで日常性に密着して考えれば、倫理とは「日常において当為とされている事実」ということになるだろう。それは理法と言えるほどのものではないし、普遍性を持たないように思われる。倫理学がそうした事実の確認にとどまるのだとすれば、社会学、心理学、思想史などの実証的な学問に解消され、独自の領域を持たぬということになろう。そうではなく、倫理学は「普遍的な当為の理法」を探求すべきだと主張するなら、どうしても日常性を超えた視点が必要になるだろう。

これら二つの疑問は表裏の関係にある。いずれにせよ、「日常の事実」と「理法・倫理・真理・当為」とのあいだの距離が問題であり、それに関係して、日常の自然的態度とそれを把握する学問的態度との距離が問題となる。「熟知された（bekannt）もの」と「解明された（erkannt）もの」との関係と言ってもよい。何らかの距離を媒介にして「我々の日常の存在を貫いている理法」が把握される以上、この距離自体を主題化する必要がある。和辻の見解を紹介した上で、私なりの意見を述べたい。

第一の疑問は「我々の存在自身からその理法を捉え、それを自ら概念にもたらす」解釈学的方法の困難に関わっている。「倫理学が主体的なる人間存在をあくまで主体的に把捉しようとするのでなかったならば、〈表現と了解という〉通路の必要はない。[20]」自然科学とは異なり、倫理学においては、解釈するものと解釈されるものとが「同じ人間」、「同じ主体」なのである。日常生活を表現として解釈する場合の距離は〈同じ人間における距離〉だということになろう。この場合、日常を生きることを一時停止する解釈者は、もはや日常を生きているのかどうか。微妙なところである。和辻は、解釈学的な構成は論理的な構成とは異なることを指摘して、「離脱の立場において実践的な表現了解の連関を自ら生きてみるのである」と言う[21]。また、『人間の学としての倫理学』では次のように言われる。

〈現象学の立場では〉現象は日常性の離脱によって初めて見え出す。……しかし我々は直接の所与を現象とする。それは表現であるがゆえにすでに日常的に了解せられている。ただそれは実践的行為的連関の契機として、理論的に無自覚である。解釈学的方法はこの過程を自覚的に繰り返さねばならない。この自覚的な繰り返しの行動は、哲学的行動として、直接の実践的関心から離脱しなくてはならぬ。しかもこの離脱の立場において自由にその繰り返すべき実践的連関を自ら生き得ねばならない[22]。

解釈者（倫理学者）は日常の実践的関心から離脱し、しかも自覚的に自由に、日常の実践的連関を生きるのだとされる。こうして〈日常から距離をとりつつ生きる〉ことによって、日常生活はどのような彩りを与えられるであろうか。倫理学者における日常との距離とはどういうものだろうか。

『人間の学としての倫理学』で語られる解釈学的方法においては、日常からの「離脱」の面が強く出ているように思われる。和辻はハイデガーの『存在と時間』に依拠し、日常生活においては隠されている「存在（有）」に還るべきことを述べる。そのためには「指導」が必要であって、有は「日常的な堕在から自己を解放することによって、すなわち自由な宿業離脱によって初めて見え出すものである」と言う。[23]日常から距離をとることによって与えられる日常生活の彩りは、これもハイデガーに引かれての表現であろうが、「堕在」、「宿業」だということになる。

少々納得がいかぬところである。ハイデガーの存在論もたしかに「指導」のニュアンスがあるが、その場合、導かれるもの（日常的な存在了解）と導くもの（存在の意味の解明）とのあいだの「循環」という方法上の困難が問題にされた。[24]上からの導きだけではなく、「自己自身に目覚める」下からの契機が重視されるのである。和辻はこうした困難を主題化しないので、日常性の持つ陰影が見えにくいし、どういう高みから「日常的な堕在」とか「宿業」と言われるのかも見えにくい。仏教的視点とハイデガーの存在論を混交した視点から「日常性は存在（有）を隠す」と言われる。そこで先の引用(17)、(18)での「人間存在」とか「日常の存在」といった表現には特別の意味があったのかと思ってしまうが、そうでもなさそうである。『倫理学』本論「人間存在の根本構造」においては、存在そのものが問われるわけではない。和辻において存在論にあたるのは「空」の論理であろう。そこで当面の関心から、「日常を空ずる」ことによって日常がどう見えてくるかを問題にしたい。旧稿で論じたので結論だけを述べると、出発点としての日常的事実は事柄としては何も変わらない。ただ、この同じ事実が、個人と全体（社会）のダイナミズム（和辻の言葉で言えば「矛盾的統一」）において捉え直されるのである。

我々が日常存在において個人と考えているものを真に個別的なるものとして把捉しようとすればそれが空無に帰してしまう。(25)

また一方、

全体的なるものはそれ自身においては無いと言われねばならぬ。(26)

我々の日常の見方では、個人一人一人がそれ自体においてあると考え、それとは別に全体（社会）があると考えてしまうのだが、和辻によれば、それぞれをつきつめると空無に帰してしまう。「空」の目から見れば、両者が相互に否定し合う関係こそが現実だと言わねばならぬ。このダイナミックな関係が「間柄」であり、それは日常においてすでに存在している事実なのである。素朴に日常を生きている者は、事実としてダイナミックな関係を生きていながら、そのことを自覚していない。そしてまた、近代の個人主義的倫理学もこの事実を自覚せず、個人を実体化してしまった。近代の倫理学は、実体化へと堕した日常の意識に立脚して形成されたのである。解釈学的方法は、こうした迷妄を打破する作業でもある。

そうだとすれば、日常性は、無自覚の内に個人と社会のダイナミズムを生きている豊かなものであり、かつ、その事実を自覚しないがゆえに固定した意識に堕するものだということになる。これが「空」という距離を通じて与えられる日常生活の彩りであって、私としてはこの捉え方に賛意を表したい。——ただ、和辻自身が明確にこうした見方に立っているかどうかについては、話は別である（後述）。

第二の疑問に移ろう。まず、倫理は事実なのか当為なのか。これまでに述べたところで半ば答が出ているのだが、もう少し突っ込んで和辻倫理学の問題点に迫ろう。和辻は「日常的な道徳的意識から出発して道徳原理へと向かったカント」を高く評価している(27)。カントは『道徳形而上学の基礎づけ』において、まず健全な常識を手がかりにした。学者先生が道徳の原理をうんぬんする以前に、健全な常識はすでに原理を身に備えているのだ。そこで問題になるのは「常識がすでに事実として倫理を知っているなら、どうして倫理学が必要なのか」である。これに対して和辻は、カントに依拠しつつ次のように答えている。

それは常識がその知れるところを自覚しておらないということによって答えられる。人は理性的なものであるとともにまた多くの傾向性によって触発される。……だから一面において常識がすでに道徳法則を直覚しているにもかかわらず、その同じ常識ははなはだ法則からはずれやすい。最高の規範を自覚的に把持していないがために、しばしば道徳を頽廃させる。それゆえに純粋道徳哲学がこの自覚の仕事を引き受けねばならぬのである。(28)

常識は「事実」としてすでに倫理を知っているのだが、「その知れるところを自覚しておらない」、ゆえに道をはずれるのも人の宿業なのだ。それゆえに、自分がすでに知っている事実である倫理が「当為」として課せられるのである。――このことは、先に述べたことからも、悔いに満ちた我々の現実を反省してみても、一応は納得できることだろう。だがこの場合、常識がすでに知っている倫理とは何かが問題である。さきほどは、和辻の「空」論に依拠して「個人と社会のダイナミズム」と言った。しかし和辻の論理は、それとは別の所へと導いていくのである。

倫理はすでに実現されているのであって当為としての意味を持たないのであろうか。そうでもあり、そうでもない。……前に一定の仕方によって行為せられたということは、後にこの仕方をはずれることを不可能にするものではない。従って共同存在はあらゆる瞬間にその破滅の危険を蔵している。しかも人間存在は、人間存在であるがゆえに、無限に共同存在への実現に向かっている。そこからしてすでに実現せられた行為的連関の仕方が、それにもかかわらずなお当《まさ》に為《な》さるべき仕方としても働くのである(29)。

この記述を文字通りにとれば、事実としてすでに知られている倫理とは「前に行為せられた行為的連関の一定の仕方」であり、それは「すでに実現せられた」ものでありつつも「当に為さるべき仕方」としての「共同存在」である。人間は「そこからはずれる」可能性があるとともに、「無限にその実現へと向かう」のだとされる。

先に「堕在」、「宿業」と言われたことの中身は、ここでは「共同存在からの離反」である。その方が、「個人と社会の相互否定関係というダイナミズムを自覚していない」というよりもわかりやすい。しかしそうなると、倫理は共同存在としてのみ語られることになり、個人の契機が消滅してしまう。実際、和辻の「間柄」という言葉は、「個人と全体とのダイナミックな関係」として示されながら、論を展開する過程で「全体性」そのものへと転化してしまうのである(30)。さらにまた、全体性という概念も、特殊で有限な共同体を意味するものでありながら、「絶対的全体性」としても語られ、さらには「絶対空」へと昇華されていく(31)。ここに、和辻倫理学の重要な問題性を感じないわけにはいかない。

そのことに関連して、倫理の普遍性の問題に触れておこう。和辻は人間存在の風土性と歴史性を強調し、「一般的な人間存在というごときものは現実に存しない」と言う。しかし彼が特殊性を強調するのは「人間存在はその特殊的存在を通じてのみ普遍的人間存在たりうる」[32]ことを示すためであって、倫理の普遍性を否定しようとするものではない。そのことは国民道徳論の問題につなげられている。[33]特殊的普遍と国民道徳論を結びつける発想は一九二〇年初版の『日本古代文化』においてすでに見られ、和辻の思想を考える上での大きなテーマであろう。

価値が相対化した現代、(私を含め)普遍的な倫理への疑念が生じているが、和辻によるとその疑念は、十九世紀末の自然主義的思想の勃興に伴う一時的幻惑にすぎぬ。姦淫、偸盗、妄語、殺生など、『旧約聖書』の十戒で禁じられている行為が、民族によっては必ずしも守られていない現実を見て、倫理は時代や地域によって異なるのだという思いを抱かされるに至った。しかしこうした議論は、「倫理思想の特異性と、それにもかかわらずそれを倫理思想たらしめている普遍的な倫理との区別を認識していないのである[34]」。殺生を例にとれば、戦いの中で仲間以外を殺すことは認められるが、同じ族の仲間を殺すことは許されない。その点は原始的な社会でも現代でも変わらない。「同一の仲間を殺してはならない、という根本の倫理は、両者を通じて同一なのである。[35]」

姦淫、偸盗、妄語に関しても、和辻は同じような発想で説明している。問題は「信頼関係と敵対関係[36]」であり、仲間の信頼を裏切ったり、秩序を乱すような行為を許さないという定めは、どこにあっても普遍的だとされる。そうだとすると、倫理の普遍性を保証するものは、ここでも「共同存在」としての「間柄」だということになろう。

実際和辻の言うとおりかもしれぬ。社会と個人の関係を考えるとき、信頼(を裏切らぬ真実さ)が倫理の基礎であり、そのこと自体は普遍性を持っていると思う。しかしながら和辻が描いているように、この信頼関係は「仲間」の内でしか成立しないのであって、その意味では普遍性を持たない。どうしても閉じた間柄を想定せざるをえず、間柄の「外部」に関しては無関心ないし敵対関係となる。仲間の結束を固めるためには、しばしば「外部の敵」を必要としさえするのである。むしろその点にこそ、人間の堕在・宿業を見るべきではないか。和辻の言う倫理の普遍性とは「敵対関係を孕んだ信頼関係」だと言わざるをえない。現実にそうでしかありえないとすれば、その現実に即して、自己と他者、個人と社会、社会と社会のダイナミックな関係に着目してもよいのではないか。和辻も触れているように、共同存在はそれ自体の内に亀裂を含んでいる。それを積極的に認め、そこから「開いた間柄」を展望することはできないか。それはまた、人間存在の歴史性への展望を開くはずである。

＊

問題が広がり過ぎたかもしれない。当初の問題は、日常の事実に即しつつ倫理を把捉することの方法上の困難についてであった。方法上の困難は、個人と社会のダイナミズムへと導かれる。それが、和辻の真理探究を解釈する中で見出される日常性の彩りであった。それはまた、〈同じ人間の中での距離〉を示している。和辻に従って言えば、ここでの「人間」とは、個人であると同時に社会〈間〉であり、両者相互の否定関係である。そのような有様は日常においてすでに事実として了解されながら、同時に日常において隠されてしまうのである。では、自分が隠しているものを自覚する契機としてどういうことが考えられるか。和辻の言う「空」に関わると思うのだが、「いかにして日常を空ずるか」という問題を、和辻の間柄論は回避しているように感ずる。ハイデガーの「存在への問い」において、そのことは中核の問題であった。彼の言う真理とは「隠れていたものを顕わにすること（アレテイア）」である。

だがハイデガーについて論ずるのは別の機会とし、ここではメルロ゠ポンティを手がかりに「存在論的偶然性」に帰って考えたい。ハイデガーの境地に引き込まれないためにも、偶然性に定位することを明確にしておきたいのである。

（4）暫定的なまとめと展望
――メルロ゠ポンティ『知覚の現象学』の一節を手がかりに――

自分の目論見としては、日常と偶然というテーマに即して、和辻からハイデガー、サルトル、九鬼周造へと渡り歩き、スピノザとライプニッツへと向かってメルロ゠ポンティに戻ることを考えている。カント、ヘーゲル、ニーチェも避けて通るわけにいかず、収束がつかずにいる。暫定的なまとめと展望をつけるため、メルロ゠ポンティが『知覚の現象学』において、真理と偶然の関係に触れている一節を取り上げたい。

本当は、誤謬も懐疑も、決して我々を真理から切り離しはしないのだ。なぜなら誤謬も懐疑も世界の地平によって取り巻かれていて、その地平において意識の目的論が我々にそれらの解答を探すようにと誘っているのだから。結局、世界の偶然性は、より少ない存在、必然的存在の織物の中の空隙、合理性にとっての脅威などと考えられてはならないし、より深い何らかの必然性を発見することによって、できる限り早急に解消しなければならぬ問題だと考えられてはならない。世界内部の存在的偶然性に関してはそのように考えられようが、世界そのものの偶然性である存在論的偶然性は根本的なものであって、逆に、真理についての我々の観念を最終的に基礎づけているものなのだ。世界は現実的なものであって、必然的なものも可能的なものも、その地域に属するものでしかない(37)。

難解だし、テキストの前後を読んでも明確な説明がされていない一節である。旧稿でこの部分を取り上げ、メルロ゠ポンティの思想に即して解釈を試みた(38)。本章ではメルロ゠ポンティ自身の思想に触れることは最小限にとどめ、これまでに論じた事柄を整理しつつ発展させることを主眼としたい。箇条書き風に問題を四つに分けて考えてみよう。おたがいに関係し合っているのだが。

①存在論的偶然性について。その中身と射程。
②世界の現実性と偶然性について。可能性および必然性との関係。
③真理と偶然性について。および目的論との関係。

④存在的偶然性について。存在論的なものと存在的なものとの相即——日常性の形而上学。

①本章の（1）では「死の必然－偶然」を存在論的偶然性として述べ、「生の限界において出会うもの」とした。今の引用では存在論的偶然性として、根本的で解消されぬ「世界そのものの偶然性」に言及されている。アプローチは違うが、結局のところ違ったことを言っているわけではない。世界であれ生であれ、その限界（地平線）において出会う偶然性を主題化しているのである。我々の日常は世界内部に生き、その限界を意識することはない。だが世界全体の意味が滑り落ちるような事態に遭遇して、世界を限界づけている何かを意識せざるをえないときがある(39)。限界の「向こう」に何があるかはわからない。その彼方が「黄泉」とか「神」とか「空」とか名づけられるとしても、それ自体については何も語ることはできない。神話であの世の有様が語られるとしても、あくまで「こちら」との関わりで、世界や生を意味づけ、ないし限界づけるものとして問題にされるべきだろう。

日常と偶然というテーマに即すると、以下のような問題が立てられる。第一に、世界の限界で出会うものが「偶然性」とされる場合、世界はどのように問われているのであろうか。第二に、こうした限界を要請するようなものが、日常の内に潜んでいるのであろうか。

②本章の（2）イデオロギーを論じたところで、偶然性、可能性、必然性の様相を具体的な行為に即して述べた。時間と他者の問題にも少しは触れたつもりだが、それを念頭に置いて今の引用を考えよう。「世界とは現実的なものであって、必然的なものも可能的なものも、その地域に属するものでし

かない」とある。この文章は「世界そのものの偶然性である存在論的偶然性は根本的」だという直前の一節を受けているのだから、世界が「現実的なもの（le reel）」と言われることの内には「偶然的」であることが含まれているだろう。そうだとすれば、「必然性と可能性よりも偶然性が根源的である」ことが示唆されていると読める。「可能‐不可能、現実存在‐非存在、必然‐偶然」という様相のカテゴリーを、偶然性を軸に考え直すことが求められているのである。こうなればもはや形式論理学の場面を超えている。

ここで「世界そのものの偶然性」ということで、メルロ＝ポンティがどんなことを考えているのかに触れておかねばならない。引用の少し前のところで、「世界を必然とするスピノザにおいては、〈なぜ別の世界ではなくて、この世界が存在するのか〉と問うことは不可能になってしまう[40]」と言われている。メルロ＝ポンティは世界の限界に位置して存在論的・形而上学的な問いを立て、そこから必然性、可能性、偶然性の様相を論じていくのである。

ライプニッツの場合は「神は最も完全な世界を選んだ[41]」という形で解決してしまっている。我々にとっては知ることができぬ選択理由が想定され、「神の選択は（たとえ他様で有りえたとしても、結果としては）必然であった」とされるのだから、結局のところスピノザと同様だということになろう。とにかく、〈この世界は必然〉だとすると、この世界が存在した理由が世界の外部に求められ、その理由から他の世界は有りえなかったということになる。独断論だと言わざるをえない。

では〈この世界は可能〉だとする場合はどうだろうか。その場合、現実に存在する世界も他の世界も同等の資格で可能であった状態――この世界の形成以前――を想定することになる。「外部からこの世界を見ている」という点では、世界を必然とする場合と変わりがない。

これに対してメルロ゠ポンティは、「私の世界がそうであるのと同じ意味で可能な他の世界は存在しない」[42]と言う。つまり、〈なぜ別の世界ではなくて、この世界が存在するのか〉という問いに答えることを断念するのである。「この世界」の存在理由を外部に求めず、そこで私がすでに生きているという偶然的事実から出発しようというのである。その場合、他の世界が存在しうるとしても、あくまで「この現実世界」の周縁においてだということになるだろう。こうした他の世界の在り方を、本章では「不在としての現在」と表現した。それは偶然性から見られた可能性の有様を示す。現に存在する私の世界の周縁に、「可能な他の世界」が不在として現在し、私の世界に影を落とすのである。

「必然性と可能性よりも、偶然性が根源的である」ということの形而上学的な説明は以上である。あえて現実世界の存在根拠を問い、その解答がないことを見出すゆえに、現実世界の偶然性とかけがえのなさとが際立たされるのである。この説明を我々が生きる現実的な場面に引き戻し、「私と他者」および「時間」の問題に適用することもできるだろう。

「私の世界がそうであるのと同じ意味で可能な他の世界は存在しない」と言われるとき、「私の世界」とは、私がその片隅に生きる森羅万象を含んだ大宇宙を意味するのか、私にとっての世界という、私が居なくなれば消滅する小宇宙のことなのか。「他の世界」との関係は、前者の場合には形而上学的・神学的な問題となるし、後者の場合には、日常に我々が体験する「他者と私」の問題となる。大違いではあるが、私にとってみれば、二つの宇宙は結局のところ同じものである。メルロ゠ポンティは前者の場面で問いを立てながら、後者の場面へと問いを滑らせているようにも思える。形而上学を日常の場面に引き下ろそうとする志向を、そこに読みとることもできよう。↓④

メルロ゠ポンティは、我々が生きる現実世界の存在理由を問うという存在論的次元へ連れていった上で、その理由を与えてくれるような外部（神）を拒否し、「理由はない」、「世界は偶然」と断言して現実世界へと立ち戻る。存在論的偶然性の主張は不条理な「無神論」である。ここにはニーチェ、そして多分に盟友サルトルの影響が認められ(43)、一種の絶望を含んだ世界参加が表明されている。世界の限界が意識されるとき、生も世界も全体として閉じられてしまう。だがその限界が偶然性の様相で捉えられるとき、より根源的なところから「他の世界への開き」が展望されるであろう。偶然性が現実性と結びつけられるとき、どこにも立たぬ地点にではなく、「私の世界」に、そして「現在」に定位すべきことが求められる。そこが、私が世界を生きるときの出発点にして終極点である。その現実は「かけがえのない」ものでありつつ、同時に「他様でもありえた」偶然的なものである以上、他者へ、そして過去・未来へと開かれている。真実の私――「私が私である」という確信――を得ようとする場合にも、他者への開きと時間の厚みを媒介にしなければならぬ。

③今述べたことの内にも、真理と偶然性および目的論のつながりが示唆されている。最初の引用に帰ると、「誤謬も懐疑も決して我々を真理から切り離しはしない」――「世界の地平において、意識の目的論が解答を探すようにと誘っている」――「存在論的偶然性が真理の観念を最終的に基礎づけてい

る」とある。このつながりをどう理解すればよいか。

イデオロギーについて論じたところで、真理が虚偽となる可能性を積極的に認めるべきだという提言をした。それは「偶然性に身を置く」ことであり、自己と他者とがせめぎ合う現実に対して真実であることだと述べた。しかしその場合、各人が虚偽の可能性を認めるだけでは懐疑にとどまるしかなく、真理に至ることはできないのではないか。そのつどの情況に規定された偶然的な人間の経験が、いかにして真理の経験となりうるか。私自身は明確な答えを出せないが、メルロ゠ポンティは「意識の目的論」という形で答えている。

目的論といっても外からあらかじめ与えられるようなものであってはならない。そのことはカントの『判断力批判』が示したことであった。『知覚の現象学』の序論では、カントと関連させて、フッサールの「意識の目的論」に触れられている。それは、主体的な意味付与作用によってではなく、世界と関係する中でおのずから湧出するような目的論であり、「世界および我々の生活の自然的、前述定的統一を形成している志向性」として働いているものである(44)。換言すれば、我々の日常的な生活経験においてすでに、「秘かな目的論」が含まれていると言うのである。

そうなると、この目的論がどのようにして顕在化し、確認されるのかが問題となろう。懐疑が様々な可能性を前にしてためらうような不決断にとどまるとすれば、懐疑論から脱出することはできない。懐疑から確信へと至るためには「こんなためらいに先んじて、目を閉じたまま〈為すこと〉の内に飛び込むしかない(45)」とメルロ゠ポンティは言う。モラトリアムの状態からアンガジュマンへと移行することによって、私は「この特殊な可能性」を現実化する。これについては本章でも何度か述べたが、メルロ゠ポンティはその内に「深い志向」を見ようとする。私の決断は「他様でも有りえた」以上偶然と言うしかないが、こうした可能性の現実化（偶然化）を通じて、すでに働いていた目的論が現出すると言うのである。目的論は具体的な行為の中で表現されるが、行為する者はそれを知らず、それゆえに偶然性を免れない。積極的な形で逆に言えば、人間によって生きられる偶然性は、それと知られずに目的論を宿し、自己確信の真理性への志向を持つとされるのである。

たしかに我々の経験に即して考えても、重大な局面に追い込まれ、迷いの中で実際に行動を起こし、何らかの結果に至って初めて、自分の求めていたことがわかるということがある。成功したときよりも、特に失敗したときに感じられることが多い。しかしこうした経験が「隠れた目的論」に至るほどの射程を持っているのかどうか。そうした目的論を求めるべきかどうか、はっきりした答えは出せない[46]。今のところは足元を見つめ、日常性を見直すところから始めたい。

④そこで問題になるのは「存在的偶然性」である。先の引用では「世界そのものの存在論的偶然性は根本的で克服されないが、世界内部の存在的偶然性は克服されるべきである」とされていた。ここで「存在的」という言葉でメルロ゠ポンティがどういうことを考えているのかは定かでない。本章（2）の前半で触れたように、科学の立場からして克服されるべき偶然性を、ここでの存在的偶然性と解釈すれば足りるのかも知れない。しかし「存在的」という言葉の本家であるハイデガーに即して言えば、「存在的」とは前存在論的に、それと自覚せずに存在了解を持つものとして捉え直された日常的な有

様を指す。基礎的存在論は、世界の内に生きる日常的な了解を手がかりにして存在の問題へと向かう。その発想に依拠して「存在論的なものと存在的なものの相即」を考えれば、「世界内部の存在的偶然性は克服されるべきだ」というメルロ゠ポンティの発言に、素直に従うわけにはいかない。存在論的偶然性なるものも、日常の内に潜む存在的偶然性の地平に見出されると言うべきではないか。「隠れた目的論」にしても、こうした偶然性と表裏のものとして、一つのイデオロギーだという自覚のもとに、主張されるべきだと思う。

「存在的」という言葉を「日常的」と読み、「存在論的なものと存在的なものの相即」を文字通りに受け止めるならば、形而上学を日常の内に引き下ろすことになろう。天上から現実全体を説明しようとする形而上学は、科学によって排除された。だが、その科学的合理性の肥大化が現在問題になっている。その危機は、地上における形而上学的な経験を取り戻す機会とも考えられるのである。一九四七年に書かれた『人間の内なる形而上学的なもの』から引用しよう。

> 形而上学的意識は、日常の経験……以外の対象を持つわけではない。だが形而上学的意識は、それらの対象を、前提のない帰結として、自明のものとして出来上がった形で受け取るのではなく、私にとってはそれらが基本的に奇妙であり、それらの出現が奇跡であることを再発見するのである。……形而上学とは、我々の逆説を感じることが少なく済むためにと造り出された概念の構築物ではない。それはむしろ、個人や集団の歴史のあらゆる状況の中での逆説の経験であり、……

この逆説を引き受けて理性へと転ずる行為のことなのである。……存在しているものすべての持つ偶然性は、……世界を形而上学的に見るための必要条件なのだ。(47)

今の引用に示唆されているように、日常性の形而上学が成立するためには、「日常の経験」を「逆説の経験」として捉え直す必要がある。本章の（3）においては、和辻倫理学を手がかりに、倫理の場面でこうした捉え直しを試みたつもりである。日常生活の内には「個人と全体の相互否定関係」とか「同じ人間の中での距離」といった逆説的な表現をせざるをえないような事態が潜んでいる。和辻の言う間柄にしても、べったりした統一ではなく、亀裂を含んだ仲間関係と考えてよいのではないか。亀裂は必ずしも敵対関係につながらず、ダイナミックな共同性の条件とも考えられよう。（2）の後半では観念の土台とされる〈存在〉を「日常」と読み、それ自体が「亀裂を含んだもの」とした。人間関係も時間も含めた形で一般的に言えば、「連続性のさ中における非連続性」ないし「意味のズレを含んだ統一性」といった表現ができるだろう。

こうした有様は日常においてすでに事実として了解されながら、同時に隠されている。和辻の言い方では「その知れるところを自覚しておらない」。メルロ゠ポンティの偶然論に即して（以上の修正的解釈を含めて）考えれば、どういうことになるだろうか。

「存在的偶然性」は日常的に了解される事実である。迷いつつ決断せざるをえなかったとき、あるいは自分の行った発言が他者に思いがけぬ影響を及ぼしたときなど、穏やかな日常を形成していた連続的な意味の内に亀裂が生ずる。「他様でもありえた」という偶然性に気づかされる。不安や後悔の念に囚われるのだが、そうでしかありえなかったのだ。その事態を積極的に、私の行為によって新たな意味が湧出する機会と考えよう。もしも亀裂が深まり、私の世界全体が揺るがされるような場合、世界の限界に「存在論的偶然性」が現れてくるだろう。その「向こう」に形而上学的な世界が存在しない以上、現実に回帰して生き直すしかない。存在論的偶然性を媒介に、現実の日常は「偶然性が根源にある」形而上学的な世界として捉え直される。日常的‐形而上学的な世界に根ざした真理は、虚偽の可能性を介した動的なものとなるだろう。惰性に見える日常の意味の柔軟さを形成しているのは、実際に行為して初めて現れる「意味のズレ」なのだ。そのズレの限界に現れる存在論的偶然性は、世界を閉ざしてしまうのではなく、日常世界の開放性、その豊かさと謎を自覚させる機会なのである。それはまた、特殊性を媒介にした、動的な共同性を展望するものとなろう。

註

（1）ハイデガーは『存在と時間』において死の分析を行っているが、そこでは「死に向かう非本来的な存在（das uneigentliche Sein zum Tode）」として日常性が問題にされ、それが揺るがされて本来的な存在へと向かうのは、「自己自身の死へと先駆する」ことによってだとされる（§52, §53）。――だが、まさに日常性のさ中において、より身近に私の日常を揺るがすのは「親しい他者の死」ではないか。その体験に定位すれば、本来性と非本来性の狭間にある共同存在が示されよう。

（2）九鬼周造『偶然性の問題』、『九鬼周造全集　第二巻』岩波書店、二二四頁。

（3）E. Husserl: *Die Krisis der europäischen Wissenschaften und die transzendentale Phänomenologie* (*Husserliana*, Bd.VI), §28, S.113（フッサール『ヨーロッパ諸学の危機と超越論的現象学』細谷恒夫／木田元訳、中央公論社、一五三頁）。

（4）F. Nietzsche: *Jenseits von Gut und Böse* (*Nietzsche Werke* VI2, Walter de Gruyter), S.9（ニーチェ『善悪の彼岸』信太正三訳、ちくま学芸文庫、一七頁）。

（5）G. W. F. Hegel: *Grundlinien der Philosophie des Rechts* (Suhrkamp 7), S.24（ヘーゲル『法の哲学上巻』上妻精／佐藤康邦／山田忠彰訳、岩波書店、一七頁）。

（6）イデオロギー概念については、次の旧稿においても同様の整理を行った：「イデオロギー論と思想史研究」（日本倫理学会編『思想史の意義と方法』以文社、一九八二年、一二三―一四四頁）、および：「倫理と倫理思想史」（星野勉／三島輝夫／関根清三編『倫理思想辞典』山川出版社、一九九七年、一―一二頁）。

（7）Karl Mannheim: *Ideologische und soziologische Interpretation der geistigen Gebilde*（マンハイム『精神的形象のイデオロギー的解釈と社会学的解釈』陸井四郎訳、潮出版社、『マンハイム全集　第二巻』、一一四頁）。

（8）K. Marx, F. Engels: *Die deutsche Ideologie* (*MEW*. Bd.3), S.26（廣松渉の校訂によれば、「異稿」とされている）。

（9）K. Marx: *Zur Kritik der politischen Okonomie* (*MEW*. Bd.13), S.8-9（マルクス『経済学批判』武田隆夫他訳、岩波文庫、一三頁）。

（10）三木清『社会科学概論』、全集（岩波書店）第六巻、三三〇―三三一頁。

（11）F. Nietzsche: *Zur Genealogie der Moral* (*Nietzsche Werke* VI2, Walterde Gruyter), S.284（ニーチェ『道徳の系譜』ちくま学芸文庫、三九三頁）。

(12) Karl Mannheim: *Ideologie und Utopie*, Verlag G.Schulte-Bulmke, S.70（マンハイム『イデオロギーとユートピア』樺俊雄訳、潮出版社、全集第四巻、四八頁）。
(13)「同一性」を崩そうとする発想は、サルトル、レヴィナス、フーコー、デリダなどに共通するものであり、現代フランス思想の底流の一つである。これについては、拙稿「言語の不安――ソシュールとデリダ――」（茨城大学人文学部紀要『人文学科論集』25、一九九二年、一―二七頁）および「サルトルの〈ヒューマニズム〉再考」（『理想』六五〇号、理想社、一九九二年、八〇―九〇頁）で論じた。
(14) サルトルのアンガジュマンは、このような「不幸な意識」に裏打ちされている。
(15) 拙稿「日常性と倫理学」（佐藤康邦／清水正之／田中久文編『甦る和辻哲郎』ナカニシヤ出版、一九九九年、四―二九頁）、本書一四七頁以下。
(16)『和辻哲郎全集　第十巻』岩波書店、一一一頁。以下和辻からの引用は全集の巻数と頁数を表示する。
(17) 同巻、四三頁。
(18) 同巻、三頁。
(19)『全集　第九巻』、一七六頁。
(20)『全集　第十巻』、四一頁。
(21) 同巻、四九頁。
(22)『全集　第九巻』、一八四頁。
(23) 同巻、一八三頁。
(24) M. Heidegger: *Sein und Zeit*, S.7, SS.152f., S.314（ハイデガー『存在と時間』§2, §32, §63）。
(25)『全集　第十巻』、八八頁。
(26) 同巻、九六頁。

(27) 『カント　実践理性批判』、『全集　第九巻』、二〇二頁、また『倫理学』、四二頁、四七頁など。
(28) 同巻、二〇六頁。
(29) 『全集　第十巻』、一三―一四頁。
(30) 詳しく論じられないが、たとえば『倫理学』、『同全集　第十巻』、六一頁における「間柄」の説明を参照。
(31) 『全集　第十巻』、一〇五頁。
(32) 同巻、三〇頁。
(33) 『全集　第三巻』、二七九頁。
(34) 『全集　第十二巻』、一五頁。
(35) 同巻、一五頁。
(36) 同巻、一七頁。
(37) M. Merleau-ponty: *Phénoménologie de la perception*, Gallimard, 1945, p.456（メルロ゠ポンティ『知覚の現象学』竹内芳郎他訳、みすず書房、下巻、二八七頁）。
(38) 拙稿「メルロ゠ポンティにおける偶然性の問題」（日本現象学会編『現象学年報』12、一九九六年、三五―四八頁）、本書二四九頁以下。
(39) ヤスパースは『実存開明』の中で様々な「限界状況」を描く。深い洞察だと思う。なお、ここでも問題になっているのは「可能的実存」である。
(40) M. Merleau-ponty: *ibid*. p.455（前掲書、下巻、二八五頁）。
(41) Leibniz: *Discours de mētaphisique*, 1686, §6（『形而上学叙説』第6節）。
(42) M. Merleau-ponty: *ibid*. p.456（前掲書、下巻、二八七頁）。
(43) サルトルの偶然論とメルロ゠ポンティの偶然論との関連については、片山洋之介「偶然の意味」で論じた

（実存思想論集『存在への問い』以文社、一九八八年、五九―七七頁）、本書二〇三頁以下。
(44) M. Merleau-ponty: *ibid.* p.XIII（前掲書、上巻、一九―二〇頁）。
(45) M. Merleau-ponty: *ibid.* p.438（前掲書、下巻、二六三頁）。
(46) デリダが指摘するように、歴史の目的論は権威的なロゴスの支配に向かうように思われる。さりとて目的論ぬきに歴史を考えうるかどうか。メルロ＝ポンティの言う「偶然性と表裏な目的論」は魅力的である。それだけに、自分の言葉とするには躊躇してしまう。
(47) M. Merleau-ponty: *Sens et non-sens*, Nagel, 1966, pp.165, 167f.（「人間のうちなる形而上学的なるもの」木田元訳、メルロ＝ポンティ『意味と無意味』みすず書房、一三七―一四〇頁）。

日常経験と身体
――なぜそれが問題になるのか――

（1）日常経験を語ることのパラドックス

どんな本を読む場合にもそうだが、特に哲学書の場合「著者が何を問題にしているのか」を摑み取るのに一《ひと》苦労する。メルロ＝ポンティの遺稿『見えるものと見えざるもの』は「知覚の確信を語ることとのパラドックス」を指摘するところから論述が始まり、終始この問題の周辺でうろつき回っているように見える。このパラドックスというのは、「我々は日常、世界の諸事物を見るとき事物そのものを見ていると思いこんでいる。自分の見ているものと他者の見ているものとは同じものであると信じている。しかしこの確信を一つのテーゼとして表現しようとすると困難に陥る。」というのであるが、著者はここで何を問題にしているのか？　メルロ＝ポンティにとってこれは『知覚の現象学』以来の問題であることはわかる。そこでも現象学的還元は直接経験の「再確認」だとされ、そしてその還元の操作は究極的には不可能だとされていた。しかし日常経験において当たり前であることをどうしてパラドックスとして語らなければならないのか？　当たり前のものとして確信していることに理屈をつけることによってただ言葉遊びをしているにすぎないのではないか。何が問題なのか。またなぜ問題なのか？

こんなことを最初に書いたのは、身体の問題について何か書くようにと依頼されて「なぜ身体が問題になるのか」を取り上げてみたかったからであり、これを今挙げた「知覚の確信について語ることのパラドックス」と重ね合わせて考えてみたかったからである。近年、身体が哲学の主題として取り上げられるのだが、これを主題とすることがどういう意義を持っているのか。身体を問うことが一時の流行ではなく我々の生の問題であり、大きく言えば近代思想全体に向かっての問いかけともなるのであろうという予断のもとに、その意義について考えてみたい。

まず、知覚の確信に向かって問いかけ、これを語ろうとするとはどういうことなのか。

知覚の確信は日常経験の当たり前の事実である。私が見ているこの机は彼が見ている机と同じものであり、私がここを離れてもこの机はいぜんとしてここにあるだろう。そのことを全く当たり前のこととして我々は受け止めている。にもかかわらずこの確信について語ろうとし、しかもパラドックスとして問題にすることは、当たり前であることに驚き、なぜ当たり前なのかと問いかけることである。パラドックスが文字通り「臆見《ドクサ》を照《バラ》らす」ものだとすれば、本来驚くべきものに驚いていない日常経験をして、みずからの不思議さに目覚めさせることである。この場合、現実を離れたイデア界を立て、それとの関係で日常経験をドクサと決めつけるのであれば、日常経験は不思議でもなければ問いかけられるべきものでもないであろう。そうではなく、知覚の確信のドクサに真実を認め、いかに高邁な思想であろうと（イデア界を真の実在であるとする思想であろうと）それが生身の人間の思想である限り現実経験を根として生まれてきたものだと考えるからこそ、知覚の確信（日常経験）が問われるべきものとなる。ドクサの世界こそ真実の世界である。それがドクサと言われるのは、日常経験が自分自身の真実を真実として了解していないからであり、その意味においてのみである。知覚の確信について問いかけることをメルロ゠ポンティは「哲学」とも言っているが、この哲学はもはや日常経験のおよばない形而上の世界を探し求めるものではない。奇異な言い方だが、哲学（エピステーメ）は「ドクサこそ真実」ということを確認する作業となり、知覚の場である日常経験をして己れ自身の真実に目覚めさせる作業となるのである。

日常経験の当たり前の事実を真実として捉え返すこと、理論化される以前の「身についた」経験に向かって問いかけること——このような試みの中でこそ「身体」が主題として浮かび上がってくる。

（2）日常経験の不思議

だがなぜ日常経験が不思議なのか。知覚の確信はなぜ語ればパラドックスになるものとして捉えられるのか。この場合やはり哲学の伝統的な難問――「外界の存在がいかにして証明されるか」および「他者の存在がいかに証明されるか」――が念頭に置かれていると思う。日常経験を不思議なものとして驚く発想は、この伝統的な難問をひっくり返して改めて問題にすることでもあろう。

　これらの難問はバカらしいように見えるけれども、多くの哲学者を悩ませてきた問題であった。私は私の知覚するものしか知らないのだから、私の見ているこの机が私が見ていなくてもいぜんとしてそこにある――それ自体が独立して存在する――ことの保証はどこにもないはずである。他者にしても、その意識は私には知覚されないはずなのに、どうしてこの二本足の物体が私と同じ意識を持った人間であることがわかるのか？　これらはたしかに理屈で考えれば難問であって、様々な形で表現される独我論はこの理屈の上に立った筋の通った考え方なのである。多くの哲学者がこの難問に立ち向かい、色々な形での証明を試みた。どのように証明しようとしたかについてはここでは立ち入らない。問題にしたいのは、哲学者がなぜこんな難問を立てたのか、そしてなぜ証明しようとしたかである。後者の問いに対する答は簡単だ。なぜ証明しようとしたかと言えば、哲学者も生身の人間である限り、外界や他者の存在を信じているからである。現実の経験に即する限り、作業仮設として独我論を媒介にすることはあってもこれを結論とするわけにはいかない。とすれば問題は、どういう意味で独我論は筋が通っているかであり、すなわち「日常経験では当たり前であることが何ゆえに理論上の難問となるのか」である。これを裏返せば、「理論上は難問であることがどうして日常経験では当たり前のことであるのか」という問いが立てられる。この二つの問い方はたしかに同じ事柄を問うているのだが、やはり表と裏の違いはある。以下この二つの問いを別々に考えてみたい。いずれにせよ、伝統的な難問をこのように捉え直すことによって、日常経験は不思議ものとして、語ればパラドックスになるものとして考えられるようになる。こうした「問題の捉え直し」がどんな意義を持つのか。

日常経験では当たり前の事柄が何ゆえ理論上の難問になるのか？　大きなことを言えばそれを問うことで近代思想の一つの特徴が浮かび上がってくると思うのである。

このような理論上の難問が立てられるのは、実はこのように問いかけている者がすでに何らかの「確実なもの」を所有しているからだと考えることができよう。外界・他者の不確実性が問題になるのは、他者を含めた「外」と異なる「内」を想定し、「私に内なるものは確実である」という前提に立つからである。近代哲学はこの前提をはっきりとテーゼとしてかかげることにより、この難問を本当の難問としたのだと言うことができよう。デカルトの方法的懐疑は「絶対に疑いえぬ確実なもの」を見出す努力であった、彼はそういうものとして思惟する私を見出し、これに明晰判明に与えられうるものを真とした。世界が秩序ある合理的な体系へと構成されるのも、この内在＝真理という基準に照らしてなのである。経験論は確実なものとして感覚与件なるものを想定したが、それもまた内在的な与件である。ロックは生得観念を否定して、心は白紙（タブラ・ラサ）だと言ったのであるが、それもやはりそこに印象が刻まれ観念が形成されるところの「内なる場」であることには違いはない。私の内に問いかけて「心」とは何かと考える。思惟するものであれタブラ・ラサであれ、それが把握するものあるいはそこに印銘されるものこそが確実とされるのである。そのような前提に立つ限り合理論でも経験論でも「外なるもの」の実在性が難問となるほかなかった。デカルトはその保証として神の誠実に訴えかけざるをえなかったし、ロックの場合には、物体に属するとされる性質と、心に形成される観念との関係が曖昧になってしまっている。その曖昧さに筋を通そうとすれば、物体と観念は同じものだというバークレーの観念論に至るか、外的物体の独立性は知性で証明できるものではないとするヒュームの懐疑論に至らざるをえなかった。私の「内」を限ってそこに確実性の基盤を確立したからこそ「外」の実在性が疑われ、また私の外部に別の内なるものを所有する他者の存在が疑われることになる。この「内なるもの」をはっきり「主体」として確立したのはカントであった。彼の言うコペルニクス的転回は、われわれに経験される事象を、認識主観にアプリオリに備わるロゴスの相関者、すなわち文字通りの「客観（見られるもの）」として捉え直す試みである。だがだからこそ彼においても外界の存在証明が問題となり、バークレーとデカルトに向けて「観念論論駁」を行わざるをえなかったし、また「もの自体（カントにとってこれは必ずしも外なるものではないが）は認識できない」ということにもなるのである。

近代の認識論は日常経験の曖昧さから出発せず万人に認められるような確実なものを探究し、そこから現実を再構成しようとした。私の内に経験が事実として行われる場を想定するにせよ、経験を可能にするものとして私の内にアプリオリなロゴスを探し求めるにせよ、近代の認識論は日常経験をかっこに入れて内と外とを峻別し、内なるものを基礎にして理論的世界を構築しようとする。その誠実な試みゆえに、日常経験では素朴に信じられている外界の存在が難問となるのである。

ヒューマニズムや科学精神が西洋近代に特徴的な思想として醸成されたのも、こうした誠実な試みと平行してであった。近代ヒューマニズムは人間の内面は物化されることのない独立した主体であるという哲学に裏打ちされている。周辺世界がどうであろうと、地位や財産がどうであろうと、そうした「外的なもの」には関わりなく、一人一人がアトムとして自足し平等に内なる人間性を備えている――そうした思想は歴史の中で醸成されてきたものではあるが、日常経験を超えた一つの理論である。「人権」は直接に経験されるものではなく、こうした理論を媒介にして高らかに宣言されるのである。近代科学を考えても、その発達の裏には事象を「客観的に」把握する姿勢が前提されるわけだが、そのためには内と外（認識主観と認識される客観）が峻別され、かつ生身の日常経験がかっこに入れられる必要があった。科学する主観は生身の人間ではなく不偏不党の観察者でなくてはならない。そのような観察者の持つロゴスを通じて現実を捉えることによって、カオスと見える現実は主観のロゴスの相関者たる「客観」として、法則化された合理的な現実として、把握されるのである。

そうだとすれば、近代ヨーロッパの基本精神であり価値としても追求されているところの「人間性」および「合理性」なるものは、その背景に「外界や他者の存在を本当の難問とする精神」を持っていたということになる。人間性や合理性は何らか「問題をはらんだ」概念であったはずである。これらの概念が「日常経験では当たり前のことを難問とする理論的精神」を背景にしているのだとすれば、それを裏返すところの「日常経験のドクサを真実として捉え直す試み」は、近代思想そのものに問題を投げかけるものとも言えよう。だがそれについて述べる前に、前節で立てた第二の問いかけを取り上げよう。

（3）　日常経験の主体としての身体

理論上は難問である事柄――近代において本当の難問となった事柄――が、何ゆえに日常経験では当たり前であるのか？

近代の認識論は内なるものの確実性を基盤にして現実を再構成しようとした。そのような前提に立つがゆえに難問が本当に難問になったのだとすれば、日常経験においては「内なるものの確実性」はどのように考えられるだろうか。日常経験がそうしたものをよりどころにしないとすれば、これはどのような経験として考えられるであろうか。

まず「内なるもの」ということであるが、日常経験においてもやはり何らか内と外の区別があることは認めなければならぬ。私と外界、私と他者と違うことは当たり前のことであり、私の知覚があくまで「私のもの」であろことも事実である．さっきそこに居た私は今ここに居る。このとき周辺の外界が一緒に動いたわけではない、「そこ」と「ここ」とは異なるけれども、そこに居た私とここに居る私は同一の私である。たしかにそこにあった机は私がここへ来てもいぜんとしてそこにあることを私は了解しているし、私の見る机と他者の見る机は同一の机であることを了解している。しかし、この「同一的な対象」――対象そのもの、事物そのものに即して語りうるのは、私の直接的な経験を離れて理論家の態度をとることによってだ。日常経験はやはり「私の同一性」を基礎に置いているのであって、その意味では「独我」と言わねばならない。主体はやはり外と区別された私である。とはいえ、日常経験の主体たる私は決して「独我論者」ではない。この私は「外」の存在を、また他者の存在を全く当然のものとして受け止めているというのも経験の事実である。つまりこの私は、対象に即して見るのではなく、自分の経験に即して対象を見るのであるが、にもかかわらずこの対象が私から独立した事物であり、それ自体としての同一性を保っていることを確信しているのである。ではどういうことになるのか。内と外を明確に区別し、内なるものから出発しながら「外」の確実性を疑わない日常経験の主体とはどのようなものであろうか。そのような主体として「身体」が考えられると思うのである。

私の内と外とを区別するものは、即物的には私の身体の皮膚だと言うことができよう。皮膚という即物的な表現は、身体を外から客体として見たときの言い方だが、実際、内から、私が主体として自分のものとして感ずるのもまず皮膚で限られたこの私の身体である。さっきそこに居た私は今ここに居る。それは私の身体が動いたからである。「そこ」と「ここ」とは異なるが、私の身体は同一である。私の身体は、どこへ行こうと同一だし、昨日も今日も明日も（解剖学的には少々異なってくるが）私のものとしては同一である。日常経験に即する限り、「人格の同一性」とか「意識の統一」を考える必要はない。昨日そこに居た私と今日ここに居る私が同一であることは、私の身体の同一性の中に感じとられていることなのである。そして、身体は同一性を保つゆえに、私の個別性の表現でもある。「かけがえのない私」として認められるのは、まずはじめにはこの身体－私であろう。近代思想がそうであったように、私がかけがえのない個別者であることを「人格」とか「意識」という形で表現することもできよう。しかしこれらが個別的であることはこれらが身体を持つ、あるいは身体に宿ると考えることによって体験されるのであって、これらはあくまで日常経験で感じられている身体の個別性を基礎にした理論的抽象である。実際、私の身体が死んだ後も霊魂は死なないと考える場合、身体を離れた霊魂がなおかつ「私」であるのかどうか、それを保証するものはどこにもないのである。

　内と外の連続性についてはどうか。これが考えうるのも身体を主体と考えることによってである。近代思想におけるように意識や心を主体と考える場合には、内と外の間にどうしても非連続が生じざるをえない。意識や心は物体とは存在論的に異なる、決して客体となることのない存在であろう。この場合には、一方に決して認識されぬ、時空を超えた絶対的な主観、他方に時空内にあって認識されるのみの客観、この二つが対置されることになる。客観が主観の相関者たる表象として、いわば内在化されるとしてもやはり、現象ともの自体の対立が出てこざるをえない。「外界そのものの経験」という表現は、経験する主体が外とはっきり区別された内なるものとして捉えられる限り最初から矛盾した言い方なのである。だが、身体を主体と考える場合には違ったふうに考えられるであろう。身体は私の同一性と個別性の表現であり、内と外とを区別するものだと言ったのだが、同時に身体は常に客体となりうる「物体的な」ものである。身体は世界から超越したものではなく、世界内の事物と並存している。皮膚で限られた私の身体は他者の目にさらされ、他の事物と同じく何キログラムの重さがある物体としても把握される。その意味では身体は外と連続しており、主体－身体の経験ははじめから「外の経験」なのである。

理論上は難問である事柄が日常経験においては当たり前と感じられている事情は身体の二重性格を考えることによって了解することができよう。身体は内と外とを区別するものであると同時に内と外とをつなぐ絆である。日常経験の主体はそのような身体であり、ここに身についていく経験は「私に独自」でありながら、しかも「外部」の経験なのである。だからこそそこでは外界の存在に何の疑問も差し挟むことはない。

(4) 共同主体としての了解

だがこれで難問が解消したわけではない。近代哲学は内なるものの確実性に従って現実を理論化しようとしたがゆえに「外」の存在が難問になった。日常経験はそのような理論化以前の直接経験である。「即自的には」ここに難問はない。しかしこの日常経験について「語ろう」とする――対自化してロゴスに至らしめようとする――とき、そこにやはり難問が生じてこざるをえない。メルロ＝ポンティが「知覚の確信について語ることはパラドックス」と言うとき、そこには次元の異なる難問が提出されている。しかしこの「問題の捉え直し」は単に次元をずらしたというにとどまるものではない。これによって近代の合理性に疑問が投げかけられ、それとは異なる新たな合理性が求められているのである。

日常経験をそのありのままに語ろうとするならば、近代合理主義の求めた「確実さ」を犠牲にしなければならない。人間の内に与えられる明晰で確実なもの――コギトの明証性であれ、アトム的な感覚与件であれ、アプリオリな形式であれ――をあらかじめ前提し、それをよりどころにして現実を合理的に再構成しようとするとき、その理論はどうしても日常経験と離れたものになってしまう。近代の合理主義は、直接経験の周囲に悟性の理論のヴェールをかぶせてしまったのではないか。最初に「知覚の確信に向かって問いかけることは、日常経験のドクサこそ真実であることを確認する作業だ」と述べたのであるが、近代の合理主義はこのドクサを真実とは認めなかったのであり、それに代わって内なる表象の確実性に訴えかけ、そこに安住してしまったのである。そこからすれば、外界の存在を難問としたことは、いかに疑似問題と見えようとも、この安住を戒める哲学者の誠実であったとも思うのである。

日常経験をあるがままに語ろうとすることは、「事象そのもの」を求めるエポケーを通じてカオスを体験することだとも言えるだろう。しかし、メルロ゠ポンティも指摘するように、近代の合理主義を疑問に符することは非合理主義への道（それはそれで一つの道であろうが）を開くものではなく、新たな合理性の探究への道であるべきはずである。内なるものの確実性に安らって外にこれをおしつける悟性的なロゴスに代わって、悟性の目から見れば逆説となることも辞さぬ動的なロゴスが求められるのである。それは内と外を区別しつつもこれを結びつけている身体のロゴスと言ってもよい。他者とも生きる外的世界の只中での独自な経験、内と外との交流の中で湧き上がってくるロゴス——それは行動の中で意識以前に我々が身につけてしまっているはずのロゴスであり、しかも行動の中でたえず新しくなっていくフレキシブルなロゴスである。メルロ゠ポンティが身体を「意味の結び目」と捉え、その意味はたえず開かれていると言うとき、そこでは今述べたような身体のロゴスが探求されているのである。

この合理性への問いは、近代の「人間性」なるものへの問いかけに伴う。決して物象化されぬ内なる人間性——それは一つの抽象であるがゆえに全人類に共通のものとして語られる。このイデオロギーが歴史的にはたした役割は計り知れないし、現代でも求められつつある理念ではあろう。しかしこの抽象的な理念に訴えかけることによっては様々な問題を解決することのできぬ時代に来ていることも事実である。人間性を具体的な現実として捉え返すには、一度当り前の経験の事実に、具体的経験の主体としての身体に立ち戻らなくてはなるまい。人間は内なる人間性によって規定されるのではなく、外的な世界——他者とともにある共同世界に支えられ、これにはたらきかけることによって生きている。身体的主体は、独自な意味の統一体でありつつ、その意味を外界へ投げかける行動の中で逆に意味づけられ、この交流の中で他者と共有する意味の場を作り上げていく。とすれば「人間の尊重」ということも、アトムとして自足した抽象的な人間生を尊重するのではなく、独自な意味の担い手として行動する個人を尊重するとともに、共通の場において意味を共有し合っている存在（共同主体）として了解し合うことによって初めて現実的なものとなろう。

以上、最初から最後まで問題提起に終わった。本章では、身体を主題とすること、日常経験をパラドックスとして語ること――それがどういう「問題」であるかを考えてみたかったのである。身体のロゴスはどのようなものとして語られるか（それは「意《こころ》」と「味《あじ》」を含んだ意味論になるだろう）、このロゴスに基づいて私‐外界‐他者はどのような結び目を持つものとして捉えられるか、この場合「意識」はどういうものと考えるべきか――などについては、以下順次論ずることにしたい。

日常性への回帰
――空間性と時間性――

（1）　和辻のハイデッガー批判

ハイデガーと和辻との「対話」というと奇異に感じられるであろう。和辻は昭和二（一九二七）年二月から翌年夏までドイツに留学して、その年に出た『存在と時間』を読んだが、ハイデガーと話をしたわけではない。和辻は一方的にハイデガーを受容し、その影響下で『風土』（一九三五年）、『人間の学としての倫理学』（一九三四年）、『倫理学』（上巻は一九三七年）などを著した。予定より早く留学を切り上げたことにも示されるようにヨーロッパの水は和辻に合わなかったようだが、そうした違和感を含んだ体験が、豊穣な仕事を産む機縁となったとも言えよう。もちろん、その背景には、西洋、東洋、日本の思想を遍歴してきた和辻の研究の積み重ねがある。留学以前、大正期の和辻の著作を振り返ると、『ニイチェ研究』、『ゼェレン・キェルケゴオル』に始まり、『古寺巡礼』、『日本古代文化』に示されるような日本文化の源流へと関心が移り、その源泉を求めて原始仏教の研究に向かい、それと並行して文献学の研究にも没頭した。刊行はあとになるが、文献学を踏まえた『ホメロス批判』も大正末期に書かれたものだという。源泉を求める関心は原始キリスト教にも向かい、留学の直前には『原始キリスト教の文化史的意義』に続いて『原始仏教の実践哲学』が刊行される運びとなった[(1)]。

こうした遍歴を踏まえての『存在と時間』受容とはどのようなものであったか。『風土』の序言はハイデガーへの批判としてもよく引かれる一節である。本章でもその引用から始めたい。

この書の目ざすところは人間存在の構造契機としての風土性を明らかにすることである。……たといここで風土的形象が絶えず問題とせられているとしても、それは主体的な人間存在の表現としてであって、いわゆる（対象化された）自然環境としてではない。

自分が風土性の問題を考えはじめたのは、一九二七年の初夏、ベルリンにおいてハイデガーの『有と時間』を読んだときである。人の存在の構造を時間性として把捉する試みは、自分にとって非常に興味深いものであった。しかし時間性がかく主体的存在構造として活かされたときに、なぜ同時に空間性が、同じく根源的な存在構造として、活かされて来ないのか、それが自分には問題であった。もちろんハイデガーにおいても空間性が全然顔を出さないのではない。人の存在におけるる具体的に空間への注視からして、ドイツ浪漫派の「生ける自然」が新しく蘇生させられるかに見えている。しかしそれは時間性の強い照明の中でほとんど影を失い去った。そこに自分はハイデガーの仕事の限界を見たのである。空間性に即せざる時間性はいまだ真に時間性ではない。ハイデガーがそこに留まったのは彼の Dasein があくまで個人に過ぎなかったからである。彼は人間存在をただ人の存在として捕えた。それは人間存在の個人的・社会的二重構造から見れば、単に抽象的な一面に過ぎぬ。そこで人間存在がその具体的なる二重性において把捉されるとき、時間性は空間性と相即し来るのである。……(2)

「主体的存在の構造として時間性を分析するハイデガーの試みは興味深いが、それが空間論には活かされてこない」と和辻は言う。しかしハイデガーの空間論を全く評価しないわけではない。『倫理学』第二章第三節「人間存在の空間性」のところで和辻は近代哲学の空間論を「空間の主体化」という観点から紹介しており、ハイデガーの空間論の歴史的意義を認めている。――カントにおいて空間は認識主観の形式となるのだが、それは実践的な行為主体の働き方ではない。それを批判したベルグソンは具体的体験の内に根源的空間を見出そうとした。ハイデガーはさらに一歩を進め、空間性を存在論的主体の存在構造と捉えた。世界内存在としての主体は、それ自身が空間的とされた。こうして根源的な空間性としての「人間存在の空間性」への展望が開かれてきた。――和辻はそのように紹介する。しかしここで和辻が強調するのは、この場合の「人間」は個人としてではなく、個人的・社会的二重構造を持つ「間柄」とみなされねばならないということである。ハイデガーはその点に考慮を払わなかった。彼は現存在の空間性を道具連関として描いたが、「道具そのものがすでに労働において人間関係の中から成り出でたという点を見ようとしない」。ハイデガーにおける現存在の存在論は、結局のところ「デカルトのコギトの立場を踏襲し、初めから社会的存在を含まない個人的な存在を前提としている(3)」。

以上は空間性に関して言われていることであるが、「ハイデッガーは個人的な存在を前提としており、間柄に立脚していない」という批判は、彼の時間性の概念、さらに存在論そのものにも向けられている。――「あくまで有の了解を介してのみ他人が出てくると考えたところに、彼の存在論の著しい限界がある。それは有の了解よりもさらに根底的な実践的行為連関、すなわち人間存在を見のがしてしまう。存在構造としての時間性もただ我のみの存在において取り扱われ、間柄としての意味を全然失っている(4)。」

『人間の学としての倫理学』と『倫理学』を考え合わせると、ハイデガーに対する和辻の批判の要点は「時間性を重視して空間性を軽視した」というよりは、「個人の立場にとどまり、間柄の立場に立っていない」というところにあるように思われる。和辻は空間性も時間性も間柄の立場から捉え、その立場から時間性と空間性の相即を主張した。そのことによってハイデガーから何を「受容する」ことになり、どう「離反する」ことになるだろうか。一つの手がかりとして、〈外に出る〉という和辻の表現にこだわって考えてみよう。

（2）共鳴——日常経験への回帰

『風土』本論の冒頭で、和辻は「日常直接の事実としての風土が果たしてそのまま自然現象と見られてよいか」という問題を提起し、「寒さを感ずる」という事実を例に取り上げて論じている。——（気温は科学的に計量されるが）、感じられる寒さは我々から独立した自然現象ではない。我々と寒さが主観と客観として区別されるのではない。「寒さを感ずるとき、我々自身はすでに外気の寒冷のもとに宿っている。我々自身が寒さに関わるということは、我々自身が寒さの中へ出ているということに他ならぬのである。かかる意味で我々自身の有り方は、ハイデガーが力説するように『外に出ている（ex-sistere）』ことを、従って志向性を、特徴とする。……我々自身は、外に出ているものとして己れ自身に対している。自己を振り返るという仕方で己れ自身に向かうのでないときにも、すなわち反省を待つまでもなく、自己は我々自身に露わである。……寒さを感ずるのは一つの志向的体験であるが、そこにおいて我々は、すでに外に、すなわち寒さのうちへ、出ている己れを見るのである。」[5]

「寒さを感ずる」とは、寒さの「中へ出ている」ことであり、寒さの「内へ出ている己れを見る」ことである。一般化して言えば——「自分の外に出る」とは「何かの内に出る」ことであり、そのことを媒介にして自分を見るのである。自分が自分を見るのだから、私は固定した主観ではなく、周辺世界は表象される客観ではない。世界は、自分と自分との距離のあいだにあり、私はこの距離を生きることにおいて、世界と自分とを同時に了解するのである。――ということになろう。こうした構造を和辻は「風土における自己発見性」と呼んだ。その場合の自己発見は、純粋な認識ではなく、情緒を含んだ発見である。「我々は日常何らかの意味において己れを見出す。あるいは愉快な気持ちである。あるいは寂しい気持ちである。このような気持ち、気分、機嫌などは、単に心的状態とのみ見らるべきものではなくして、我々の存在の仕方である。(6)」

和辻が名をあげているように、こうした捉え方にはハイデガーとの親近性が感じられる。ハイデガーにおいて、世界了解は同時に自己了解であり、気分において自己を見出す（sich befinden）情状性（Befindlichkeit）として捉えられた。日常体験を無視して自然や世界を客体として捉えることは、世界内存在という我々の原初的な在り方を飛び越すことであり、事象に即することではない。(7)ハイデガーのこうした客体化批判と現存在分析を念頭に置きながら、和辻は「寒さを感ずる」体験を分析しているのであろう。それはまた、留学以前の『原始仏教の実践哲学』において和辻が行ったところでもあった。仏教の新しい立場は、主観客観の対立を排除した無我の立場において「日常生活の経験を可能にする法」を認識するところにある。(8)その見地に立って和辻は、五蘊、六入、縁起などの体系を分析した。研究対象は異なるが、フッサールを読んだという共通の背景もあり、「日常経験の事実に帰る」という発想において、ハイデッガーと和辻の思想とは共鳴する。

志向性の概念を「意識は何ものかについての意識である」とフッサールは表現したが、ハイデガーも和辻も、意識の立場を採らない。和辻は志向性を、ハイデガーの力説する「外に出る」ことだとした。それは同時に、何ものかの「内に出る」ことであり、先の引用では「寒さの内へ出ている」と言われた。この有様が間柄の様相として捉えられるとき、和辻はさらに「間柄の内に居る」ところへもっていく。

寒さを体験するのは我々であって単に我のみではない。……「外に出る」という構造も、寒気というごとき「もの」の中に出るよりも先に、すでに他の我れの中に出るということにおいて存している。これは志向的関係ではなくして「間柄」である。だから寒さにおいて己れを見出すのは、根源的に間柄としての我々なのである。……従って人と人との「間柄」が超越の場面でなくてはならぬ。すなわち自他を見出さしめる地盤としての間柄そのものが、本来すでに「外に出る（ex-sistere）」場面なのである。(9)（「　」は原文）

間柄は志向的関係ではないのだから「自分の外」ではない。自分は「我々」として、常にすでに何らかの間柄の「内に居る」のであって、自分の「外に出る」運動も、間柄という場面において、その内で行われるのだということになる。自己了解は同時に「我々了解」なのだ。日常経験の事実に即するという点から言えば、ここでもハイデガーと共鳴すると言えるかもしれない。ハイデガーにおいて、「世界内存在」は同時に「共同存在」であり、他の人々と「ともに」居る存在としても捉えられた。しかしながら、この「自明な」日常的事実は頽落であり、あくまで「一つの可能性」とみなされるべきだというのが、ハイデガーの主張である。実存が「外へ出る」ものだとすれば、日常性とは別の可能性へと開くという意味を含んでいなければなるまい。日常経験は本来性の立場から、改めて反復されなければならないのである。(10)

(3) 時間性と本来性

振り返って考えれば、風土性・空間性の場面で ex-sistere が力説されること自体に、すでにズレがあるとも言えよう。ハイデガーにおいて、実存(Existenz)が「外に出る」とされる場合、「脱自態(Extase)」という概念に結びついているが、この概念は主として時間性に関して使われている。ハイデガーは「時間性はそれ自体において脱自(Ausser-sich 自己の外に出ること)である」とし、将来、過去、現在を「時間性の脱自態(die Extasen der Zeithchkeit)」と名づけた。これは先駆的覚悟性から導かれる本来の時間性として論じられ、我々が通常考える「今の継起」という時間概念は、根源的時間が持つ脱自的性格を平板化するものとされた。(11) 将来を重視するハイデガーにおいては、現在に関わる空間性の時間性は、頽落であり自己喪失的なものとみなされている。(12)

ではハイデガーの場合、現存在は「外に出る」ことにおいて、何の「内に出る(あるいは居る)」のか。現存在が世界内存在とされる以上、「世界の内に居る」というのが一応の答えだが、その日常的な在り方は頽落であり、自己喪失的とみなされるのだから、何らか別の可能性がなければならない。「存在の意味への問いの開陳」と題された序論において、実存は「これこれの仕方で現存在が関わり得る存在そのもの、いつも何らかの仕方で関わっている存在そのもの」と定義されている。[13]ここでの実存も「外に出る」ものだと考えるなら、「存在の内に出る」ということになるだろう。実存は自分が関わっている存在そのものなのだから、世界了解＝自己了解には存在了解が含まれており、その意味では「存在の内に居る」と言えなくもない。ハイデガー特有の言い回しだと思うのだが、人間は、世界内存在として「存在の内に在る（In-Sein）」ことにおいて、「みずからが明るみである（es selbst die Lichtungist）」。[14]つまり、世界の中で、自身を開示することにおいて、何らか「存在」というものを明るみに出しているのである。しかし日常性の構造そのものからして、「隠蔽する」という形でしか開示されない。そこで隠蔽とは別な開示の仕方が展望されるとしたならば、自己克服の意味をこめて、「明るみの内へと出る」と言わねばなるまい。『存在と時間』では自身を喪失した日常性から出発し、本来性（Eigentlichkeit）とは文字通り「自分自身であること」だとされた。それゆえ、詩人でも芸術家でもない凡夫にとっては、世間の内に在る自分から、存在へと「出る」にとどまらざるをえないだろう。「存在を明るみに出す」ことが「世界（世間）から自身に向かう」実存的変様に重ねられるのが、『存在と時間』の一つの特徴だと見ることもできる。

和辻の場合はどうか。本来性と時間性の関係はどのように捉えられるか。『倫理学』の第二章第三節「人間存在の時間性」において和辻は、後半を西洋哲学の時間論の紹介にあてている。ポイントをおさえた見事な解説だと思うのだが、前半の和辻自身の時間論に生かされているとは思えない。関係がありそうなのは、ハイデガーについての詳細な解説の中で「〔ハイデガーの言う将来とは〕現有がその固有の可能性において己れ自身に来るところの Kunft（来）すなわち『自覚来』なのである[15]」と言われているところくらいであろう。原始仏教の研究を背景に持つ和辻は、第一章で日常的事実から出発しつつ、空の立場から人間存在論を展開した。個人と社会の二重構造という「人間存在の根本構造」は「絶対的否定性が否定を通じて自己に還る[16]」絶対空の運動とみなされる。時間論もその形而上学から導かれるのである。

絶対空の否定の運動は、「共同的なものからの分離によって個別的なものに至り、この個別性を再び否定して共同性へと還る」不断の運動である。その動態が「人間存在の時間的構造」とされる[17]。ここで、既存の間柄と未来の可能的な間柄は「絶対的全体性」として「本来の面目」であり、日常に現存する関心は、自他が対立する非本来性とみなされている。現在は、「本」としての過去から、「来」としての未来に至る過程として「非本来」なのだ。それゆえ、「人間存在は日常性において本来の面目に関わるものではない」のであり、「現前の関心は本来の面目に関わっておらないが、しかし本来の面目は、その奥底に可能性として潜んでいる[18]」。

ハイデガーは日常性を本来性からの頽落と見た[19]。その点は和辻にも通ずるところがある。しかし本来性の中身は和辻において自他不二の絶対的全体性であり、孤独な決断を本来性の通路とするハイデガーとは逆向きにならざるをえない。「ハイデガーが本来性と呼んだものは実は非本来性なのである[20]。」

以上の時間論に即せば、和辻において本来性とは「間柄の内に居る」ことであり、非本来性とは「間柄の外に出る」ことだということになろう。よく指摘されるように、そうなると「間柄」の意味が変わってしまう。和辻は人間存在の個人的・社会的二重構造を強調し、間柄を「個別性と全体性の矛盾的統一」と規定したのだが、「共同的なものからの分離によって個別的なものに至り、この個別性を再び否定して共同性へと還る」運動が「間柄からの離反→回復」の運動であるとすれば、本来的な間柄は「全体性」だということになってしまう。どう考えればよいか。

和辻の時間論において、本来性は「本においてそうであった」過去であり、それが「帰って来る」未来である。それに対し、自他が分裂して「自」が表立つ現在が非本来性となる。しかし、現在する「非（否定）」は絶対空（絶対的否定性）の運動の現れなのだから、絶対者を信ずる限り、現在の分裂は必然的に克服されるはずだ。――何かヘーゲルを思わせる。ここでの時間性の論理は、古代文化への憧憬を基にした具体的な歴史をイメージしているのかも知れない。しかし「個別性と全体性の矛盾的統一」を間柄と考えるべきならば、間柄の「内に居る」→「外に出る」→「内に居る」という時間性の過程そのものを「間柄」と呼ぶべきではないか。間柄も「人間存在の時間的構造」を持つのだとすれば、矛盾した表現になろうと、その動態において考えねばならない。実際和辻も、第四節「空間性時間性の相即」においては、そのような論じ方をしているのである。

（4） 民族の精神的特性

そこへ向かう前に、「文化の特殊性」を問題にしておこう。間柄が「全体性」だということになると、どうしても「民族」とか「国家」が主題に上がらざるをえない。京都での講演をもとにした論文『日本語と哲学の問題』（一九二九年）において和辻は、ハイデガーを批判しつつ「民族の精神的特性」を強調している。

〔ハイデガーによれば〕Dasein の構造全体の理解なくしては言語の構造もまた理解されない。……このような根本的な言語の本質の開明は、彼自身の自負しているように、いまだかつて試みられなかったところでもあろう。しかし我々は、そこに言語の相違が何であるかを見出すべき手がかりは与えておらぬと思う。それは同時にまた一つの民族の精神的特性が何であるかを見出すべき手がかりをも与えられておらぬことを意味する。そうしてそれはハイデガーの存在論においては当然のことなのである。彼の力説する Dasein は根本においては個人であって、個人的・社会的なる二重性格を有する人間存在ではない(21)。

言語への接近の仕方についても和辻は、間柄の立場からハイデガーを批判している。それはまた、ハイデガーから離反して「日本語で考える」ことの宣言であった。論文の最後で「日本語をもって思索する哲学者よ、生まれいでよ」と呼びかける和辻は、本文において、哲学の根本問題である「あるとはどういうことであるか」について、みずから日本語で思索しようとしている。日常的な日本語の「もの」と「こと」、そして「ある」を通じて問題が立てられ、それらの語の使用法を通じて、それらの語に潜んでいる意味（思想）が分析されるのである。興味深いのではあるが、そこに示される意味は日本民族の特性を示すものであり、日本語を使用する者に特有ということになるのだろうか。たしかに私などもハイデガーの「存在了解」について、ハイデガーの書いているようには体感することができない。それは Ich bin froh を「私は嬉しいである」とは言わぬ日本人だからだろうか。哲学の根本問題についても民族の特殊性が反映せざるをえないのかどうか。

この問題は、和辻の「間柄」概念にも投げ返されよう。「人間は単に一般的な『過去』を背負うのではなく、特殊な『風土的過去』を背負う」[22]のであり、「我々は『風土』において我々自身を、間柄としての我々自身を、見出す」[23]のだとすれば、風土も間柄も「民族の精神的特性」として捉えられなくてはなるまい。風土も間柄も、普遍的な「人間存在の構造契機」として示されるが、それ自体が特殊な内容を背負っている。この特殊性と普遍性の関係をどう考えればよいか。万人に対して「死への先駆」を呼びかけるハイデガーが、唐突に「民族の経歴（Geschehen）を運命（Geschick）として引き受けねばならぬ」[24]と主張することに潜む問題でもあろう。

東洋から西洋へと至るヘーゲルの歴史哲学に対して和辻は、欧州人を「選民」とする世界史だと批判している。「世界史は風土的に異なる諸国民にそれぞれその場所を与え得なくてはならない。」[25]和辻は歴史と風土の相即を言う。そのこと自体は納得できるとしても、そこから文化相対主義が導かれ、倫理の普遍性が否定されることにならないか。

和辻が文化の特殊性を強調するのは、「人間存在はその特殊的存在を通じてのみ普遍的存在たりうる」ことを示すためであって、その普遍的な存在仕方を否定しようとするものではない。倫理の特殊性と普遍性の関係について、和辻は『日本倫理思想史』（一九五二年）の序文で次のように説明している。

倫理思想の歴史的民族的な特殊性は、ヨーロッパ人がヨーロッパ以外の民族の風習を知り始めたときに著しい注意を引いた。さらに十九世紀末には、自然主義的思想の勃興に伴って普遍的な倫理への懐疑が生じてきた。姦淫、偸盗、妄語、殺生など、『旧約聖書』の十戒で禁じられている行為が民族によっては必ずしも守られていない現実を見て、倫理は時代や地域によって異なるものだという思いを抱かされるに至った。しかしこうした議論は、「倫理思想の特異性と、それにもかかわらずそれを倫理思想たらしめている普遍的な倫理との区別を認識していないのである」。殺生を例にとれば、戦いの中で仲間以外の者を殺すことは認められるが、同じ族の仲間を殺すことは許されない。その点は原始的な社会でも現代でも変わらない。「同一の仲間を殺してはならない、という根本の倫理は、両者を通じて同一なのである。」姦淫、偸盗、妄語に関しても、和辻は同じような発想で説明する。客人に妻を提供する風習もあるし、場合によっては虚言が許されるとしても、仲間の信頼を裏切たり、秩序を乱すような行為を許さないという定めは、どこにあっても普遍的に認められているのである。[26]——以上が和辻の説明である。そうだとすると、倫理の普遍性を保証するものは、ここでも「仲間」を成り立たせている「間柄」だということになろう。

実際、和辻の言うとおりかも知れぬ。社会と個人の関係を考えるとき、信頼（を裏切らぬ真実さ）が倫理の基礎であり、そのこと自体は普遍性を持っていると思う。しかしながら和辻が描いているように、この信頼関係は「仲間」の内でしか成立しないのであって、その意味では普遍性を持たない。どうしても閉じた間柄を想定せざるをえず、間柄の「外部」に関しては無関心ないし敵対関係となる。仲間の結束を固めるためには、しばしば「外部の敵」を必要としさえするのである。現実にそうでしかありえないとすれば、その現実に即して（あるいは、抗して）、自と他ないし内と外のダイナミックな関係に着目してもよいのではないか。和辻も触れているように、共同存在はそれ自体の内に亀裂を含んでいる。それを積極的に認め、そこから「開いた間柄」を展望することはできないか。それはまた、人間存在の歴史性への展望を開くはずである。

（5） 空間性と時間性の相即

以上のような問題を念頭に置いて『倫理学』の第二章第四節「空間性時間性の相即」を読んでみよう。相即とはいっても、ここで中心に論じられるのは空間性の方である。第二節「人間存在の空間性」においても触れられていることだが、和辻は「人間関係の実践的行動」の場として空間を捉え、その広がりを「張り」と言っている(27)。それは「本来的統一が否定せられて自他対立となり、さらに否定せられて自他不二的統一となるという否定の運動」だとされる。それは先に見た時間性の構造そのものであって、その動態が静的に見られるときに空間性となるのである(28)。いわば縦軸と横軸の関係で空間性と時間性が相即しているとされるわけであるが、そうなると、先に紹介した時間性と本来性の関係を見直す必要が出てくるのではないだろうか。論理的には、過去（本）‐現在（非本来）‐未来（来）の運動としての絶対空（絶対的否定性）は、現在の空間においては「同時に」現前しているのであって、空間性なるものは、本来的かつ非本来的だということになるだろう。つまり、自他不二と自他対立が同時に存立し、そこに「張り」が生じているのが空間性なのである。

実際、こうした構造の方が、「矛盾的統一」とされた間柄にふさわしく思われる。現象としては対立していても、「かつては一つであったもの」また「一つとなりうるもの」のみが自他対立しうるのだから、間柄とは「亀裂を含んだ統一」であり「統一への展望を含んだ亀裂」だと言うべきではないか。和辻によれば、「ハイデガーは自他の間の主体的な張りを全然視界外に置き、死の現象を通じてただ『自』の全有可能性のみを見る。そこから人間存在の本来性と非本来性とについての全然逆倒された見解が生じて来る(30)。」つまり和辻にとって非本来的な「『自』の自立」が、ハイデガーにとっては本来的とされてしまうというのである。それはわかるのだが、同様に「自他対立を含まぬ全体性」も、張りを失ったものとして非本来的だと言うべきではないか。

実際、和辻の立場に立って見ても、そういう対立があるからこそ時間性がありうるのである。そうだとすると、こうした動態を可能にするものが「非（否定）」とされたのだから、非本来性の方がむしろ本来的だと言うこともできる。和辻の言う「空間性と時間性の相即」は、本来性と非本来性という概念を二重に逆倒させてしまう。それがだめだというのではない。むしろそこに、開いた間柄を可能にする論理が含まれていると思うのである。和辻において、「自分の外に出る」ことは「間柄の内に出る」ことであり、「間柄の内に居る」ことだとされた。そこには、「間柄の外に出る」可能性が含まれていた。それは和辻にとって非本来的な「自他の対立」を意味するのであるが、そこから「自」の自立（ハイデガーの言う本来性）に向かうだけではなく、より広い場面で「自己に帰る」可能性が含まれているはずである。

主体的な人間存在は主体的に相互外在でありつつ端的に連続的なのである。そこでこの差別の自覚は、空間性の否定として、従って自他不二的共同性の否定として、「点」ではなくまさに「自己」となる。かく人間存在が自己となることによって、さらに自己の否定としての自他不二的な結合が可能となる。空間性の含むこの内的なる自己否定は、まさに空間性の真相として、人間存在の時間性になる。(31)

時間空間の否定性を「ヘーゲルを転釈する」形で論じたと和辻は言い、難解な言い回しになっているが、「外に出ること（自己疎外）」を積極的に主張したヘーゲルの発想を受け、これを空間性と時間性の相即の論理に接ぎ木することによって、間柄のダイナミズムが描かれる結果になっていると見ることができよう。

（6）対話の可能性

和辻は空間性も時間性も間柄の立場から捉え、その立場から時間性と空間性の相即を主張し、ハイデガーを批判した。その批判は、深い共鳴を前提としたものであったと考えうる。『風土』序における「人の存在の構造を時間性として把捉する試みは、自分にとって非常に興味深いものであった」という発言は、文字通りに読むべきだろう。和辻にとって、そこから離反することが興味の中心だったかもしれない。しかし共鳴は「同化」だけではなく「異化」も含むものである。冒頭に引いた『風土』の序の続きを引用する。

〔歴史性と風土性の相即という〕問題が自分に現れて来たのは、時間性の綿密な分析に首を突っ込んだ自分がちょうど様々の風土の印象に心を充たされていたためであったかも知れぬ。が、またちょうどかかる問題が自分に現れてきたために風土の印象を反芻しあるいは風土の印象に対して注視を向けるということにもなったのである。だから自分にとって風土の問題を自覚せしめたものは時間性、歴史性の問題であると言ってよい。これらの問題に媒介せられることなしには、風土の印象は単に風土の印象としてとどまったであろう。が、右のごとき媒介によったということは、ちょうど風土性と歴史性の相即を示しているのである。(32)

ハイデガーに対する「違和感を持ちながらの深い共鳴」が、旅行者である和辻をして、風土の研究に向かわせる機縁となったのである。「雑草がないヨーロッパ」とか「荒涼とした砂漠」などの印象は、ハイデガーの時間論の読解を通ずることによって、風土性と歴史性の相即という問題へと昇華されたのだと和辻は言う。

和辻においてハイデガーへの批判は、自身の哲学に表現を与える契機であったとともに、自身の哲学の問題点を顕わにする契機となったとも考えられる。そういう意味において、一方的ではあったが、両者のあいだに「対話」が成立したと言うことができよう。和辻は、ハイデガーの読解を通じて自分を「外に出す」とともに、ハイデガーの内に出て、新たな可能性を引きずり出したとも言える。そうした対話が相互的となる可能性は、後世の研究者に委ねられたと言えよう。存在への問いを深めるハイデガーのその後の思索に関して和辻は興味を示さなかったし、和辻の風土論や倫理学にハイデガーが関心を持ったというような話も聞かない。両者の関わりは『存在と時間』という著作に関する一方的な受容にとどまる。しかし、和辻の持った「違和感を持ちながらの深い共鳴」は、豊かな問題を生じさせ、後世の研究者の興味を引くことにもなった。たとえ一回的で一方的なものではあっても、生産的な受容は歴史性を持ち、あらたな対話への出発点となる。

「違和感と共鳴」は生産的な対話の原点だと私は思う。それは憎悪へと導くこともあるのだが、明確に意識されて昇華されれば、「親和性と差異性」とでも言えるものになるだろう。他者を鏡として自分の思いを語ることによって、「よそ」であったものが内部に取り込まれ、自明であったものが「よそ」になる。そこで語られる言葉は、自分にも驚きとなるような新しい意味を持つ。そんな意味を産出しうるような対話が本来的な間柄であり、本来的な日常性だと考えたい。

註

（1）和辻のテキストからの引用は、『和辻哲郎全集』岩波書店の巻数と頁を示す。大正期の和辻の研究遍歴については、『全集　第七巻』の金子武蔵氏による解説、および『全集　第五巻』の中村元氏の解説を参照。

（2）『全集　第八巻』、一―二頁。

（3）『全集　第十巻』、一八五―六頁。

（4）『全集　第九巻』、一六一―二頁。

（5）『全集　第八巻』、九―一〇頁。

（6）同巻、二〇頁。

（7）Heidegger: *Sein und Zeit*, Max Niemeyer Verlag, 1967, SZと略記し、その頁を示す。SZ. S.65.

（8）『全集　第五巻』、一〇七頁。

(9) 『全集　第八巻』、一〇、一八頁。
(10) SZ. S.333.
(11) SZ. S.329.
(12) SZ. S.369.
(13) SZ. S.12.
(14) SZ. S.133.
(15) 『全集　第十巻』、二三一頁。SZ. S.325.
(16) 同巻、二二五頁。
(17) 同巻、一九五頁。
(18) 同巻、一九六—七頁。
(19) SZ. S.175-6.
(20) 『全集　第十巻』、二三七頁。
(21) 『全集　第四巻』、五〇八頁。
(22) 『全集　第八巻』、一六頁。
(23) 同巻、一一頁。
(24) SZ. S.384-5.
(25) 『全集　第八巻』、二三二—三頁。
(26) 『全集　第十二巻』、一五—一七頁。
(27) 『全集　第十巻』、一八七頁。
(28) 同巻、二三五頁。

(29) 同巻、二三五頁。
(30) 同巻、二三六頁。
(31) 同巻、二四三頁。
(32) 『全集　第八巻』、二頁。

存在論と日常性
――ハイデガーの『存在と時間』を手がかりに――

まず、ハイデガーの『存在と時間』[1]を手がかりとして「日常の意味」を考えてみよう。このテキストを「日常の意味の解明」のために読むことは、日常性を出発点としながらも「存在の意味の解明」を求めてやまなかったハイデガーの意に反することであろう。あえて力点をずらし、存在論を媒介にとどめることによって、日常の豊かさと謎に迫ってみたい。論述の順序としては、(1)存在への問いと日常への問い、(2)日常の意味、(3)世界了解‐自己了解‐存在了解、(4)非本来性の意義、となる。本章はその前半部分である。『存在と時間』の読み直し作業としては中途であるが、日常の意味の分析としては一応のまとまりをつけ、作業の足場を定めたつもりである。

（1） 存在への問いと日常への問い

ハイデガーは、「平均的で曖昧な存在了解は一つの事実（ein Faktum）である」（S.5）と言う。「平均的で曖昧」とは日常性の有様を示す表現であり、存在了解は、我々の日常における事実だと言うのである。ハイデガーによれば、(A)存在論は、この事実から出発しなければならない。とともに、(B)存在論を仕上げるには、日常の事実がまとっている覆いを剝ぎ取る作業が必要である。――「存在的に最も近くて熟知されているものは、存在論的には最も遠くて認識されていないものであり、その存在論的意義において常に見逃されているものである。」（S.43）――存在は、日常に熟知されている（bekannt）はずだが、主題として問いかけてみれば、最も認識（解明）されていない（unerkannt）ものであることがわかる。存在は、了解されつつ見逃されているのが常である。

まずここが、ハイデガーの存在論を理解するための――あるいは、理解を拒むための――第一のポイントと思われる。「存在了解の事実」なるものは、多くの読者にとって躓きの石であろう。「我々が感ずるすべてのものは存在する」と確信できるとしても、「存在」について何かを感じているのかどうか。ハイデガー自身は何かをわかっているらしく、存在なるものは「見逃されているのが常である」と言っている。出発点とされる事実が凡夫に見通せないのは当然であるとされる以上、我々凡夫がその言葉に従おうとすれば、「分からなさ」を保ちながら、存在了解の場とされる日常性に接近し、側面的に何が見えてくるかを検証するしかないだろう。日常性は存在論にとって、(A)「出発すべき事実」であるが、(B)「事実にすぎない」とされた。この二つの筋に従って、ハイデガーの言うことを聴こう。

(A)「現存在の分析論が、存在への問いにおける最初の関心事でなければならぬ。」(S.16)――存在論は、独断的な理念や、その理念が示す諸範疇を押しつけるようなものであってはならぬ。すなわち、存在への問いの手がかりとなるもの(das Befragte)は、現存在と呼ばれる我々自身である。存在への問いは、何らかの仕方で存在が現じている(との予感を持って)我々自身に問いかけることから始めねばならぬ。しかも「さしあたりたいてい、平均的な日常性において存在するような状態に即して」(ibid.)、現存在の本質構造を明らかにすることが求められる。ここで「さしあたりたいてい(zunächst und zumeist)」とは、「共に生活する中で明白に」、「通常はすべての人に」示されるような仕方のことであるが、現存在は常にそんな仕方で存在するとは限らず、日常性を克服する可能性もあることが示唆されている(S.370)。みずからが克服される可能性を孕んだものとして、現存在の日常性に接近することが求められ、身近で誰もが営んでいる平均的な日常生活の有様が、世界-内-存在として分析される。その当面の目標は、「現存在の存在の統一的、根源的構造を現象的に引き立てて示し、そこから、現存在の諸可能性と〈存在する〉仕方が存在論的に規定される」ことである(S.130)。

以上の見通しをもってハイデガーが展開する分析は興味深い。道具連関とか、共同性、〈ひと〉とか、情態性、気分とか、了解とか、関心とか、死とか覚悟性とか良心とか、さらには存在の意味とされる時間性とか――これらについての分析を、世界の中で生きる人間の深みに分け入った思索として受け止めることができる。そうであるだけに、どうしてこれらを、存在論の用語で語る必要があるのだろうかという疑問がつきまとう。全体への問いが単独者としての自己への問いとなり、平均的日常性から本来的な自己へと引き戻される過程が、またそれを現存在自身の可能性として示す論述が、「存在への問い」とどう結びつくのか。また、結びつかねばならぬものだろうか。

実存論的分析論は、あくまで予備的かつ暫定的なものであって、より高次の、「最も根源的な存在解釈のための地平を開く」(S.17) はずのものであった。第8節の「論述の構図」を参照すると、刊行された『存在と時間』は、そのような展望を開く途上で終わっている。

遠くて大変な道程であり、「存在論の最初の関心事は現存在の分析論であり、現存在の日常性から出発しなければならぬ」という立場を、その後もハイデガーが持ち続けたかどうかは疑問である。たとえば『ヒューマニズムについて』において、「人間は、存在へと身を開き (ek-sistierend)、存在の運命の中に立つ(2)」といった表現が繰り返されている。存在の運命 (Seinsgeschick) が語られ、人間は「存在の牧人(3)」だとされるならば、存在の響きが強くなる反面、日常性を分析することの重みは軽くならざるをえないだろう。存在了解は我々に委ねられた事柄ではなく、存在の側から与えられるものだとすれば、「了解」の意義も変わらざるをえないだろう。

本稿は、こうしたハイデガーの道程を追うことはしない。日常性から出発して存在論へと向かった『存在と時間』に共感しつつ、もっと手前で、より日常性の近くで考えようとする。ベクトルを逆にして、存在論を媒介にすれば日常性がどう見えてくるかを問題にしたいのである。日常性が存在論への可能性を含んでいるとするならば、日常性そのものの中に、何らか深い志向が含まれているはずだ。そこに含まれているものを「存在」と名づけるかどうかは、二次的な事柄と考えたい。

＊

(B)こんな背きに対して、ハイデガーは、「誰もが、存在への問いという問題域に取り込まれているのだが、存在の意味が闇に包まれているゆえに気づかないのだ」と言うだろう。『存在と時間』の第1節「存在への問いを表立って繰り返す必要性」において、この闇が「自明さ（Selbstverständlichkeit）」に結びつけられているのは興味深い。そこに注目しつつ、序論の全体を読んでおきたい。

この冒頭第1節では、古代の存在論から成立した伝統的論理学において、存在への問いが忘却されていることが指摘される。「存在への問い」は「存在者への問い」とはレベルが異なるのであって、「最も普遍的」とか「定義できない」とかいう表現についても、存在者のレベルで考えられているならば、存在への問いが見えなくなってしまうのだ。この指摘に重ねて、ハイデガーは「〈存在〉は自明の概念だから問う必要はない」という先入観を挙げ、次のように言う。

すべての認識、すべての陳述において、存在者との関わりにおいて、自分自身との関わりにおいて、〈存在〉〔という語〕は使用されており、その際の表現は〈直ちに〉了解されている。誰でも〈Der Himmel *ist* blau（空は青い）〉とか、〈ich *bin* froh（私は嬉しい）〉とかを了解している。しかしながら、こうした平均的な了解されているという事態（diese durchschnittliche

Verständlichkeit）は、了解されていないという事態（Unverständlichkeit）を明示するだけである。そのことは、存在者としての存在者へと関わるあらゆる態度と存在の内に、一つの謎（ein Rätsel）がアプリオリに潜んでいることを顕わにする。我々はそのつどすでに何らかの存在了解の内で生きているが、存在の意味は闇に覆われているということ。このことが、〈存在〉の意味に対する問いを繰り返すことの原理的必要性を証明するのである。（S.4）

ここでハイデガーが問おうとするのは、あくまで「存在」である。「存在の意味は闇に包まれている。存在の意味の解明へと向かわねばならない。」その主張が序論全体（それゆえ『存在と時間』の全体）の基調をなす。

第2節では、「問いの手がかりとなるもの（das Befragte）」である「存在了解」（→現存在）から、「問いを通じて解明されるべきもの（das Erfragte）」である「存在の意味」（S.5）への移り行きが展望される。問いを発する者自体である現存在に問いかけ、その存在において見通しうるものとすること（Durchsichtigmachen）が、存在への問いの仕上げとなる。第3節では、実証的諸科学を基礎づける存在論が可能となる条件も、存在への問いを仕上げることだとされ、第4節では、そのような使命を帯びた存在者として、現存在の優位が語られる。現存在は、存在論以前的な存在了解を「自分自身の可能性」（S.12）として引き受ける（＝実存する）形で了解するのであり、存在への問いは、現存在に即して、「その存在了解を徹底化すること（Radikalisierung）」だとされる（S.15）。第5節と第6節では、「時間」と「存在論の歴史」が主題とされ、『存在と時間』において未完となった部分（第8節に示されている）が素描されるのであるが、それも「存在の意味の解明」ないし「存在への問いの仕上げ」の一環と見ることができよう。現存在の存在を、より広い場面で問題にする予定を示した節とも考えられる。第7節では、現象およびロゴスという言葉がギリシア語に遡って説明されるが、ここでもハイデガーの発想が投影されている。現象とは〈自分を示す〉ことであるが、「自分とは別の何ものか」によって示すのであって、その意味では〈自分を示さない〉ことである（S.29）。そこで特別の意味での現象として、それ自体は隠されていながら、「自分を示す何ものか」の意味と根拠をなすものがある。それはまさに「存在者の存在」である。またロゴスとは、語りないし理性として、「見えるようにする」はたらきであるから、存在論は現象学（Phänomenologie）としてのみ可能である（S.35）。そう考えれば、真理という概念は伝統的な「一致」から解放され、「隠れたものを顕わにする」という本来の意味へと引き戻されることにもなろう（S.33）。

以上、存在への問いの「仕上げ」、「徹底化」に着目して、序論を要約してみた。それとの関連で、はじめに触れた「存在的」という概念について問題にしておきたい。

存在的（ontisch）－存在論的（ontologisch）という一対の概念は、どういう視点から対置されているのだろうか。『存在と時間』の中でも揺れと幅があるように思われ、「存在者と存在の対置」に対応する面もあるのだが、(4)基本的には、「理論の立場から、生活と理論が対置されている」と読みたい。ハイデガーは、日常生活をも存在論的な視点から捉え、「生活の場面においては」と表現すべきところで「前存在論的」ないし「存在的」という耳慣れぬ用語を用いるのである。たとえば第4節で、「現存在の存在的な優越さは、それが存在論的であるというところにある」(S.12)と表現されている。用語にこだわって読むと、「存在論的である(ontologisch-sein)」とは「存在を了解するという仕方で生きている」ということだが、「存在論という名称を、〈存在者の意味への明瞭な問い〉のためにとっておくなら、現存在が存在論的であるのは、あくまで前存在論的(vorontologisch)なものとしてである」(ibid.)とされる。――それゆえ「存在的」という概念は、「存在論的」と対置されて、(A)「存在と関わり了解している」有様を示すとともに、そうした関わり・了解の(B)「無自覚さ」を示していると言えよう。「存在的」とは「存在論的視点から見られた日常の有様」だとも言える。

＊

存在可能や実存など、今は触れなかった主題もあるが、ごく手短に「存在了解」から「存在の意味の解明」へという視点から序論を要約した。その道筋は理解した上で、はじめに述べた「分からなさ」に立ち戻ろう。

「存在は日常のすべての場面で了解されている」とハイデガーは言うのだが、平凡な日本人としてはどう受け止められるか。――日本語に関しては、「すべての認識や陳述、存在者や自分自身との関わりにおいて、『存在』(という語)が使用されている」とは言いにくい。〈Der Himmel ist blau〉とか〈ich bin froh〉を「空は青くある」とか「私は嬉しくある」と翻訳したら奇異な感じがする。「ある」についての了解は、日本語を使っている限りでは乏しいと言うべきだろう。我々にとって存在論がわかりにくいのは、西洋語と日本語の相違によるのだと言われたりもする。では西洋語圏の人々ならば、よりいっそうハイデガーの言う存在了解に近づけるのかどうか。――しかし存在論が「西洋語圏の人にだけわかる」ものであれば、それこそ胡散臭いだろう。存在論と自民族中心主義との結びつきを問題にしなければならなくなってしまう。

「存在への問いの必要性」がわからない者にとっては、「日常への問いの必要性」が手がかりとして残されている。ハイデガーも、順序としてはそう考えたと言えなくはないが、やはり重点の置き所が違う。「平均的な〈了解されている〉という事態は、〈了解されていない〉という事態を明示するだけだ」という指摘は、「存在の意味は闇に覆われているという謎」を示すものであった。しかし、より我々の方へ引き戻し、この指摘は、「日常の自明性の謎」を示しているのだと考えよう。まず為すべきことは、日常に問いかけて、そういう事態があるかどうかを見極めることである。日常の自明性が何かを隠しているとすれば、隠されているものを「存在」と名づけて解明する前に、隠している日常を問題にし、その「隠す働き」を主題にのぼらせなければならない。自明性が隠している「何か」があるとすれば、今のところ消極的に、「日常の余所」と呼ぶのが適当だろう。それは日常の内部に潜む外部であり、日常性がそのような構造を持っているかどうかが問題なのだ。この「余所」をハイデガーに従って「存在」と名づけるべきか、あるいは「無」とか「自然」といった名の方がふさわしいか、それは後の話である。

背いてみたものの、「分からなさ」の場面を、「存在」から「日常」へと、ただ言葉を変えただけではないのか。「隠されているものを存在と名づけて解明する前に、日常の隠す働きを問題にしなければならない」と言った。しかしどういう立場から日常を「隠すもの」として示しうるのか。——謎を謎として示すべき場所を問題にせざるをえず、結局はハイデガーが「循環（Zirkel）」の問題として提起している事柄にぶつかってしまう。

さきほど第2節を要約したところで、「存在への問いの仕上げは、問う者である現存在を、その存在において見通しうるものとすることである」と言われた。それに続けて、ハイデガーは次のように自問している。——「前もって存在者をその存在において規定せざるをえず、次に、そのことに基づいて、存在に対する問いを初めて設定することは、円環（Kreis）の中に入り込むこと以外の何であろうか？　存在への問いを仕上げるために、この問いに対する答えがもたらすべきことが、すでに〈前提されて〉いるのではないだろうか？」(S.7)

このまっとうな自問に対してハイデガーは、「事実においては、何の循環もない」と答える（ibid.）。すでに事実として平均的な存在了解があるのだから、その内容を解明する作業があるのみだと言うのである。——そう簡単に納得できる答えではない。先ほど言ったように、日常の了解の有様を「存在的」と名づけること自体が、存在論による先導である。その先導に基づいて、「事実として存在了解がある」と言われているのではないか。この事実そのものが、解明作業の中で検証され、確認される必要があるだろう。

循環については、第32節の「了解と解釈」において、また第63節の「実存論的分析論の一般的性格」

においても主題的に取り上げられ、また別の箇所でも内容的に循環の問題と考えられるところがある。32節では、「決定的なことは、循環から脱出することではなくて、正しい仕方で循環の中へ入り込むことだ」(S.153）とされ、63節では「根源的に全体的に、円環の中に飛び込む」(S.315）べきだとされている。こちらの方が納得できるのであるが、循環が問題となる場面を整理した上で、改めて考えてみたい。

あらかじめの見通しとして言えば、(A)日常の内部で考えられる、いわば「横の循環」と、(B)日常の変様（Modifikation）をもたらすべき「外部」との関係、いわば「縦の循環」があると思うのである。そうした場面設定のためにも、まず「日常の意味」の射程を整理しておく必要があるだろう。ハイデガーの用語を念頭に置きつつも、存在論を離れて常識的に、日本語を通じて私なりに論じ、その後にまたハイデガーに帰ることとしたい。

（2） 日常の意味(5)

「日常」、「の」、「意味」という三つの単語は、それぞれに特殊な曖昧さを持っている。それらを重ねて「日常の意味」を問題にしてみると、二つないし三つの場面が考えられる。これらの場面を個々に取り上げて重ね合わせ、理屈っぽく論じてみよう。自明なものとして生きられている曖昧さを曖昧さとして示すには、日常から離れた理屈によって日常に迫るという方法をとらざるをえない。

「日常の意味」の第一の場面は、【日常において了解されている意味】である。日常には意味が沈殿していて、それが事物や言葉を了解するための条件となっている。ここでの「意味」とはどういう意味かと問われれば、「了解されていること」だと繰り返すしかないが、「向き」、「志向」、「思い」あるいは「分け」、「差異」などと言い換えることもできよう。ハイデガーから引用すると、意味（Sinn）とは「或ることが了解されているという事態が、その内で保たれている、その基盤（das worin sich Verständlichkeit von etwas hält）」（S.151）である。その含蓄に今は触れない。まず日常において我々が事物や他者と出会い、そこで違和感を持たぬとすれば、我々が常にすでに、それらについての何らかの了解を持っているからである。こうした了解を可能にしている何かが「意味」である。安定した日常において、我々は様々な意味を、自明のものとして身につけている。そうであるだけに、意味に向って「何か」と問うことはない。

第二の場面は「日常とは何か」という問いに応ずるものである。――この場合の「日常の意味」とは【日常についての規定、他の語と区別される特徴】である。どういう内容規定を与えるべきかは棚上げにして、形式上、こうした規定づけは「言い換え」によって行われるという、当たり前の事実に注目しておこう。方法的に第一の場面と関連させれば、「日常」は「意味が了解される場」と言い換えることができる。こうした言い換えによる「日常」の規定は、規定としては不十分であろう。これが十分な規定であると主張するためには、「意味が了解される場」は「日常だけである」ことを示さねばならない。そうではないとすれば、日常において了解される意味（あるいは、日常における意味了解）の特色を示し、「日常とは異なる場」との差異を示さねばならない。

とりあえずその特色を挙げれば、日常における意味了解は、論理的な明晰さを持たず体感的であるから曖昧さを免れない。それは我々が身につける、あるいは身につけた習慣とも言えるもので、意識的な作用ではない。各人に特有なものではあるが、他人と共有していないというわけではない。

第三の場面は、【何かにとっての、日常の意義ないし価値】である。【「日常とは異なる場」から見れば、日常はどのように「意味づけ」されるか。】科学にとって、存在論にとって、あるいは生活することと自体にとって、日常（という意味の場）はどういう意義を持っているか。

非日常のハレに対する「ケ」は、日常に対する意味づけの一例である。芸術的生活や探求的生活においては、日常は「脱却すべき場」として意味づけされるのが普通であろう。「日常とは別な異界を展望する」のは宗教の特色と言えようが、プラトン以来の哲学的伝統もそうした志向を持つ。信と知、生と知を峻別する近代科学が法則を認識できたのも、日常とは異なった視点を持つことによってであった。それに対し、特に現代思想においては、「回帰すべき場」として日常を重視する志向が生じている。ハイデガーの『存在と時間』も、そのような一面を持つ。と同時に、日常性は「非本来的」とみなされるのである。

以上、「日常の意味」の三つの場面を区別してみた。第一の場面と第二の場面の区別は「の」という助詞の両義性に関わり、第二の場面と第三の場面の区別は「意味」という言葉の両義性に関わっている。第二の場面を媒介項とするならば、「日常という場に生ずる意味」と「日常とは異なる場からの、日常の意味づけ」という二つの場面が考えられるであろう。さらに、これら二つの場面を媒介するものとして、自身に対する「余所《よそ》」という概念を導入してみればどうだろうか。以下、その展望のもとで論じていく。

＊

「の」という助詞の両義性は、ここでは「～に属する」、「～が行う」と、「～についての」との区別である。「の」は第一の場面では主格・所有格、第二の場面では目的格を示している。たとえば「漱石の研究」という表現は、㈠「漱石自身が行う研究」とも㈡「漱石について他人が行う研究」ともとれる。漱石は主体か対象か、研究は彼自身の行為か他人の行為か。漱石について論ずる場合には当然に区別されるだろうし、曖昧となりそうであれば表現を工夫せねばなるまい。

先ほどは「日常の意味」を二つの場面（第一と第二）に区別した上で、両者を重ねて考えようとした。上に述べた区別が重なり合う場面（「の」という助詞の曖昧さが発生せざるをえないような場面）として、日常を特徴づけたかったからである。日常について論ずる場合には、この曖昧さを主題にしなくてはならない。漱石は「有名な個人」であるが、日常は「無名の場」なのだ。そこでは主体と対象、自身と他者との区別が、了解されながらも意識されてはいない。日常は、「自他未分」とか「自即他」といった哲学的表現が可能になるような場である。そこで行われる了解は「行為」とは言い難く、了解される意味も曖昧とならざるをえない。こうした曖昧さは克服されるべきものであろうか。

第二の場面に立ち帰り、辞書における「言い換え」を例にとって考えよう。――ある言葉の「意味を問う」とき、我々は辞書を引く。辞書は当の言葉を別の言葉に言い換えて説明してくれる。この「言い換えによる説明」の意義は、第一に「分かるようにする」こと、すなわち未知の言葉を既知の言葉に翻訳することである。外国語辞典を引いて他の表現に、あるいは母国語に、古語辞典を引いて現代語に言い換える。母国語の内部でも、国語辞典はよりわかりやすい言葉に翻訳してくれる。未知の言葉を「分かる」ようにし、「使える」ようにするのが言い換えの目的であり、その言葉の意味が身について「日常化」するとき、すなわち自明なものとして了解されるとき、もはや他の言葉への言い換えを必要としなくなるだろう。当初は使用できない「余所のもの」であった言葉が、その意味とともに「我がもの」となり、それを原点にして他の言葉の理解へと向かうのである。言い換えの目的は、自明な「日常語」とすることである。類似の語との微妙な差異も感じ取ることができれば、言葉が日常化し、熟したということになろう。

以上の事実からも、日常は「(既知の・自明の)意味が沈殿している場」であり、それは「未知の意味」にも開かれた動的な場であることが知られよう。そうであるからこそ、「余所」であった意味が「自身」の意味となりうるのである。とすれば、日常の意味における「自他の区別の曖昧さ」は、積極的な能力と考えられるのではないか。

今述べたことを、逆の方向で考えてみよう。——国語辞典の執筆者が一番困るのは、自明な言葉を言い換える場合だという。みなが既にわかっている言葉を別の言葉で説明することなど、全く必要ではないと思われる。しかし言い換えの意義は、「自明の了解へと引きこむ」だけではなく、「自明な了解を乱す」ところにもあるのではないか。言い換えを通じて自明な了解を反省し、より厳密な定義へと向かったり、別な視点から事態を見ることもできる。つまり、自明であった「自身」の意味を、「余所」とすることもできるのである。

「日常」というのも自明な言葉の一つであろう。『広辞苑』では「つねひごろ」、「ふだん」、「平生」、「平常」とかに言い換えられており、『新潮国語辞典』では「ふだん」、「毎日毎日」と言い換えられている。――言い換えられたからとて「より分かるようになった」とは感じられないが、こうして並べてみると、「常」、「毎日」、「不断」といった連続性が示され、不安や驚きのない「平ら」な状態が示されていることに気がつく。先ほど、日常における意味（了解事や志向）は、身についた習慣だと言った。ギリシア語のエートスは「性格」、「習慣」、「慣習」などと訳されるが、元の語義は動物の「巣」、「住処」であり、「安らぎを得る場」である。個人や社会の様々な志向が絡み合いつつ、安定した場を形成するというのであれば、まさに「日常」だと言ってもよい。日常における意味は、一度身につければ容易に変わることのない、日々連続した志向である。それはまた、自分自身に沈殿した志向であるとともに、私が安らぎを得る集団に沈殿している志向でもある。周辺の親しい他者と自分は、何らか共通した意味の場に住んでいる。「分かり合っている」者のあいだに、意味が沈殿しているのである。――以上を抽象化して言えば、「時間的な連続性」と「自他の連続性」が、「日常において了解されている意味」の特徴であると言えるだろう。

この連続性は、単なる惰性ではないはずだ。我々が新しい言葉を知り、新しい意味を取り込むことができる以上、それは「非連続」を内包している。非連続を含んだ連続性、連続へと向かう非連続性──それは日常の意味の孕む現実であり、可能性であり、曖昧さの持つ能力である。プラトンが『メノン』で問題にしている「学ぶことの謎(6)」は、日常においては自覚されず、生きられてしまっている。今は展望としてしか言えないが、非連続を含んだ連続性、連続へと向かう非連続性は、自己との関わりにおける、時間と他者の構造そのものではないだろうか。哲学者が指摘する時間の逆説、他者の逆説は、日常の意味の中にすでに示されている。時間と他者が日常において逆説と感じられないのは、日常において我々が、逆説と見える事態を自明なものとして生きてしまっているからである。

＊

「意味」という言葉の両義性に移ろう。『広辞苑』で「意味」を引くと、「①記号・表現によって表される内容またはメッセージ。②物事が他の連関において持つ価値や重要さ。」と書かれている。これまでに述べたこととの関連で言えば、一応、①は第二の場面（日常についての規定）、②は第三の場面（他の場からの、日常の評価・意味づけ）に関わると言えよう。もちろん第二の場面でも、日常を主題化してその意味を問うのだから、他者の視点をとっていると言えなくはないし、本章でも日常の曖昧さを積極的に評価したのだから、第三の場面に足を踏み入れている。しかし、それはあくまで「日常に即して」であり、「他の場にとっての意義」を求めようとしたわけではなかった。

具体的な日常の言葉遣いで考えれば、「君の言っていることの意味が分からない」という場合は①の意味であり、第二の場面に関わる。これに対して「君の言っていることは意味がない」という場合は

②の意味であり、第三の場面に関わる。ここでは他の観点からの意識的な評価が問題になり、自他の区別が表立つのである。前者は「分からない」と言いつつ「相手の場に入ろう」としているのに対し、後者は相手の場を「分かり」つつ、「閉じ、対象化する」のである。――そのことは、肯定的に「君の言っていることは意味がある」という場合も同様であろう。ただし、この発言は、外部からではあっても、必ずしも「他の場」に立とうとしているわけではない。

微妙で曖昧なところではある。①事実の内容を説明し伝える場合にも、②何らかの視点からなされ、評価がしのびこむのが常である。①「事実を語る話者と同じ場にいる」のか②「他の場から見る」のかの区別は、そう明確ではない。――さらに、「価値や重要性」、「評価・意味づけ」といった言葉も曖昧である。「評価する」という言葉には、「問題にする価値(重要性)があると判断する」と「善とか悪とかの価値判断をする」と「善い(価値がある)とプラスに判断する」の三つの段階が含まれていると思う。まず最初に、そのつどの関心に応じて問題とすべき場が開かれ、こうして開かれた場の内部で、善悪の判断がなされるのだ。「君の言っていることは意味がない」という発言は最初の段階に関わっている。しかし、その評価が次の段階へと滑っていくこともしばしばである。

「日常」とは、こうした曖昧さが絡み合った意味の場である。明晰さを求めるならば、これらの意味を区分けし分析しなければならないだろう。明晰さを求める理性が道徳的な生き方に結びつくのかどうか――それはまた別の問題だ。とにかく、諸意味が混然としつつ、しかも連続性をもって一体化し、安らぎを感じさせている場が「日常」なのである。こうした諸意味の絡み合いとズレの中で気分や情緒も生ずるのであって、ハイデガーが、気分において自分の状態を感じる（sich befinden）有様を、情状性（Befindlichkeit）と名づけて了解と結びつけたのは、慧眼だと思う。

以上の註釈を前提として、第三の場面に戻ろう。「日常の意味づけを行う、他の場」として、祭とか旅、宗教、芸術、学問などが考えられるが、まず問題になるのは、それらがどれほど日常の「他の場（余所）」となりうるかである。こうした「非日常」の場に入り込むとしても、そこで使用される言語や所作は、日常の言語や所作と全く無縁というわけにはいかないだろう。とすれば、非日常とはいっても、日常の意味を「ズラす」以上のことはできないのではないか。――先ほどは、そうした「ズラす」能力を日常の中に見た。自他の区別の曖昧さを積極的に考え、非連続の連続、連続の非連続という有様を「日常の曖昧さの持つ能力」とした。余所の意味が自身の意味となり、自身が余所へと開かれる。そうした見方に立てば、「余所」は、境界の曖昧な日常という場の内部にあると考えられないだろうか。――そうだとすれば、上に挙げた非日常の場面も、結局は日常の中に囲い込まれると言えるのではないか。

しかしそうなると、日常の意味が肥大するとともに、飼い慣らされた余所しか存在しないことになるだろう。そんな宥和を拒むとすれば、たとえ内部に取り込まれる可能性があるとしても、「余所」はやはり日常の外部として、偶然性の様相を持たねばなるまい。不如意の情況に置かれたとき、「たとえ身は日常世界に囲い込まれようと、心はその外に居る」といった気持は、少なくとも偽りの情ではない。想像力と言ってもよいが、こうした可能性がなければ、心身問題の伝統もありえなかったろう。(7)

「心」を実体とみなす必要はないし、認識の対象にはなりえないが、「日常の意味に囲い込まれない可能性」を示す事態と考えれば、それも我々の現実と認めなくてはなるまい。そこで、日常の内部に取り込まれずに日常を意味づける「他の場」、外部としての余所を「日常の異界」と呼んでおこう。

第二の場面とは区別された第三の場面、はっきりした「日常への評価」が生ずるのは、「日常における ズレ」が「修復不可能な亀裂」となる状況においてだと思われる。評価は相手との距離を前提にしている以上、日常の安定さを生きているときには、「日常への肯定的評価」が生まれてくることもない。明確な肯定的評価が生まれるのは、日常が崩壊した（たとえば戦時のような）状況においてであるか、あるいは惰性的な日常に満足できぬ「否定的評価」を媒介にしてである。「戻りたい場所」あるいは「戻るしかない場所」――我々の常態である日常への「肯定」は、否定の否定によってのみ成されるのである。

以上、我々の生の現実に即して、日常の内部と外部とを区別してみた。そこで両者の関係が問題になるだろう。両者は広がりとしての空間における住み分けではなく、「意味」における区別である。本節では日常の意味を三つの場面に区別した上で重ね合わせ、「日常という場に生ずる意味」と「日常とは異なる場からの、日常の意味づけ」という二つの場面に導かれた。日常の意味の曖昧さに照らせば、これら二つの場面（内部と外部）の境界もまた、截然としたものではないはずだ。前章で述べたハイデガーの存在論と関係づけ、本章としてのまとまりをつけておきたい。

＊

ハイデガーの『存在と時間』は、日常の意味の全体が崩壊する経験を手がかりとしながら、方法的・意識的に日常全体の意味を剥奪してみせる。不安という根本的情状性によって我々は、居心地の悪さ・不気味さ（Unzuhause, Unheimlichkeit）に直面する。ハイデガーによれば、日常における居心地の良さ・安らぎは、こうした否定的な様相に直面しつつ、そこから逃避することなのだ（S.189）。勝手な言葉遣いを許していただきたいが、ハイデガーの存在論は、「異界」から日常を捉えて「存在的」と名づけ、「了解しながら逃避する」ものとして日常を意味づけるのである。しかし、逃避とみなされようと、日常生活は我々にとって逃れられない現実である以上、ここに帰って生き直すしかない。本章では「異界（存在論）からの日常の意味づけが、日常自身にとってどんな意味を持っているか」を問題にしている。できるだけハイデガーに即して考えよう。

(A)日常の意味の剥奪は、別の視点からも果たしうる。『存在と時間』では、自然や世界の現象を事物的に、対象として把握するような「世界認識（Welterkennen）」が俎上に上げられている。ハイデガーによれば、それは「現在も普通に行われているような、〈主観 - 客観の関係〉としての認識設定」であるが、「主観と客観なるものは、現存在と世界に合致するものではない」（S.60）。そうした設定は、世界内存在を「飛び越す（überspringen）」のである。それは従来の存在論の発想であり、「世界内存在という現存在の機構を捉え損なっている」（S.65）。

本章での用語を使えば、ここで言われる「世界認識」も、日常の意味を剥奪しようとするのであり、日常の異界に位置する発想だと言えよう。世界内存在としての現存在の代わりに、世界の上空を飛翔する主観と、事物として客観化された存在者（Vorhandenes）との関係という、主観－客観図式が立てられる。一切の気分を排除した客観的認識にとっては、日常において発生する曖昧な意味など邪魔者でしかないだろう。

ハイデガーは、「世界認識」の背景をデカルトに、さらには従来の存在論の歴史にまで遡って問題にしている。こうした「飛び越し」を避けるために、日常的世界への回帰が求められたのである。最初の問題提起に戻る引用になるが——「世界内存在、それゆえ世界が、現存在の最も身近な存在様式としての平均的日常性という地平において、分析論の主題とされねばならない。日常的な世界内存在が追求されるべきであり、それを現象的な手がかりとして、世界というものが視野に入ってこなければならない。」(S.66)

自然科学を規範とするような世界認識に対して、ディルタイは新たな解釈学を構想した。ハイデガーはそれを「日常性への回帰」にまで引き戻した。(8) フッサールは、『危機』においてガリレイを「隠蔽する天才」と名づけ、近代科学や近代哲学の中で忘却された生活世界の地盤に回帰すべきことを主張した。『存在と時間』はその方向を先取りしている。世界内存在としての日常が分析され、世界了解と自己了解とが切り離せないことが示される。

(B)その意義を認めた上で、ではハイデガー自身によって為される「日常の意味の全面的剥奪」は、日常を生きる者にとってどういう意味を持っているか。それは本来性と非本来性の問題となろう。「日常的現存在の自己は、〈ひと〉－自己（das Man-selbst）であって、我々はこれを、本来的自己すなわち固有にはっきりと把握された自己から区別する」(S.129)とされ、また「本来的自己存在は、〈ひと〉から分離された主体の一つの例外状態ではなく、本質的な実存範疇としての〈ひと〉の、一つの実存的変様(eine existenzielle Modifikation)なのである」(S.130)とされる。この場合の「区別と変様」をどう考えればよいか。また、こうして日常の意味が剥奪された上で、「存在の意味」としての時間性が開示されるのだが、それは日常の意味にどう跳ね返ってくるだろうか。

それについて論ずることは他に譲りたいが、「循環」の問題につながると思うので、この点に触れて本章の結びとしたい。前節の最後で、(A)日常の内部で考えられる、いわば「横の循環」と、(B)日常の変様をもたらすべき「外部」との関係、いわば「縦の循環」がある、と言った。本章での用語に関係づければ、(A)「自身」と「余所」の循環と、(B)「日常」と「異界」の循環に関わる。この二つの場面が区別されるとして、二つの場面の関係もまた循環だと思うのである。異界を「余所の極限」とみなし、余所を「異界の表現」とみなすことはできないだろうか。

論理というより、倫理の問題である。日常の異界を実体化し、美しい理念のもとで日常を見下すとすれば、独断と争いを避けることはできなくなってしまうだろう。日常の異界であるはずの理念や正義を、自身(あるいは自国)がすでに所有するかのような発言が繰り返されるとき、世界は柔軟さを失ってしまうだろう。だが一方、すべてを日常の内部に囲い込むとすれば、日常の意味が拡大するように見えて、日常の豊かさと謎自体が消滅してしまうだろう。日常は単なる癒しの場となり、世界は淀み、発展性を失ってしまう。ニーチェの言う「おしまいの人間(der letzte Mensch)(9)」に陥らないためには、異界からの脅かしによって、日常が揺るがされなくてはなるまい。

異界が求められる地盤は、日常の内部において「開き」をもたらす余所にあるとも言えよう。しかしそう言えるのは、あくまで事後においてなのだ。日常を生きている者にとって異界は、日常が取り込めぬ偶然性としてふりかかる。余所とはまず、よそよそしい「他者」であり、場合によっては修復不可能な亀裂をもたらすだろう。その場合、余所は異界の表現となろう。そのような経験を、ハイデガーは、本来的自己への道として積極的に評価しているように見える。現存在は常にすでに「自己自身である可能性」を生きているのだが、異界への飛躍（あるいは異界の導き）によって、この可能性が現実化するのである。その可能性を認めることにやぶさかではないのだが、しかし「では日常をどう生き直すか」について、ハイデガーは応答してくれない。そこでハイデガーから離れた解釈として、可能性の現実化を偶然性と考えればどうだろうか。「存在論的偶然性」としての異界は、現実の内部における（存在的な）余所の極限であり、後者は前者の表現とみなされることになるだろう。

日常性における現存在は「代理可能（vertretbar）」(S.239) だとハイデガーは言う。代理不可能な自分自身であるためには、日常の意味の崩壊をくぐりぬけねばならないとされる。しかし我々は、結局は非本来性とされる日常に立ち戻らねばならないのである。日常が「自身」と「余所」との循環を生き、異界の表現としての偶然性に脅かされているとするならば、非本来的な〈ひと〉-自己は、たしかに「固有にはっきりと把握された自己」ではないにせよ、「代理不可能な日常」を生きていると言うべきではないか。そのような見地から改めて「日常の意味」を見直す必要があると思われる。

註

（1）『存在と時間』からの引用は、本文に頁を示す。テキストは、*Sein und Zeit* von Martin Heidegger, Max Niemeyer Verlag, Tübingen, 1967（11版）。原／渡邊訳（中央公論社）、桑木訳（岩波文庫）、細谷／亀井／船橋訳（理想社）、辻村訳（創文社）を参照させていただいた。

（2）*Über den ›Humanismus‹*, Brief an Jean Beaufret, Paris, 1947（Gesamtausgabe, Band9, S.336）（渡邊二郎訳、ちくま学芸文庫、七一頁）。

（3）*ibid.* S.331（同訳書五七頁）。

（4）「存在的と存在論的」の対置は、「存在者と存在」の対置に対応するとも読める。たとえば、世界の内部の出来事を記述する仕事は「現象学以前であり、存在者（Seiende）にのみ拘泥している、すなわち存在的である」（S.63）と言われる。それは「諸学問の存在的な問い」、「存在的な諸学問」（S.11）といった言い方にも示されている。実証的な学問の理論的探究も、存在を問題にしていないのだから存在論以前であり、「存在的」だとされるわけである。また、第77節でディルタイとヨルクの往復書簡を紹介し、「存在的なものと歴史的なものとのあいだの類的差異」を強調するヨルクを、ハイデガーは高く評価し、自分なりに解釈している（S.399-403）。ヨルクは「自然という存在者」を「存在的」とし歴史と対置するのだが、ハイデガーは歴史性への問いを「存在論的問い」だと説明している。

　しかし一方、「学問以前の存在的な意味では」(S.57) という言葉遣いもされている。生活の日常においては存在者との関わりが関心事であることはたしかだが、同時に、漠然としてであれ存在了解を持ち、「存在的に存在論的である」(S.12) とされ、それが存在論の出発点とされる。本章ではそちらを基本の視点と考えた。この視点から考える方が、「存在的なものと存在論との循環」も考え易いと思うのである。

（5）「日常の意味」については、拙稿「意味と評価」(『価値語の様態とその構造　科研費による研究成果報告書』、二〇〇三年、中央大学出版部）で、別の観点から論じた。また、茨城大学人文学部紀要『人文学科論集37号』

（二〇〇二年三月）における拙稿「日常と偶然へのアプローチ」（本書九頁以下）も、本章の下敷きになっている。

（6）ソクラテスはメノンの問いを、以下のようにまとめている。「自分が知っているものも知らないものも探求することはできない。知っている場合は探求する必要はないし、知らない場合は何を探求すべきかも知らないのだから。」（『メノン』80E）――そのあと、ソクラテスは、幾何学の知識のない子供を導き、作図によって問題を解かせる。ソクラテスによれば、「教えられて学んだ」子供は、「生まれる前から知っていたことを想起した」のである（85D–86A）。

――プラトンの想起説によれば、「前世」は無限に豊かな知識の宝庫ということになる。その豊かさを「日常という意味の場」に引き戻して考えることもできよう。既知と未知とがダイナミックに絡み合い、意味が沈殿しつつ湧出するような場が日常なのである。想起による前世と現在との繋がりの場合には、こうしたダイナミズムが考えにくい。

（7）実例として、「身と心」を対置した和歌をいくつか取り上げてみよう。

吾が身こそ関山越えてここにあらめ　心は妹に寄りにしものを（萬葉集　中臣朝臣宅守）
恋ひわぶる心はそらにうきぬれど　涙のそこに身は沈むかな（千載和歌集　藤原実房）
白雪のともに我が身はふりぬれど　心は消えぬものにぞありける（古今和歌集　大江千里）

――以上では、「現実世界に囚われた」身から、「あこがれ出ずる」心が対置されている。しかし、以下に見るように、心は身から離れることはできないし、身を心に従わせることはできない。この世界は憂き世である。

不本意な現実が日常化すれば、心の方が身に従ってしまう。

背きてもなほ憂しものは世なりけり　身を離れたるこころならねば（新古今和歌集　寂蓮）
いなせともいひ放たれず憂きものは　身を心ともせぬ世なりけり（後撰集　伊勢）
おのが身のおのが心にかなはぬを　思はば物はおもひしりなむ（詞花集　和泉式部）
数ならで心に身をばまかさねど　身にしたがふは心なりけり（千載和歌集　紫式部）

——こうした現実をふまえ、以下では、出家の境地が詠まれる。心が身から洗われるとともに、修行によって身の方も自然に心に従ってくるのである。

こころなき身にもあはれはしられけり　鴫立つ沢の秋の夕ぐれ（新古今和歌集／山家集　西行）
こころから心に物を思はせて　身を苦しむる我が身なりけり（山家集　西行）
身に積もる言葉の罪も洗はれて　心澄みぬるみかさねのたき（山家集　西行）
憧れしこころを道の導にて　雲に伴う身とぞなりぬる（山家集　西行）
ともすれば四方の山辺にあくがれし心に　身をもまかせつるかな（後拾遺集　増基）

（8）Husserl: *Die Krisis der europäischen Wissenschaften und die transzendentale Phänomenologie.* (Husserliana Bd. VI) §9（フッサール『ヨーロッパ諸学の危機と超越論的現象学』細谷恒夫／木田元訳、中央公論社）。フッサールのこのテキストにおいても、(A)生活世界への回帰が中心のテーマではあるが、(B)真知としてのエピステーメは、やはり日常のドクサとは区別され、「哲学はこの前形態（Vorgestalt）を乗り越える」

と言われている（§5）。そのドクサをエピステーメの基礎にしようとする「奇妙さ」にも、フッサールは触れている（§44）。

（9）ニーチェ『ツァラトゥストラはかく語った（Nietzsche: *Also sprach Zarathustra*）』の序説5。少し引用しておこう。

わたしは君たちに言う。ひとは一つの舞踏する星（超人）を産むことができるためには、自分の内になおカオスを持っていなければならない。……

わざわいなるかな！　人間がもはや星を産まなくなる時が来る。自分自身をもはや軽蔑することができない、最も軽蔑すべき人間の時が来る。（Es kommt die Zeit des verächtlichsten Menschen, der sich selber nicht mehr verachten kann.）

……彼らは生きづらい諸地方を立ち去った。暖かさが必要だからである。人はなお隣人を愛し、隣人に我が身をこすりつける。暖かさが必要だからである。……牧人のいない一群の畜群。誰もが同じものを欲し、誰もが同じである。……〈我々は幸福を考案した〉と、おしまいの人間たちは言って、まばたきする。

（*Nietzsche Werke* VI_1, Gruyter, S.13–14）

日常性の可能性
――ハイデガーと和辻を踏まえて――(1)

(1)　日常性への問い

日常性とは、さしあたり、驚きも反省もなく既成の慣習や制度に安らいでいる有様である。昨日－今日－明日は連続し、周辺世界と自分のあいだにも亀裂がない。人々が共有する慣習や制度が、自他と時間に連続性を与えている。身につき制度化された日常は、我々にとって空気のようなものであるが、これを重苦しいねばつきと感じる人もいるだろう。村上龍は「制度に対抗するのはむつかしい」ことを認めつつ「制度というものは、あたりまえの話だが、嘘であり、幻想である。人間が勝手に作ったものだ。……書くことが日常になってしまった作家やエッセイストはすべて死後、地獄に堕ちるだろう。」と書いた。(2)また柳美里は「人間は現実と日常を拒みつづけることはできません」と言いつつ、

「日常というものは、ある種の人間にとっては凶器のように自分を圧迫するものなんですね。狂うことができれば、……日常そのものとの関係を断ち切ることが可能なのだけれども、狂えない者はどうすればいいのかなと、私は思います。」と書いた(3)。日常の安定は閉塞ともなり、そこからの解放がカタルシスとなる。実存思想を含め、学問や芸術に関わる者は「狂う」ことに使命感を持つ。真理を探究するには「一生に一度、すべてのものについて、できる限り疑うべきである」とデカルトは言う(4)。そのことを通じて精神は身体から独立したものとして把握される。

しかしこの徹底さには、居心地の悪さがつきまとう。デカルトは、心身関係への疑問を提起するエリザベートに対し「どうかご自由に、精神に物質や広がりをもたせてやってください」、「精神と身体の結びつきは、……日常の生活と交わり（la vie et des conversations ordinaires）を通じて初めて理解できるのです」と書き送った(5)。日常を超えた理念を語り、自身をそれに同化させるとしても、自身の現実生活とのギャップを感ずるとき、理念そのものが虚偽と見えてしまう。イデオロギー批判と呼ばれるものの原点はそこにあろう。イデオロギーは「虚偽意識」という意味を持つが、その場合の虚偽とは、非現実的なものを現実と思いこみ、特殊にすぎないものを普遍的と思いこむことを指す。マンハイムは「みずからの立場をもイデオロギーとみなす勇気」(6)を語っている。繊細な文学者の苦しみもそれに通ずるものであろう。日常の内に住まうにも、これを超えるにも、常に虚偽がつきまとう。そこで袋小路に陥らず前向きに生きようとすれば、自分が背に負い帰らざるをえない日常性の内に「虚偽ゆえの可能性」を見出し、それを積極的に受け容れるしかないだろう。実存思想としても、こうした観点から、日常性を豊かで謎に満ちたものとして捉え直すことはできないか。さらに進んで、みずからの根源に日常性があることを認め、みずからを「日常性の可能性」とみなすことはできないか。「日常性の可能性としての実存思想」という発想は、実存の、さらには思想全体の価値を貶めるものと見えるが、裏返せば、日常性を思想の豊かな宝庫とみなすものだとも言える。日常性は驚きも反省もない惰性でありつつ、単にそれだけのものではない。民俗学の用語を使えば、「ケ」とされるものの中に、「ハレ」を楽しむためのエネルギーが内在しているはずだ。我々にとって身近な日常性が何かを産出するカオスを宿しているのでなければ、哲学や芸術も生命力を失ってしまい、我々はニーチェの言う「おしまいの人間」[7]に堕してしまうのではないか。現代社会では声高に理念を叫ぶことが求められるとともに、平板なタテマエや合理性が幅をきかし、日常性を貧困にしていく力が増大しつつあるように感じられる。そんな力に抗するつもりで、本章では、ハイデガーの『存在と時間』を、和辻の倫理学を媒介にしつつ、凡夫の立場で読み返してみたい。

（2）『存在と時間』の日常性

『存在と時間』でハイデガーは存在への問いの手がかりを現存在に求め、その出発点としては「現存在がさしあたりたいていい存在している有様で、すなわちその平均的日常性において示すべき」だとした。現存在の分析にあたっては、勝手な理念やカテゴリーをおしつけてはならず、「この存在者が、それ自身に即してそれ自身の側からおのれを示す」ような形で解釈し、平均的日常性における本質的諸構造を取り出さなくてはならない（S.16–17）。本論の冒頭（第9節）では、現存在は実存として「そのつど私のものである（Je-meinigkeit）」という特徴を備えていることが指摘される。現存在はそのつど自分の可能性を生きるのであって、自己を獲得することも失うこともできる（S.42）。この場合、自己を失う非本来性（Uneigentlichkeit）といえども存在が乏しいわけではなく、充実した豊かな具体性を持つ。分析の出発点においては、本来性とも非本来性とも言えぬ無差別の様相（S.53）を示す平均的日常性（S.43）に身を置くべきである。「このような存在様相から出発して、そこへと回帰するのが、すべての実存することにおいて、ありのままの姿なのだ。」(ibid.)

この平均的日常性は、最も身近なものであるだけに、「現存在の理論的解明にあたって、昔から飛び越されてきたし、飛び越され続けている」(ibid.)。——このことについては、「世界認識」を論じた第13節でも触れられている。どこにも立たぬ無世界的（weltlos）な主観によって世界を客体的存在（Vorhandensein）として捉える世界認識は、とりわけ日常性の様相においてはたらく世界内存在という有様を包み隠してしまう（S.59–60）。こうした主観 - 客観図式は、近代のデカルトにおいて明確になるのだが、ハイデガーによれば、客体化は従来の伝統的な存在論の傾向であったから、「存在の忘却」とともに「日常性の忘却」も、存在論の伝統に由来するのだと言えなくもない。

しかしながら、『存在と時間』における論の展開の中で、こうした客体化を行っているのは日常性そのものであることが明らかになっていく。日常的な現存在は共同存在であって、その自己は、「本来的な、すなわち自分のものとして把握される自己とは区別された、世人‐自己（Man-selbst）」（S.129）であることが示される。日常的な現存在は、たいていは世間に埋没してしまい、世界内部の存在者も、そしてまた自分自身の存在をも客体化してしまう。「身近で日常的な世界内存在の存在体制そのものが、その日常的な存在仕方においては、さしあたり自己を取り逃がし、覆い隠すものなのである。」（S.130）主観‐客観の図式は私の内と外とを峻別するゆえに「いかにして外界の存在を証明できるか」という問題を提供するのだが、ハイデガーによれば、こうした似非問題が生ずる根拠は「現存在の頽落に、またそれに動機づけられて第一義的な存在了解を客体性としての存在に固定してしまうところに存する」（S.206）のである。

それゆえ、『存在と時間』において日常性は、(A)「本来性と非本来性が差別される以前の原初的基盤」であるとともに、(B)「本来性に対置された非本来的な有様」という両義性を持つと言うことができよう。第二編においては本来性が主題になるので、それに対置された(B)の側面が強く出てくる。その側面が『存在と時間』の基調であることは否定できない。

（3）『倫理学』の日常性

和辻哲郎は『倫理学』（一九三七年、上巻）の序言で次のように言う。――「倫理は我々の日常の存在を貫ぬいている理法であって、何人もその脚下から見いだすことのできるものである。この生きた倫理をよそにしてただ倫理学者の内にのみ倫理の概念を求めるのは、自ら倫理を把捉するゆえんではない。我々は我々の存在自身からその理法を捉え、それを自ら概念にもたらさねばならぬ。」(『全集　十巻』、一三頁)

この言い方は『存在と時間』の出発点とも共鳴する．和辻は『原始仏教の実践哲学』が刊行された昭和二(一九二七)年にドイツに留学して『存在と時間』を読み、帰国後『人間の学としての倫理学』(一九三一年)において、ハイデガーの解釈学的方法をどのように活用するかを論じている。その点を考慮しつつ、和辻の倫理学体系における「日常性」の意義を考えてみよう。

先ほど述べた「日常性の両義性」については、『原始仏教の実践哲学』にも見られるところである。和辻によれば、原始仏教の新しい立場は、無我の立場から「日常生活の経験を可能にする法」を認識するところにあった(『全集　五巻』、一〇七—八頁、一一〇頁)。その説明にあたってフッサール現象学の「自然的態度」という言葉が使われるのだが、和辻はこの語を両義に使っている。すなわち、その態度は主客対立以前の素朴な日常生活を指すとともに、日常生活を離れて主客を対立させる計我の立場ともされている。そうなると(A)計我の立場は、日常生活から離れた学の立場であるとともに、(B)日常生活そのものの傾向でもあるということになる。この両義性は『倫理学』においてどのように現れているか。

(A)和辻は、ハイデガーと同様に、日常の「最も手近な」、「わかりきった」事実から出発する(『全集　十巻』、五二頁、六一頁)。その事実とは、個と全体の相互関係としての「間柄」である。間柄は個人の「仲」として形成されたものであるが、他方で個人は、形成された間柄によって限定される。「この二つの関係は互いに矛盾する。しかもその矛盾する関係が常識の事実として認められているのである。我々はかくのごとき矛盾的統一としての〈間柄〉を捕えてそこから出発する。……しかし実践的常識がすでに無反省に心得ているこの矛盾の関係を、学問は果たして充分に解いているであろうか。学問は永い問その矛盾に気づかずにさえいたのではなかろうか。」(同巻、六一頁)

学問だけではない。(B)我々の日常の見方そのものが、この矛盾に気づかないのである。一人一人の個人がそれ自体においてあると考え、それとは別に全体(社会)があると考えてしまう、こうした素朴さに対抗して和辻は、個人も社会も独立した実体ではなく、相互に相手を否定するものとして存在することを示す。「人間の間柄存在とは、かかる相互否定において個人と社会を成り立たしむる存在なのである。」(同巻、一〇七頁)素朴に日常を生きている者は、このダイナミックな関係を事実として生きていながら、そのことを自覚していない。その意味で「人間存在はその日常性において本来の面目にかかわるものではない」(同巻、一九六頁)。近代の個人主義的倫理学も、間柄のダイナミズムを無視して個人を実体化してしまった。和辻によれば、ハイデガーもその伝統から自由ではなく、間柄の存在には思い至っていない(『全集　九巻』、一五八―一六二頁)。

＊

(A)ハイデガーも和辻も、存在論ないし倫理学の出発点を日常的な事実(存在了解であれ間柄であれ)に置く。そこには伝統的な学が忘却した地盤に帰るという意図が含まれており、フッサールの生活世界の現象学にも通ずる発想がある。しかし、両者において日常性は両義に捉えられており、(8) (B)自分の原初を忘却した客体化、実体化の傾向に陥るのが日常性の常態だとされる。日常性を超えた視座から、日常性が「非本来性」とみなされるわけである。そのことによって日常性は原初の地盤を失うことになるのか、あるいは、より豊かなものとなりうるのか。

(4) 日常性と本来性・非本来性

『存在と時間』の第一編（現存在の準備的な基礎分析）は無差別な日常性から出発するが、論の展開の中で日常性は非本来的なものとして特徴づけられるようになる。第二編（現存在と時間性）では「現存在の本来的な全体存在可能性」が主題化され、死への先駆に始まって先駆的決意性に至り、存在の意味としての時間性が解明されて歴史性へとつなげられていく。ここでは「本来」が正面に浮かび上がり、それを「隠蔽する」日常の非本来性・非真理性が、より明確に際立たせられる。その論述の手がかりとなるのが「誰も私に代わって死ぬことはできぬ」事態の指摘である。

日常において死が話題になるとき、「ひとは死ぬ（man stirbt）」(S.253) という形で、自分にとっては先のこととして語られるのが普通である。自他および時間の曖昧な連続性——誰でもない誰かである「世人（das Man）」、およびどこまでも先へ延びる「未だ来ない」——に逃げ込んで、死の不安に直面することを避けている。死の実存論的分析は、こうした平均的日常性に対抗して、死を「最も固有で、係累のない、追い越すことのできぬ可能性」として示す（S.250）。追い越すことができぬ自分自身の終末へと先駆できるということは、現存在が世間の人から絶縁できるということであり、個別者として呼び立てられることである（ibid.）。死への先駆は、日常の安心を支えている連続性を断ち切ることだとも言えよう。本来的な自己は、世間的自己への頽落から引き出されて孤独に耐える自己であり（S.266）、本来的な現在は、決意によって配慮の気散じから解放された「瞬間」とされるのである（S.338）。こうした本来性へと向かう目から見れば、〈かけがえがきくこと〉は日常性の「構成要素」であり、「ある程度そうでしかありえない」ということになる（S.240）。

しかしここで、「死への先駆」なるものの「極端さ」に注意すべきであろう。サルトルはハイデガーを批判して「かけがえのないのは死だけではない」と言う。[9] それはサルトル独白の死の観念に裏打ちされた発言であるが、それ自体としても納得できることである。みずからの存在が消滅する極端な可能性である「死」を引き合いに出さずとも、もっと日常に近いところで〈かけがえのなさ〉を示すことができるのではないか。また、本来的なものを間柄に求める和辻からすれば、「ハイデガーの〈死の覚悟〉に現る本来の面目は、あくまでも〈個人〉のそれであって〈人間〉のそれではない。死の覚悟は自他の連関の中において初めてその真義を発揮する。」（『全集　十巻』、二三八頁）、「ハイデガーが本来性と呼んだものは実は非本来性なのである。」（同巻、二三七頁）ということになる。

しかしハイデガーに即して考えるならば、世間へと没入する非本来的な頽落が現存在の常態である以上、一度はこれを徹底的に破壊しなければならない。〈かけがえのなさ〉を本来性の有様で示すには、現実性を全面的に「括弧に入れる」可能性が考えうるのでなければならない。——そのことは納得できよう。問題は、そこから日常性へ回帰する道が見出されるかどうかである。

死への先駆は、現実性に囚われている者には届かぬ可能的な体験である。死へと先駆できるのであって、先駆であることはできない。そうである以上、「この実存論的に〈可能な〉死に関わる存在は、実存的に見れば、空想的な押しつけにすぎない」(S.266)。そこで、この極端な本来的実存は、誕生から死までを生きる現存在によって証しされねばならない。本来性は単なる空想にとどまるものではなく、「世人の実存的変容（eine existenzielle Modifikation des Man）」(S.130, 267) だとされる。そうだとすれば、非本来的なものとみなされた日常性は、「隠す」という形であろうと、それ自体の内に本来性を宿していると言えるのではないか、死への先駆という極端な可能性において示された「かけがえのなさ」は、日常の現実性の只中にも見出されるのではないか。

こうした日常性への回帰を『存在と時間』から引き出すことはむつかしい。死への先駆は、みずからが存在しなくなるという極端な可能性に直面することであった。非存在の可能性という、まさに存在論的な可能性は、良心および責めにおいて「一方の可能性を選択せざるをえない自由」(S.285) を顕わにし、その不安に耐える先駆的決意性へと導かれていく。それを手がかりに〈将来〉を基本とした本来的時間性が描かれる。こうした「証し」の記述には胸打たれるのではあるが、現存在における本来的実存が尖鋭に示されるとともに、非本来的な日常も明確に「克服すべきもの」となり、そういうものとして本来性の中に取り込まれていく。「本来性は世人の実存的変容」だと言われたのだが、逆に

「世人－自己は本来的自己の実存的変容」(S.318)とも言われ、非本来性は本来的な存在可能に基づいて理解さるべきだとされる(S.322)。出発点に置かれた日常性は、その地盤を本来性に奪われてしまうのである。それが『存在と時間』の目指すところだとすれば、日常性への回帰を求めるのは無理な注文と言わざるをえないだろう。

ハイデガーにおいて、日常性を超えて本来性へと至る手がかりは、死への先駆という極端な可能性に求められた。和辻においては、日常性が陥る実体化の迷妄を空ずる働きとして「絶対空」が想定される。事実としての間柄は、絶対空の運動とみなされることによって、本来的な、当為としての意味を持つことになろう。その場合、日常性はどのようなものとみなされるだろうか。

人間の間柄存在は「相互否定において個人と社会を成り立たしむる存在」とされた。しかし間柄の相互否定関係が投げ返しの運動にすぎないとすれば、「それは単なる循環にすぎない」(『全集 十巻』、一二三頁)と和辻は言う。こうした否定の運動を在らしめているものとして、それ自身は姿を現さぬ何ものか、すなわち絶対的否定性(絶対空)が想定され、個人も社会も、相手を否定する関係でありつつ、非実体的な絶対者の現れとみなされることになる。「いかなる社会も、また個人も、絶対者を根源とせざるものはない、とともに、絶対者より出ずる理法は必ず有限なる社会の地盤を通じて働くのである。」(同巻、一二七―八頁)かくして、日常に潜む、日常に生きている者には自覚されていないダイナミズムが、非実体的な絶対者の自己回帰運動とみなされ、人間存在の根本理法(倫理学の根本原理)は、「絶対的否定性が、否定を通じて自己に還る運動」(同巻、一二五頁)と定式化される。

「人間存在の時間性」と題された節においては、日常的な関心の内に絶対者の自己回帰運動が潜在していることが言われる。「現前の関心は〈本来の面目〉にかかわっておらないが、しかし本来の面目はその奥底に可能性として潜んでいる。」(同巻、一九七頁) 人間存在は自他対立しながらも何らかの共同を実現すべく動いているのであって、そのありうべき共同性が本来性である。「本来性は既有としてすでに人間の様々な共同態に実現せられながら、しかもまだ来てはいない。」(同巻、一九八頁) 過去なる「本」へと将に「来」ようとする動きが作動する場面が、現在するところの人間存在であって、それは「在る」がゆえに、絶対的否定性から見れば非本来性であるが、「非」であるということは、絶対否定たる本来性が己れを開展する道程であることを示している(同前)。

以上、和辻の言葉に従って、絶対空に媒介された日常性、非本来性および本来性の関係を整理してみた。非実体的な絶対者の自己回帰運動の現れとみなされた日常性は、無自覚の内に個人と社会のダイナミズムを生きている豊かなものであり、その事実を自覚しないがゆえに本来性(全体性)から離反しつつ、これを実現すべく働いているということになる。日常性の両義性(A)、(B)は、日常性の自己否定的なダイナミズムが示す逆説だと言うこともできよう。

しかしながら、「無自覚に本来性を実現すべく働いている」というのは、いかにも言葉が滑っているし、非実存的だと言わざるをえない。和辻において本来性と非本来性、事実と当為、日常性と理法が曖昧に一体化されていることからそんな発想が導かれるのだとしたら、そのことについて疑問を提起しておかねばならない。ここではハイデガーとの関係で、二つの点を問題にしよう。第一に、絶対空を媒介として間柄が事実から当為へとずらされていく中で、「個と全体の矛盾的統一」であった間柄は「全体（共同）」へと移り変わっていくこと。それに関連して第二に、事実から理法を見出す解釈学的方法において、ハイデガーの直面した方法的困難、特に「循環」の問題がすり抜けられてしまっていること。

第一は、弁証法の論理に内在する問題とも言えよう。「個人と全体の相互否定」という間柄存在が、「絶対的否定性の自己回帰運動」という理法において把握されるとき、相互否定の構造は止揚されることになろう。その場合，個人の立場は「絶対的否定性の否定」とされ、全体の立場は「絶対的否定性の否定の否定、すなわち自己への回帰」とされる（同巻、一二七頁）。つまり個人が社会から離反し、そして社会へと服属するという過程が、絶対者の自己回帰運動の表現とみなされるのである。そうなると「己れを空ずる」ことは個人だけに要求され、全体性の比重が重くなってしまうのではないか。もちろん和辻は、国家暴政の危険に対しては警鐘を鳴らしている。「国家の存続繁栄ということも、その国家が有限な人間団体にすぎない限り、絶対者に根ざせる個人の尊厳より重いものではない。国家が同じく絶対者に根ざせるものであり、個人の国家への服属が絶対的否定性の否定的活動である時にのみ、国家は正当に個人を否定しうるのである。だから国家を人間存在の理法より把捉することなくして国家への服属を説くことは、むしろ国家への疑念を高めるゆえんとなるであろう。」（同巻、一三〇頁）この発言に、理念として共感することはできる。しかし昔も今も国家の暴政は「高邁な理念」に基づいて行われてきたことを思えば、「高邁な服属」に共感して済ますわけにはいかない。

ハイデガーにおいては「決意」と「共同体の、民族の生起（Geschehen）」（S.384）との関連が問題となろう。ここでは和辻に対し、「個人と全体の相互否定」を絶対空の媒介によって「単なる循環にすぎない」として止揚してしまってよいのか、と疑問を提起しておこう。

第二の問題に移る。『人間の学としての倫理学』の十六（解釈学的方法）で、和辻は『存在と時間』の第7節（探求の現象学的方法）を手がかりとしつつ、現象学を解釈学として、それも「人と人との間」を分析する倫理学に向けて受け止めようとしている。「現象学は、手近に普通に己れを示すもの（有るところのもの）の意味や根底でありながら、しかも普通には己れを示さず、隠されていること（すなわち有）を、その示す仕方において、それ自身から見させることである。……かくして現象学は、日常性から出発しつつも、日常的には隠されている領域に入り込む。」（『全集　九巻』、一八〇―一頁、少し順序を変えて引用）和辻によれば、「隠された現象」は現象にふさわしくない。そこで日常に手近に現れているものを現象とし、その表現において隠されている人の存在に遡ることを解釈学的方法と考えるべきなのである。――たしかに、そう考えればすっきりする。しかし、だからといって日常の表現を解釈して存在（ないし倫理）へと遡ることの、原理的困難が消失するわけではない。ハイデガーにおいては、「隠れるという形で現れる存在」を「日常性の持つ隠蔽傾向」に抗していかにして顕わにするかという問題であり、また「解釈における循環」の問題である。ハイデガーが繰り返し立ち帰るこれらの困難を、和辻は十分に受け止めていないように思う。先に『倫理学』の序言（「倫理は我々の日常の存在を貫ぬいている理法であって、何人もその脚下から見出すことのできるものである」）を引用したが、我々凡夫がいかにして脚下に理法を見出すことができるのか。和辻も「最も日常的な人間存在の表現から出発するということが、最も根本的な出発を要求する哲学にとって、多くの躓きを提供することもまた否み難い」(同巻、一七六頁)と言う。しかし事実と当為、日常性と理法が十分な説明のないままに重ねられていることからすれば、和辻は問題を回避していると言わざるをえない。日常性を日常性として、しかも「隠す」働きを持った非真理としての日常性の意義を考えるには、ハイデガーの言う「循環」の問題にぶつかってみる必要があるだろう。

(5) ハイデガーの「循環」

解釈学的循環とは「部分は全体から、全体は部分から解釈しなければならぬ」という事態を指すが、ハイデガーの存在論における循環とはどんな事態なのだろうか。循環論証が明示的に取り上げられている第2節、第32節、第63節から引用しながら、日常性との関係で、少し自由な言葉遣いで考えてみよう。徐々にハイデガーから離反することになるが。

(2)で述べたように、どこにも立たぬ主観によって世界を客観的に捉える世界認識は、とりわけ日常性の様相においてはたらく世界内存在という有様を包み隠してしまう。学問がそうした世界認識であるとすれば、循環という問題は起こってこない。悩むことなく「学問的証明は、それを基礎づけることが課題であるものを、決して予め前提してはならない」(S.152)と主張しうるのである。しかしハイデガーの存在論も和辻の倫理学も、日常性から出発してそこでの了解を解釈する方法を探るので、そんなわけにはいかない。「解釈がいつもすでに了解されたものの中で行われ、それによって養われなければならないとすれば、解釈は一つの循環の中で動くことなしに、いかにして学問的成果をもたらしうるのだろうか」(ibid.) という問題にぶつからざるをえない。「そこに前提されている了解内容が、まだ平常の (gemein) 人間的・世間的認識において動いているときには、とりわけそう問わねばならない」(ibid.) のである。

解釈学はこうした方法的困難にぶつかるのであるが、ハイデガーによれば、これは同時に現存在の存在の問題である。「現存在をその存在において解釈しようとすれば、存在についての何らかの了解を手がかりとせざるをえない。答えによって手に入るものが、問いにおいて前提されている。」(S.7, 314) ここには「問われているもの (存在) が、ある存在者 (現存在) の存在様態としての問いへと再帰的ないし先行的に連関しているという注目すべき事態」(S.8) がある。それは、現存在の構造そのものに由来することである。「世界内存在としての己れの存在そのものに関わっている存在者は、存在論的な循環構造を備えている。」(S.153) そうである以上、「存在者をして、その存在に関して発言せしめるには、循環証明を避けることはできない」(S.315)。大切なことは、循環から脱出することではなく、その内に「入り込む」、「飛び込む」ことである (S.153, 315)。循環は解釈学の方法の問題であるとともに、我々によって生きられる構造なのである。

以上、要点を整理したつもりである。ここから考えられることは、ハイデガーの言う「存在への問い」また「存在の意味への問い」は、「現存在である我々が常にすでにその中で生き、語っている場」への問いだということである。我々によって生きられ、了解されている限りにおける「存在」とは、「存在者についての了解が可能となる場」＝「意味が湧出する場」とでも言うことができよう。そのような場において、そのような場が問われるとき、解釈は循環とならざるをえない。自分が背に負い、自分を意味づけているものに向かって問いを発し、何かを明らかにした場合、その何かは、予めすでに自分に与えられていたのだということになる。後年の『ヒューマニズムについて』において、「存在」は「思索の場（das Element des Denkens）」とされている。[10] それに対応して、思索は「存在の参与（l'engagement de l'Être）」とされ、ここでの「の」は主格的であると同時に目的格的であると言われている。[11] つまり思索とは「存在による存在に向けての参与」であって、存在からの働きかけであるとともに、存在へと向かう働きかけなのである。ここには、思索と存在のあいだの循環構造が見出される。『存在と時間』では我々により身近なところでこうした「場」が語られているように思う。〈世界〉も〈自己〉も〈歴史〉も、そして〈日常〉も、同じく「場」と考えうる。そう考えた上で、それらの違いを問題にできるだろう。了解は何らかの場における先行的投企であり、それによって場に意味が湧出するのだが、その領域と意味湧出の仕方、循環の在り方は様々なのである。

「表現と意味」も、循環の関係として、場において捉えられよう。何ものかが了解されるとき、そのものは表立って目立つもの（表現 Ausdrück）〈として〉了解され、了解が成立したときには、その表現は意味を持つと言われる（S.149, 151）。その場合、我々は一つ一つの言葉や表現それぞれが意味を持つと考えてしまうのだが、生活の中で解釈されるものと考える限り、意味とは「あるものの了解可能性がその中で保たれているところ（worin）」であり、「そこにおいて或るものが或るものとして、了解されるべく、投企が目指すところ（woraufhin）」（S.151）なのである。個々の道具は何らかの場で使用される中で了解され意味を持つが、有意義性の全体である世界は目立つことのない「場」であって、個々の道具という表現を通じてしか知られない。「存在の意味」についても同様である。「我々が存在の意味を問うとき、（存在の背後にある神秘なものを問うのではなく、）存在自身が現存在の了解可能性へと入り込んでくる限りにおいて、その存在自身を問いかけているのである。」（S.152）そうだとすれば、「日常」も「世界」も「存在」も、我々が背に負うゆえに明確に把握できぬ「意味の場」として捉えられよう。もちろんこれは乱暴な括り方であって、「意味」とか「場」の内実を区分けしなければならない。日常性・非本来性と本来性との関連で言えばどういうことになるだろうか。

（2）で述べたように、ハイデガーによれば、現存在は可能的に本来的であって、自己を獲得することも失うこともできる。それに応じて了解においても、「自分に固有な自己から発現する本来的な了解か、自分の世界の方から自己を了解する非本来的な了解か」、いずれかの可能性がある（S.146）。(A')第32節では「日常的現存在の準備的分析の方針に従い、解釈という現象を世界の了解に即して、すなわち非本来的な了解に即して追跡してみよう」（S.148）と言われている。(B)第63節では日常性に抗した解釈が求められている。「現存在の存在論的解釈は、この存在者の存在を、それ自身の隠蔽傾向に逆らって奪収しなければならない。それゆえ、実存論的分析は、穏当さとか安定した自明性といった日常的解釈が掲げる要求にとっては、たえず暴力的性格を帯びることになる。」このことは、現存在の存在様相が要求していることだとされている（S.311）。

ハイデガーはここで(A')非本来性＝日常性と(B)本来性とを対置しているが、原初としての日常性という視点にとどまって考えるならば、(A)（本来的とも非本来的とも言えぬ）日常性そのものの構造と、(B)日常性を超えて本来性へと向かう「実存的変容」とを対置し、その連関を考えることができると思う。日常性が非本来性とされるのは、(B)の過程においてなのである。その観点から「生きられる循環」を考えると、(A)日常性の只中での、存在的なヨコの循環と(B)日常性に抗した、存在論的なタテの循環がありうると思う。

道具と世界、被投と投企、関心の構造など、それぞれに循環として記述できると思うのだが——(A)日常性内部の循環については、ハイデガーはこれを認めようとはしない。「循環への非難は、現存在の或る存在の様式から生じてくる。配慮しつつ世人の中へ没入することからくる分別にとっては、投企といったことは、とりわけ存在論的投企といったことは、必然的に無縁にとどまる、……こうした分別の特徴は、〈事実上〉存在するものだけを経験して、存在了解を免れることができると思いこんでいることである。」（S.315）——日常性は投企とも循環とも無縁だと言うのである。「日常性＝非本来性とはすべてを客体化して捉えることだ」とする見方に立てば、そういうことになるだろう。そこでまず、この見方とは無縁に、日常における循環をイメージしてみよう。その上でハイデッガーの立場に戻って考えよう。

(A)表現と意味の循環構造は、日常性においても考えられることである。食事の準備とか近所の人との挨拶は「決意」と呼べるものではないにせよ、そのつど周辺の場に、情感を含んだ意味を浮かび上がらせる。それらの意味は世界の内で他者と共有するものとして「すでにあった」ものであるが、言葉や行動に表現されることによって現実化される。私の表現は、世間の誰もが了解するものではあるが、そのつど独自である。隣のおばさんと何げなく交わす挨拶でさえ、私以外の者には「代理不可能」な表現によって、独特の意味を産み出す。相互の表現を通じて彩りをもった意味が生じ、それが沈殿することによって「間柄」が形成される。様々な間柄が重なり合って、私の周辺には大きな「意味の場」が形成されてくる。それを背景にして独自な表現が行われ、その表現によって活性化された意味は新たな形で沈殿し、場を豊かにしていく。表現と意味が循環するこうした有様を日常性と呼ぶならば、それは生命体と環境の循環にも似た、活力ある場と言えるだろう。その場は私に独自でありながら、私だけが所有し囲い込むものではなく、多くの人のそれと重なり合う。我々の日常が eigentlich とも uneigentlich とも画定できぬ曖昧な場であるからこそ、絶えず新しい意味が湧出し、常に他者に開かれ、異質な意味を取り入れることができるのだ。成長して大人になっていくとは、日常性を豊かにし、了解の幅と奥行を広げていくことだと言うこともできるだろう。

以上は、健康で活力のある日常性の理想型である。(12) しかし、その健康は循環と曖昧さと無自覚に基づく以上、明晰さや真理を求める者は不満を持たざるをえないだろう。また、日常を生きる者が生に疲れ、安定を求めて曖昧さを嫌うならば、循環は「惰性的な繰り返し」となり、表現も意味もステレオタイプ化してしまうだろう。ハイデガーの言う「穏当さとか安定した自明性」は、平板な世界認識を求める学の要求であるとともに、日常性自体の傾向なのである。こうした傾向は、(「本来性からの頽落」ではなく)「日常性の頽落」だと言うとしても、日常性そのものの傾向であることは認めざるをえない。「時間性と日常性」(第二篇第四章)の最後でハイデガーは、日常性を次のように描いている。

日常的な配慮が予期し続ける明日のことは、〈永遠に昨日のこと〉である。日常性の一様性は、まさにその日その日がもたらすものを、気分転換(Abwechselung)として受け取る。……日常性の存在仕方には公共的な公開性が属していることはもちろんだが、日常性はまた、固有に実存する仕方として、そのつどの〈個々の〉現存在に多かれ少なかれ熟知されている。しかし彩りのない無気分という情状を通じて熟知されているのである。日常性において現存在は息苦しく〈重荷を感じる〉。そして息苦しさに沈むと、雑用に紛れて気散じ(Zerstreuung)するためにまた新しい気散じを求めるといった仕方で、それを回避するのである。(S.371)

過去と世界(世間)が重みとなり、制度となって「日常性の息苦しさ」を作り上げていく。先ほど「日常における独自な表現は新しい意味を湧出させる」と言ったのだが、ハイデガーによれば、これらも重苦しい日常における「気分転換」、「気散じ」にすぎぬ。世間へと没入する非本来的な頽落が現存在の常態であるとすれば、明日も個人も非本来的な姿をとらざるをえない。だからこそ、日常性における循環が否定され、日常性に対する「本来性の暴力」が求められたのであろう。世界の意味すべてがすべり落ちる「不安」、一切の現実性を超えて己れの可能性に目覚める「死への先駆」は、いわば「日常性からの徹底的解放」である。その上に立って、先駆的決意性を手がかりに「将来」を基盤とする本来的時間性が導かれた。しかし、こうした「導き」ないし「解放」について、ハイデガーはみずから疑問を投げかけ、そこには「循環がある」ことを指摘している。

(B)「我々が現存在は頽落すると言い、それゆえに存在可能の本来性はこの存在傾向に逆行して現存在から奪取しなくてはならないと言うとき、我々はどのような視点から語っていたのだろうか。すべては、はじめから〈前提され〉ていた実存理念の光によって、たとえおぼろげにでも照らされていたのではないか。」(S.313)

この循環に「飛び込む」とは、実存理念の光が現存在自身によって常にすでに生きられていたことを示し、その生き方を要請するということである。もしも「存在の光に照らされた本来的な場」が現実のものとなるならば循環は解消するだろうが、我々が日常を生きている限り、それはあくまで可能性にとどまる。ハイデガーによれば、日常性は、この事態を隠蔽しており、隠蔽するという形でその可能性を生きている。それが日常性の常態であることを納得した上で、脱世間を目指すか、なおかつ凡夫として生きるか、道が分かれると思う。しかし両者は二者択一としか考えられないのだろうか。

ハイデガーは、この隠蔽を非本来的で非真理であるとみなし、本来性の暴力によってそれを克服すべきだとした。日常性という概念には「自己克服」の可能性は含まれていない。日常の意味の場は「真理を隠蔽する意味のヴェール」とみなされる。存在の光を求める本来性は、日常性の場を奪取してこれを「闇」とみなす。カオスから生じ闇と分けられた光が、闇をも支配する唯一の神となるかのように。

（6）日常性の不思議な力

日常性それ自体は、たしかに自己破壊の力は持たないだろう。和辻の場合も、日常の間柄に事実として存在する矛盾は、絶対空を媒介として初めて活動的なものとなった。絶対者の自己回帰運動は「空」であるゆえに、その運動は現実の日常性に担われねばならぬとされ、その非本来性は自己否定のダイナミズムとして示された。しかし本来性と非本来性の距離が曖昧であるゆえに、それは無自覚な運動にとどまる。ハイデガーの場合、死への先駆という極端な可能性を背景に、良心、責め、先駆的決意性という深まりの中で本来性と非本来性が対置された。本来性への道は「導き－応答」の循環構造として示されるのであるが、非本来的とされた日常性はその構造から排除された。

しかしそこで、非本来性にも「応答の力」があるとは考えられないであろうか。(A)もしも日常性自身が循環構造を持ち、他へと開かれるものであるならば、(B)本来性の暴力を内在化して自己否定の活動とすることもできるのではないか。日常性が、隠蔽するという形で存在を了解し、本来性から離反するという形でその可能性を生きているのであれば、非本来性、非真理は「自分に抗する」自覚となりえないであろうか。

先駆的決意性は徹底的な「日常性〈の〉変容」をもたらす。それは本来性からの一方的な力ではなく、日常性自身の力でもあると考えてみよう。その場合、先駆的決意性は日常性という場で行われることになり、〈の〉という助詞は、主格的であると同時に目的格的ともなる。先に、思索を「存在の参与」とし、これを「存在による存在に向けての参与（l'engagement par l'Être pour l'Être）」だとする『ヒューマニズムについて』の論理を紹介した。それに倣った言い方をするならば、先駆的決意性による「日常性の変容」は、「日常生活の只中における、日常生活に抗する変容（la modification dans et contre la vie quotidienne）」ということになろう。先の「思索と存在の循環」は、Ⓑ本来的な場における存在論的なタテの循環であるが、ここでは日常性という非本来的な場で行われる自己否定、自己超克という様相をとることになる。つまり、Ⓑ日常性に抗する働きが、Ⓐ日常性の只中で行われることになる。こうした「存在論的なものと存在的なものが相即」する構造を、日常性自体の内に見出すことが課題となる。それができれば、和辻が示唆する「絶対空を媒介とした日常性のダイナミズム」も、タテとヨコの循環活動が交錯する場として、自覚的で襞に満ちた活動として捉えられるだろう。煩悩即菩提といった魅力ある思想も、そうした活動に担われなければ単なる現状追認になってしまう。「日常性を超えたものを日常性の只中で摑み取れる」と考えるためには、日常性そのものが何らか、不思議な力を持つと考えねばならない。

＊

ハイデガーと和辻を手がかりとし、日常性の内に実存的なもの見出す可能性を考えてきたのであるが、この可能性を日常性の現実に即して考えることが次の課題となる。(B)の循環構造を(A)の循環構造の中に取り込む、そんな力を日常性が持つとすれば、日常性はどのように見直されるだろうか。日常性を活性化させる力は具体的にどんな様相をとるだろうか。これについて論ずるのは他日のこととし、箇条書き風にいくつかの展望を挙げておきたい。

「限界状況」について――日常性それ自体は自己破壊の力は持たないとすると、「日常性の外部の力」でありつつ「日常性に内在化する力」としてはどういうものが考えられるか。先駆的決意性は現存在における「導き‐応答」の構造を持つ。その循環は、日常の意味の一切が崩壊する限界状況の中で行われる。親しい者の死とか、形而上学的な不安に襲われるとき――そのときはまた、失われた日常が「かけがえのない」と感じられるときでもあろう。しかもなお、人はまた新たな日常を形成せざるをえない。過去は忘却されるとともに、新たな意味を持って生き続ける。長い射程で考えるとき、限界状況は日常を外部から襲うものでありつつ、内部の活性化を促すものと言うこともできる。日常の意味の場を揺るがす外部は、日常性自身の亀裂であり「内部の他者」ともみなされることになろう。

「偶然性」について――現在する日常性にとっては、限界状況は偶然性の様相において受け止められよう。ハイデガーの言う「死への先駆」は現実性に囚われぬ極限的な可能性を示したが、可能性が現実性へと回帰するときには偶然性という形をとる。非存在の可能性は良心および責めにおいて「一方の可能性を選択せざるをえない自由」を表したが、それは「すでに行われた選択を偶然とみなす」ことでもあろう。すでに生きられている現実が、自分の自由に基づくものとして、他の可能性を排除した責めあるものとみなされるのだ。我々の日常をそうしたものとして自覚する機会が、偶然にふりかかる限界状況であり、それを通じて日常の現実性が可能性として見直されるのである。

「非連続と連続」について——ハイデガーは、日常における自他および時間の連続性を「彩りのない無気分」として語った。本来性の有様として示される「孤独」、「瞬間」は、こうした連続性を断ち切るものである。しかし本来性を媒介として日常に立ち戻るならば、連続性は驚きと謎において捉え直されることになろう。私は孤独でありつつも、他者を了解せざるをえないし、了解できるのだ。「意味と表現」が連続した場の中における差別という構造を持つ以上、了解は連続と非連続の狭間で行われ、常に了解不可能な余剰を残すことだろう。日常の意味の場は、外部の他者によって揺るがされることによって豊かで襞を含んだものとなる。そのことが可能なのは、自明と見える日常の意味の場が、その中で表現することによって初めて気づかれる闇を含んでいるからなのだ。そうだとすれば、日常性の持つ「隠蔽」傾向は、日常性の襞であり、表現に彩りを与えるものと考えられるであろう。

註

（1）本稿は次の二つの旧稿を下敷きにしており、一部重複するところもある。
・「日常性と倫理学」、佐藤康邦／清水正之／田中久文編『甦る和辻哲郎』ナカニシヤ出版、一九九九年（本

書一四七頁以下）
・「存在論と日常性　上」、茨城大学人文学部紀要『人文学科論集』41号、二〇〇四年（本書九一頁以下）
ハイデガーの『存在と時間』からの引用は、*Sein und Zeit* von Martin Heidegger, Max Niemeyer Verlag, 1967 の頁を本文に示す。

和辻のテキストからの引用は、『和辻哲郎全集』（岩波書店）の巻数と頁を本文に示す。

それ以外からの引用は、以下の註で示す。

（2）村上龍『すべての男は消耗品である』角川文庫、一九八九年（単行本は一九八七年）、一七頁、五四頁。

（3）柳美里『柳美里の「白殺」』河出書房新社、一九九五年、四八―四九頁。

（4）デカルト『哲学原理』第一部の冒頭。また『省察』第一省察の冒頭。

（5）一六四三年六月二八日付のエリザベート宛書簡。

（6）Karl Mannheim: *Ideologie und Utopie*, Verlag G. Schulte-Bulmke, S.70（マンハイム『イデオロギーとユートピア』樺俊雄訳、潮出版社、『マンハイム全集　第四巻』、四八頁）。

（7）Nietzsche: *Also sprach Zarathustra*（ニーチェ『ツァラトゥストラはかく語った』）の序説5。「おしまいの人間（das letzte Mensch）」は「自分の内にカオスを持たず、もはや自分自身を軽蔑することができぬ、最も軽蔑すべき人間」として描かれている。

（8）フッサールもそうだが、ハイデガーも和辻も、日常性の両義性を自覚して論じているようには思えない。本章ではこの両義性に日常性の謎と豊かさを見出そうとする視点に立っているので両者が明確に区別して論じているかのような紹介の仕方をした。忠実な紹介になっているかどうかは疑問である。

（9）Jean-Paul Sartre: *L'être et le néant*, Gallimard, 1943, p.618（サルトル『存在と無』松浪信三郎訳、人文書院、Ⅲ、二三一頁以下）。

(10) *Brief über den Humanismus*, Wegmarken, 1946, (Gesamtausgabe, Band 9, S.315)(ハイデッガー『ヒューマニズムについて』渡邊二郎訳、ちくま学芸文庫、二〇頁)。

(11) ibid., S.314(同訳書、一九頁)。

(12) メルロ゠ポンティの『知覚の現象学』は、こうした、表現と意味が循環する「意味の場」を記述しているのだと思う。

日常性と倫理学
——和辻哲郎再考——

(1) 日常性への問い

倫理は我々の日常の存在を貫ぬいている理法であって、何人もその脚下から見いだすことのできるものである。この生きた倫理をよそにしてただ倫理学書の内にのみ倫理の概念を求めるのは、自ら倫理を把捉するゆえんではない。我々は我々自身の存在自身からその理法を捉え、それを自ら概念にもたらさねばならぬ。だからここにも「事実そのものに帰れ (zur Sache selbst)」という標語は必要なのである。(『倫理学』序言)(1)

この和辻の主張に対しては、まずその通りだと納得せざるをえない。倫理は書物の中に見出されるものではないし、抽象的な理念として語るべきものではない。倫理学の本来のテクストはまず足元の事実であり、日常を生きている我々自身である。古来の倫理学者の著作を読む場合にも、自分の日常に問いかけて倫理を把捉する努力を欠くならば、彼らの導きを受けることはできぬ。——たしかにその通りだと思う。特に理念とか価値が見えにくくなっている現代において、自分の足元である日常性への問いは、出発点にして終着点と考えられる。

しかしながら、いざその足元に問いかけてみると、我々は混沌の内に落ち込んでしまう。「日常の存在」とか「我々自身の存在」とは一体どういうものなのだろうか。日常を貫くエートスが我々の内に存在するとしても、それは理法として語りうるほどのものだろうか。そのような理法を我々自身の脚下から見出すことが、はたして可能なのだろうか。和辻がしばしば援用するフッサールとハイデガーにおいて、〈常にすでに〉という言葉は、直接には説明されず問題を孕んだままに使われている。〈事実そのものに帰れ〉と主張するフッサールも、それを把握する方法を繰り返し問い続けた。和辻自身、「最も日常的な人間存在の表現から出発するということが、最も根本的な出発を要求する哲学にとって、多くの躓きを提供することもまた否み難い」(『人間としての倫理学』)[(2)] と言う。実際日常性なるものは、自明であるだけにそれ自体においては問題にならず、ここに立ち返らねばという哲学の要請の中で、何らかの方法的視点から表立つ事態である。本章では、『倫理学』本論第一章の「人間存在の根本構造」を、できあがった倫理学としてではなく、「日常性の倫理学」を求めての方法的模索として読んでみたい。みずからの視点で東洋思想、西洋思想を消化し、日本語を駆使して学へと体系化する和辻の力量には感嘆するしかないのだが、それも和辻の模索の歩みとして受け止めるべきだと思う。

＊

『倫理学』本論の第一章は、（一）出発点としての日常的事実、（二）人間存在における個人的契機、（三）人間存在における全体的契機、（四）人間存在の否定的構造、（五）人間存在の根本理法（倫理学の根本原理）、の五つの節から成る。そこからポイントと思われる三つの場面を取り出してみよう。

第一は、日常的事実から、「矛盾的関係としての間柄」という出発点が見出される場面。この出発点はどういう視点から取り出されたのか。どういう意味で出発点なのか。間柄は日常において常にすでに了解されている事実だと和辻は言うが、その了解の有様はどのようなものであろうか。

第二は、間柄が個人的契機と全体的契機とに分けられ、そのいずれもが否定に至らざるをえないことが示される場面。和辻は日常の具体的な実践に即しながら、個人も社会も独立した実体ではなく、相互に相手を否定するものとして存在することを示す。「人間の間柄存在とは、かかる相互否定において、個人と社会を成り立たしむる存在なのである。[3]」（傍点和辻、以下同）間柄がこのような否定的構造として示されることによって、出発点としての日常性はどう捉え直されるのか。間柄を個人的契機と全体的契機に分けて論ずるという方法的回路がなぜ必要であったのか。

第三は、この相互否定関係が、絶対的否定性すなわち「絶対空」の自己回帰運動とされる場面。間柄の相互否定関係が投げ返しの運動にすぎないとすれば、「それは単なる循環にすぎない[4]」と和辻は言う。そこで否定関係の根源が求められ、個人も社会も、相手を否定する関係でありつつ、根源としての否定性の現れとみなされることになる。人間存在の根本理法（倫理学の根本原理）は「絶対的否定性が、否定を通じて自己に還る運動[5]」に求められるのである。こうした絶対空の自己回帰運動は、我々の素朴な日常性にどのように表現されているのか。この根本理法が当為の理法だとすれば、当為の内実はどのようなものとなるだろうか。

本章では、以上三つの場面に即して、日常の事実から理法を引き出す和辻の方法を問題にする。そのような方法が可能だとすれば、日常世界そのものが、きわめて豊かで可能性に満ちたものであるはずだ。できる限り和辻に内在的に、日常性の豊かさと謎を示すことができればと思う。はじめに、三つの場面への導入として『原始仏教の実践哲学』を取り上げ、日常性の多様な側面を主題化しておきたい。

（2）日常経験の両義性

『原始仏教の実践哲学』（一九二七年）は和辻倫理学の原点とも言われる。和辻は「自然的態度」、「本質直観」、「根拠づけの関連」（フッサール）とか「存在論的なものと存在的なものの差別」（ハイデガー）といった当時の先鋭的な西洋思想を駆使しながら、仏教の無我思想、縁起説などの意義を説く。こうした和辻の解釈が実際の原始仏教にどれほど適合しているかの判断は私の能力を超えるし、ここでは触れない。問題にしたいのは、「自然的態度」と「法の認識」との関係であり、それらの場面における日常生活の有様である。凡夫の私にとって躓きであったところを取り上げたい。

和辻によれば、仏教の新しい立場は、主観客観の対立を排除した無我の立場において「日常生活の経験を可能にする法」を認識するところにあった。そこにこそ、正統バラモン思想および六師外道などの非正統思想に対抗する「決然たる転回点」(6)がある。その転回は、近代の個人主義に対抗する和辻倫理学の出発点に重ねられることになろう〔**第一の場面**〕。ここでは自然物も抽象的な対象としてではなく、「感じられ欲せられるものすなわち価値に関係するものとして」具体的な経験に即して把捉される。(7)こうした日常生活的経験の範疇としての法が、五蘊、六入、縁起などの体系として展開されたのだとされる。

その観点から和辻は詳細な分析を行っていくのだが、我々にとって躓きとなるのは、日常生活を離れて主客・自他を対立させる計我の立場が自然的態度だと批判されながら、こうした対立以前の素朴な日常もまた自然的態度とされていることである。計我の立場は、日常経験から離れた学の立場であるとともに、日常経験そのものの有様だということになる。自然的態度のこの二義性はフッサール現象学の問題でもあるのだが、ここでは日常的な了解の二義性を捉える和辻倫理学の方法として考えたい〔**第二の場面**〕。

さてそうだとすれば、日常的現実を無我の相において把握するためには、日常の自然的立場を超えた「より高き立場」が設定されねばならぬ。(8)生活世界の法を観ずる認識は、その法を滅する実践的な悟りに通ずるのだとされる。縁起説の発展は、法を滅するために法の根拠を求めての努力であった。「縁」

とは時間的存在的な世界における因果関係ではなく、法の領域における根拠づけの関係である。[9]「生は苦（老死－生）」という直感的な法から出発し、その根拠を求めて最終的には「無明（不知）」に至る。現実を無明と観ずる覚者においては無明はない。しかし無明が最終的な根拠であって「無明そのものの根拠は無い」ということ自体は問題とされねばならぬ。それはつまり「究極の根拠が絶対空である」ことを意味し、これが般若経や龍樹哲学の中心問題となったと和辻は解釈する。[10]

だがやはり、日常生活の「法を認識すること」が同時に「法を滅すること」だというのは、凡夫にとって躓きである。たしかに、現実を苦として「ありのままに観る」認識は、苦を放下する修業が伴う以上、実践哲学とならざるをえないだろう。それゆえ無我の立場においても道徳が建立されるのだと和辻は言う。[11]しかしそうした実践を伴う「より高き立場」と日常の自然的立場とはどう関係するのか。和辻によれば、縁起説ではこの二つの立場は截然と区別され、「法の認識を獲得せずまた想望もしえない凡夫が解脱の要求を持ちうるゆえんは明らかにされぬ」[12]。日常生活の法が空を根源とするという思想に至って初めて、両者の関係が明らかにされるのだと言う。つまり、法を空ずべしという当為が、日常生活そのものの中で、「それ自身の根源に帰る」要求として示されるということである〔**第三の場面**〕。

とりあえずまとめてみれば、日常生活なるものは二重に両義性を持つことになる。第一に、それは自然的態度として、主客対立以前の素朴な現実であるとともに、主客対立的認識を産み出す地盤でもあるということ。第二に、それは法を認識する以前の素朴な現実として滅せられるべきものでありながら、それ自身の根源に空を宿し、みずからを滅する機縁を含んでいること。つまり、素朴な現実としての日常性は、それ自体の内に、主客対立に向かう可能性と、みずからの根源としての空へと向かう可能性を宿しているということになる。日常性は、非本来的な方向と本来的な方向への二面性を持つと言ってもよいだろう。

理法を認識する「学」に関して言えば、以上の日常生活の両義性に対応して、三つの有様が考えられる。①日常経験から遊離した主客対立的認識、②日常経験に即した法の認識、③日常経験を空じて当為を見出す認識、の三つである。①は自然的立場での認識であり、②はそれを克服して日常経験を「価値に関係する具体相」において捉える。しかしその価値は、愛し争い苦しむ日常生活において求められる価値であって、「普遍妥当性を持つべきものとしては考察されない」[13]。日常生活における当為は、煩悩に囚われた世界に「有る事実」であって「有るべきもの」ではない。そこで③は、②と密接不離とされながらも、日常生活を空じて普遍的な当為の理法を求める。解脱の要求は「有ることを止揚して（滅することによって生かして）有るべきことを現すはたらき」である。

和辻に従って言えば、①は仏教以前の正統バラモン思想および六師外道の立場であり、②は五蘊、六入、縁起などの体系、③はその発展としての空観ということになる。これらいずれの学的認識もそれなりの仕方で日常生活と共鳴しているのであって、日常生活からの解脱に至る③の立場においてもそうである。和辻は特定の教団に入りこむ出家の立場をとらない。「苦の滅は、自分一人が地上生活を逃避し経験的な苦を滅することによっては実現せられない。……出家の生活は、その精神においては地上生活の内に徹底的に滅の理想を実現することを意味する。[14]」『原始仏教の実践哲学』においては「間柄」は視野に入ってはいないが、宗教的な場面においても地上の間柄を離れないという和辻の立場を見ることはできる。

以上見てきたように、日常性は多様な可能性を孕んだものとして捉えられており、その点は『倫理学』にも受け継がれているように思う。しかしまた、出発点が間柄に求められる倫理学においては、日常性は新たな色彩を帯びることになろう。

(3) 出発点としての間柄

〈**第一の場面**〉。出発点をどこにとるかは学の方向を決定する。既成の学の基盤となる出発点が疑問視され、新たな出発点が求められるのである。様々な実例を挙げて和辻が示そうとするのは、日常の「最も手近な」[15](『倫理学』)、「わかりきった」[16]事実は、「我の意識」ではなく「間柄」であるということ、それは「矛盾的関係」ないし「矛盾的統一」として了解されているということである。

我々は日常的に間柄的存在においてあるのである。しかもこの間柄的存在はすでに常識の立場において二つの視点から把捉せられている。一は間柄が個々の人々の「間」「仲」において形成せられるということである。この方面からは、間柄に先立ってそれを形成する個々の成員がなくて

> はならぬ。他は間柄を作る個々の成員が間柄自身からその成員として限定せられるということである。この方面から見れば、個々の成員に先立ってそれを規定する間柄がなくてはならぬ。この二つの関係は互いに矛盾する。しかもその矛盾する関係が常識の事実として認められているのである。
>
> 　我々はかくのごとき矛盾的統一としての「間柄」を捕えてそこから出発する。……学者はしばしば常識を軽蔑する。しかし実践的常識がすでに無反省に心得ているこの矛盾の関係を、学問は果たして充分に解いているであろうか。否、学問は永い間この矛盾の関係に気づかずにさえいたのではなかろうか。[17]

　ここで間柄という概念は、第一段で「個人に先立つ社会」の意味で使用されながら、すぐに続けて「個人と社会の矛盾的関係」という意味に転じられている。そこには重要な問題が伏在しているが、のちに触れよう。和辻倫理学の方法に即するとき、少なくとも出発点において、間柄は「矛盾的関係」でなければならない。そのことを常識が「すでに無反省に心得ている」こと、にもかかわらず学問がこの矛盾的関係に気づかずにいることが問題なのである。あえて感情移入して言えば、和辻は哲学の原点である「驚き」に帰って既成の学を批判していると考えられよう。〈間〉は〈個〉によって形成され、〈個〉は〈間〉によって規定されていることは矛盾である。その矛盾が「わかり切った常識の事実」であることは驚くべきことではないか。この日常世界への驚きが、「間柄」を問う出発点である。

『人間の学としての倫理学』では、人間という言葉の詮索を通じて間柄の矛盾的関係が示されている。日本語の〈人間〉という言葉は〈世間〉と〈人〉の二重の意味で用いられてきた。仏教の漢訳経典において人間（じんかん）は〈人界〉であり、人の住む場所の意味であった。しかし日本ではそれが転用されて、人界に住む〈人〉をも意味するようになった。この転用は歴史的には無自覚に行われたが、偶然以上の意義を持っている。和辻によれば、この使用法は「人間の本質を最もよく言い現したものと言わねばならぬ」(18)。人間の学としての倫理学は、この無自覚に了解されている事態を、自覚的に主題化して問題にするのである。「人の全体性（すなわち世間）を意味する〈人間〉が、同時に個々の〈人〉を意味しうるということは、いかにして可能であるか」と和辻は問い、「それはただ全体と部分との弁証法的関係によるほかはない」(19)と答える。この弁証法的、矛盾的な関係が出発点となる。日本語を手がかりにすることがどれほどの普遍性を持つかは問題であるが、その点は和辻が引き出した事態との関連で問題にしなければならないだろう。ここでは、日常的了解と倫理学との共鳴において出発点が見出されたということ、それは既成の学からの転回を含んでいたことに注目したい。

倫理学を「人間」の学として規定しようとする試みの第一の意義は、倫理を単に個人意識の問題とする近世の誤謬から脱却することである。……個人主義は人間存在の一つの契機に過ぎない個人を取って人間全体に代わらせようとした。この抽象性があらゆる誤謬のもととなるのである(20)。

我々の倫理学は密接に事実に即する。ここには方法的懐疑などを容れる余地はない。……日常の事実は、何人も疑うことができぬ。その事実の真相が何であるかは探求の後にわかることである。学問的に確実なことを最初に措定して出発しようとするのは事実に即するゆえんではない。(21)

デカルトは「絶対に確実な学」を求めて方法的な懐疑を行い、それを通じて「思惟する我れ」を哲学の出発点とし、物心二元論を引き出した。そこからは〈住む場を持たぬ主観〉と〈メカニカルな対象としての客観〉という主客対立の発想が生まれた。それは近代の個人主義的ヒューマニズムと、近代自然科学の思想的基盤ともなった。その思想は現代でも支配的であるが、同時に主観－客観図式の抽象性が批判され、具体的な現実に立ち帰るべきことが主張されている。〈事実そのものへ帰れ〉という標語は、そうした志向の表現とも言える。和辻はフッサールの現象学もまた個人意識に囚われていると批判しているが、フッサールも相互主観性の問題に至らざるをえなかったし、晩年の草稿には、日常的な生活世界を学の基盤とする発想がある。その点から言えば、和辻は生活世界の現象学の構想を先取りしているとも言えよう。

しかし最初に述べたように、我々がすでにそこに投げ出されている生活世界から出発して学を形成することには、特殊な方法的困難が伴う。「学問的に確実なことを最初に措定して出発しようとするのは事実に即するゆえんではない」としても、事実に即するだけで事実の真相が引き出されるわけでもない。日常性の哲学の困難さについては和辻も認めていた。その困難に定位した学の方法とはどのようなものだろうか。

（4）　解釈学的方法

『人間の学としての倫理学』および『倫理学』において「人間の学としての倫理学の方法」という項目が立てられ、和辻の解釈学的方法が示されている。要点を整理すると、まず倫理学においては、問うものと問われるものは同一であって、いずれも「人間」であること。そうだとすると主観と客観とを対立させることができず、いかにして我々が我々自身を把捉できるかが問題となる。そこで「直接に学的対象とすることのできない主体的なるものを、表現の媒介によって学的対象に化する[22]」解釈学的方法が求められる。我々の外にあって我々自身が表現されている言葉とか物を媒介にし、その表現を了解することによって我々自身の有様を把握するのである。日常生活は間柄の表現として豊富な材料を提供するが、倫理学はこれら日常の事実を一定の意味へと転換しなければならぬ。すなわち事実の内に表現されている「こと」を了解しなければならぬ。歴史的風土的に制約されている実践的な連関から離脱し批判しつつ、これらを人間存在の真相へと還元すること。和辻はこれを還元・破壊・構成の方法と名づけている。

問うものと問われるものが同一である以上、学は日常生活を地盤とする。しかし学は日常生活から離脱してその真相、意味を把握する。これは、世界を「かっこに入れ」て「本質直観」するフッサールの現象学的還元と軌を一にする方法と言えよう。しかしその方法は日常性と学問との循環につきあたらざるをえない。

我々が常にすでにそこで生きている生活世界を「客観化」することなく、いかにして学を構成するか。デカルトの方法的懐疑は「確実な基礎のもとに現実のすべてを理解する」学を目指したものであり、その意図に関してはフッサールも継承する。しかし、いかに厳密な学を目指すとしても、生活世界を了解する学自体が生活世界を基盤とするのだとすれば、ここには循環がある。「エピステーメ（真相把握）の基盤としの尊厳を一挙に要求するドクサ（日常の確信）についての学」は、「奇妙（sonderbar）な学」である。[23]〈事実そのもの〉が日常の生活世界において了解されている事象だとしても、それはあくまで現象学的還元によって捉え直されたものである以上、学によって彩りが与えられざるをえないであろう。

〈事実そのものへ〉という標語はあまりにも自明と見えるが、ハイデガーはその自明性こそが問題であると言う。[24]彼の基礎的存在論においては、「現存在の日常性という存在様式から出発してその存在様式へと帰るのが、すべて実存することのありのままの姿」だとされる。しかし「存在的には（日常において）最も近くて熟知されているものは、存在論的には最も遠くて認識されていないものなのである」。[25]日常の存在了解は「隠蔽」という形で行われているのであって、現象学的解釈学はその覆いを剥ぎ取って見せねばならない。この剥ぎ取りはどういう観点からなされるのだろうか。すでに行われている日常の表現を了解する場合、循環に陥らざるをえないことをハイデガーは語っている。その循環に「入りこむ」[26]としても、何らかの導きが必要だろう。「現存在」にしてもそうだが、日常的な了解の有様が「存在的」と名づけられるとき、その用語自体が「存在論的」な視点から用いられており、ここにはすでに学の立場からの先取りがあるように思われる。

和辻は「存在」とはあくまで「人間存在」だと言い、ハイデガーの言う「隠された現象」は、「現象の名にふさわしくない」と批判している[27]（『人間の学としての倫理学』）。フッサールもハイデガーも依然として個人意識に囚われて間柄に思い至っていないのだとも言う。和辻の倫理学は、よりいっそう日常性を生きる我々に密着することを試みているとも言えよう。しかしそうだとすれば、日常性と学的探求との距離が、より微妙な問題としてあがってこざるをえない。「熟知していること（Bekennen）」と「認識すること（Erkennen）」との関係は、古来から様々な場面で問題とされてきた。倫理学の場面では、そこに事実と当為の問題が絡んでくる。日常の事実はそのままに当為に転化されるはずのものではない。「倫理学は……人間存在において主体的実践的に実現せられたものを、一定の仕方で学問的意識にもたらせばよいのである」[28]と言う和辻は、他方で「人間存在はその日常性において本来の面目にかかわるものではない」[29]（『倫理学』）とも言う。この微妙な距離をどう考えればよいか。

一つの手がかりになるのは、和辻がカントに託して、「常識から出発して倫理学を立てる」としながら、「常識はその知れるところを自覚しておらない」と述べていることである。『カント　実践理性批判』（一九三五年）の序論から、そのくだりだけ取り上げておきたい。

冒頭で、和辻は〈何ゆえにカントは『実践理性批判』の前に『道徳形而上学の基礎づけ』を先立てたか〉を問題にし、「カントの倫理学が道徳的常識から出発して建立されているゆえに」と解説している(30)(『カント・実践理性批判』)。『基礎づけ』の第一章において〈人間の常識(der gemeine Menschenverstand)〉が称揚されている部分を取り上げ、冒頭でカント倫理学の根幹の一つとして紹介していることには、和辻自身の立場が投影されていよう。『倫理学』においても「日常的な道徳意識を出発点としたカント」が高く評価されている(31)。しかし学的認識に先立って常識がすでに道徳を知っているならば、何ゆえに倫理学が必要なのか。「それは常識がその知れるところを自覚しておらないということによって答えられる。人は理性的なものであるとともにまた多くの傾向性によって触発される。……だから一面において常識がすでに道徳法則を直覚しているにもかかわらず、その同じ常識ははなはだ法則からはずれやすい。」それゆえに倫理学がこの自覚の仕事を引き受けねばならなかったのだというわけである(32)(『カント・実践理性批判』)。「常識がその知れるところを自覚しておらない」というのは和辻自身の立場でもあった。和辻のカント論に立ち入る余裕はないので、『人間の学としての倫理学』に示される「解釈学的構成」の方法を、私なりに解釈してみたい。

> 〔現象学の立場では〕現象は日常性の離脱によって初めて見え出す。……しかし我々は直接の所与を現象とする。それは表現であるがゆえにすでに日常的に了解せられている。ただそれは実践的行為的連関の契機として、理論的に無自覚である。解釈学的方法はこの過程を自覚的に繰り返さねばならない。この自覚的な繰り返しの行動は、哲学的行動として、直接の実践的関心から離

脱しなくてはならぬ。しかもこの離脱の立場において自由にその繰り返すべき実践的連関を自ら生き得ねばならない。(33)

常識はその知れる(了解せられている)ところを自覚しておらない。そこで倫理学者は日常の実践的関心から離脱しつつ、自由に日常の実践的連関を生きるのだとされる。禅の境地を思わせるのだが、日常的実践との絡みで考えるとどういうことになるだろうか。このように距離をとりつつ生きる者は誰か。ひとり倫理学者だけなのであろうか。もしそうだとすると日常の了解との接点が見えなくなってしまうだろう。「常識から出発して倫理学が建立される」以上、日常を生きている者も、無自覚にそのような生き方を実践していると考えねばなるまい。現象を対象とみなす科学であれば、理論的な自覚はいわば「外から」なされればよい。しかし問うものと問われるものとが同一である倫理学においてはそうはいかぬ。倫理学者も生活者であり、解釈学的方法が日常を「隠れなき表現」として把握するものである以上、日常の生活そのものの内に「自分との距離を生きる」実践を見出すことが求められるであろう。それが倫理学の方法によって与えられる彩りであって、そう捉えてこそ倫理学の側も日常の常識から出発して建立することもできるのである。そうだとすれば、日常の了解と倫理学との間には、ある種の共働作業が存在することになる。両者の循環も「共鳴」として積極的に考えてよいのではないか。

しかし、自分との距離を生きることは、本来の自分自身から離れる可能性もあるということである。

カントに即して言えば、「道徳法則を直覚しているにもかかわらず、法則からはずれやすい」。それゆえ人間に備わる傾向性を捨象したところに見出された「理性の事実（道徳法則の意識）」が「当為の意識」ともなるわけである。その点は和辻においてどうだろうか。日常的事実としての間柄は、それ自体の内に当為の意味を含んでいるのであろうか。『倫理学』に戻り、第二・第三の場面を問題にすることにしよう。

（5）　空――非存在の絶対者――

〔**第二の場面**〕。和辻は間柄を、方法的に個人的契機と全体的契機に分ける。そして両者とも否定に至らざるをえないことを示した上で、改めて間柄を「相互否定において個人と社会を成り立たしむる存在」として特徴づけるのである。この表現は、日常においてすでに了解されている「矛盾的統一としての間柄」を言い直したにすぎないように思われる。では（即自的な了解としての）統一を、（対自的に二つの契機に）分析し、（相互否定関係という）統一として示すという方法的回路がなぜ必要であったのか。「個人的契機」における和辻の屈折した言い方を引いてみよう。肉体は個人的なものかどうかを問題にするとき、和辻は次のように問いかけている。

常識的には、一つの肉体を持ちそれを衣服で覆い自らここかしこに去来している人が個々の人である。そこで個々の人は自我の意識とその肉体とから規定せらるることになる。それに基づいて人は心理学や生理学を作ることになった。そうしてこのような学問が逆にまた常識を作りかえた。しかし我々の日常生活は実際にそのような個々の人において行われているのであろうか。(34)

常識は、実体的な個人を想定する心理学や生理学の基盤であるとともに、その結果でもあるとされている。『原始仏教の実践哲学』でも示唆されていたように、主客・自他を対立させる自然的態度は、常識から離れた①の学であるとともに、常識自身の避けられぬ傾向性なのである。常識は「己れの知れるところを自覚しておらない」のであって、己れが知っているはずの矛盾的関係の一方の契機を実体化してしまう。このフィクションは「自分との距離を生きる」常識にとって避けられぬ事柄なのだ。それゆえフィクションを破壊するためには、常識と学問によって実体化されたそれぞれの契機に沿って、それぞれが空無に至ることを示さねばならなかった。だがこのように実体化を脱構築する場合にも、手がかりとなるのはあくまで「日常生活の実際」だとされている。出発点としての日常的事実は、日常の常識を批判したあとでも事柄としては何も変わってはいない。学の自覚は、常識を揺るがすことによって、常識の本来に立ち戻ることを要求するのである。和辻の方法的回路は、間柄の根源としての絶対者を開示することによって、「日常性を空ずる」作業となる。

人間存在の個人的契機と全体的契機が、ともに相互の否定に至らざるをえないことを示すとき、和辻はおもにシェーラーの人格概念を手がかりとしつつ絶対者に言及している。この世の絆を断ち切って己れ自身にのみ関わろうとすれば、その絶対的孤独は「神においての孤独」[35]となろう。他方、人が共同責任を負うべき全体人格なるものをどこまでも追求していけば、結局のところ無限にして完全な神の人格に至るであろう[36]。個人の自立の極限も、共同的全体の極限も、同じく「絶対者との間柄」に入らざるをえないのである。しかし和辻によれば、シェーラーは「否定の意味を十分に把捉することができなかった」[37]。両極における否定の極限は、「完全な存在」としての人格神を啓示するものではない。

〔シェーラー、さらには西洋において〕人格的な神の理念を現実的に定立することは哲学の仕事ではなかった。……神の現実性はただ具体的人格における積極的な神の啓示にのみ基づいている。哲学はかかる宗教の神を理念として受け容れたにすぎぬ。しかしもしそうであるならば、具体的人格における啓示が人格的な絶対者を顕わにせずして人格的とも限定せられない絶対者を顕わにした場合はどうなるであろうか。哲学は同じ権利をもってかかる絶対者の理念をも受け容れてよいではなかろうか[38]。

そこで間柄の理法としての「絶対空」が導入されるのであるが、この非存在の絶対者を通じて人間存在の構造が示されるとき、日常性はどう捉え直されるだろうか。

空は空である以上、それ自体としては現出しない。それは日常世界の事実である間柄の理法であって、それ以上の何ものでもない。「いかなる社会も、また個人も、絶対者を根源とせざるものはない。とともに、絶対者より出づる理法は必ず有限なる社会の地盤を通じて働くのである。(39)」それが働きを持つのは、我々の日常が、どうしようもない自然的態度として実体化の傾向を持ち、間柄から離反せざるをえないからである。空は間柄からの離反に対する否定(「空ぜよ」という当為)として現出する。つまり、実体化は日常性の常態であり、我々の避けられぬ現実であるからこそ、そのフィクションの真実としての間柄が、当為としての「空」という姿をとって現れてくるのである。

ではこの当為は日常の中でどのような形をとるのか。当為の淵源が「空」だとしても、それ自体は何ものでもない以上、現実の何ものかがそれを担わなくてはなるまい。ここまでくると、どうも和辻倫理学の姿が見えにくくなる。

倫理はすでに実現されているのであって当為としての意味を持たないのであろうか。そうでもあり、そうでもない。……前に一定の仕方によって行為せられたということは、後にこの仕方をはずれることを不可能にするものではない。従って共同存在はあらゆる瞬間にその破滅の危険を蔵している。しかも人間存在は、人間存在であるがゆえに、無限に共同存在の実現に向かっている。そこからしてすでに実現せられた行為的連関の仕方が、それにもかかわらずなお当《まさ》に為《な》さるべき仕方としても働くのである。(40)

この、単純に見えてわかりにくい表現は何を意味するのだろうか。「その出て来た本を目ざして帰って来る」[41]とされる本来性の問題であり、時間性や、「まこと（誠、信）」という具体的な徳目に関わってくるのだが、ここでは空をめぐる方法の問題として考えてみよう。

（6）「全体性への還帰」の問題

〔**第三の場面**〕。間柄が「個人と全体との相互否定関係」である以上、当為としての間柄は、論理的には、離反する個人に対して「社会との関係に帰れ」、社会に対して「個人との関係に帰れ」という相互的な当為の関係として現出するはずである。和辻においてその点はどうなのだろうか。まず個人について。

> 我々は前に個人をそれ自身において捕えようとしたとき、個人の真相としてかかる〈空〉に到達したのであった。してみると、個人は、己れの本源たる空（すなわち本源空）の否定として個人となるのである。それは絶対的否定性の自己否定にほかならない。しかもこのような個人は、いかなる仕方にもしろ、とにかくも己れを空じて社会に服属しなければならぬ。[42]

肉体や意識を持ちみずからここかしこに去来している個人が存在しないというわけではない。だがあくまで全体の否定（そこからの離反）という形でのみ存在するのであって、その関係を抜きにして実体化された個人は仮象である。この仮象に囚われるのが常識の避けられぬ傾向性だとすれば、「己れを空ずる」ことが当為としてかかってくることになろう。これが「自分との距離を生きる」日常の本来の可能性であり、己れの根源に帰ることである。仏教の立場では解脱の要求ということになるが、先に述べたように和辻は間柄の立場を離れない。そこで個人に対しては、己れを空ずることが「社会に服属しなければならぬ」という形で語られることになる。つまり、「絶対者に帰入する」ことが「社会に服属する」こととして示されるのである。そこで先に触れた、間柄の二義性が生ずることになろう。出発点としての間柄は「個人と全体との矛盾的関係」なのであるが、その関係は「空」である以上、個人の具体的行為に即して言えば、間柄はその一方の極である「社会」「全体」を意味することになる。空の論理からしてそうならざるをえないとも言えるが、現実の場面では、その論理は既在の社会関係を正当化し、超国家主義にも通ずるイデオロギーともなりかねない。それはまた「全体性」という概念が有限な社会を意味しながら、「絶対的全体性」としても語られ、それが「絶対的否定性」、「絶対空」とされる(43)という問題である。

そこで理論的にも実践的にも、もう一方の極である社会（全体）が「己れを空ずる」ことが何らかの形で求められねばなるまい。しかし第三の場面に至って間柄の否定的構造が「絶対的否定性の自己還帰の運動」という根本理法として把握されるとき、個人と社会の関係は相互的ではなくなるのである。個人の立場は「絶対的否定性の否定」とされ、社会（全体）の立場は「絶対的否定性の否定の否定、すなわち自己への還帰」とされる[44]。つまり、個人が社会から離反し、そして社会へと服属する過程が、絶対的否定性の否定運動の現れとみなされる。第二の場面では相互否定として捉えられた事態が、全体→個人→全体という過程の運動として捉え直されるのである。とすると、この過程の担い手は個人であり、「己れを空ずる」ことは個人だけに要求されるのだろうか。

和辻に即して考えても、個人の離反は「間柄そのものの亀裂」から生ずるものであるはずだ。「自他分離に全然脅かされない完全な合一、個別的成員がその独立性を全然自覚しない一体同一的な結合、というごときものは、有限な人間の存在においては決して見出されるものではない[45]。」母子の自然的な情愛においてさえ分離の恐怖に脅かされているのであり、それゆえ結合は必ず強制を伴うのだと和辻は言う。間柄はそれ自体の内に亀裂を孕んでいる。にもかかわらず人間は結合を求めざるをえない。それは仏教的な「苦」とは言えぬかも知れないが、こうした人間の有様を通して「絶対空」が語られていると解釈することもできよう。「我れと汝の結合において、汝は我れの裏切りを責め怒る者として、初めより裏切りを封ずる権威を持つ。それは実は〈汝〉個人ではなくして汝を通じて働く〈結合〉自体なのである[46]。」その通りだと思う。しかしその結合が亀裂を含んだものであった以上、我れは元の結合関係へと帰れないはずだ。結合の空は、裏切りを封ずる権威をも空ずるものでなければなるまい。

そうなると「間柄」という概念自体を問い直さねばならなくなるのではないか。間柄は個人と全体との関係とされたのだが、そこには亀裂を含んだ我と汝の関係――「他者」の問題――を組み込まねばならないのではないか。その問題は和辻が痛切に感じていたと思われるにもかかわらず、根本原理の内には、その論理が見出されない。「根本原理は人間存在における個と全との否定関係を捕えたのみであって、いまだ個の立場における個と個の対立（したがって多数性）や、全の立場における個の間の統一（したがって総体性）などを明らかにしていない。[47]」人間存在のこうした動的構造は、空間的・時間的構造、人倫的組織、風土的・歴史的構造として明らかにされねばならぬと和辻は言う。それゆえ、根本原理も第二章以下の論述との関係で見直されなければならないのだが、それらも「根本において絶対的否定性の否定の運動であるということは、どこまで行っても変わらない[48]」とされる以上、根本原理の場面で和辻倫理学を再検討する必要があろう。「まこと」とか「国民」の問題に、倫理学の方法自体が絡んでいる。

＊

最後は急ぎ足の批判になってしまったが、日常性の豊かさと謎を見出す試みとして和辻倫理学を見直すことが本章の主題であった。日常性のさ中に否定の運動を見て倫理学と共鳴させる和辻の発想を、新たな設定のもとで受け止められないだろうか。個人と社会、日常性と倫理学の循環は、「単なる循環にすぎない」ものとして克服せねばならないのだろうか。日常性の持つ可能性を「自分との距離を生きる」と表現したのは、間柄の内に時間や他者の問題を組み込もうという意図からである。こうした「空」の有様を足元に引き戻し、日常性のダイナミズムとして再構成することが、和辻倫理学を生かす機縁になると思う。

註

(1) 和辻哲郎『倫理学』、『和辻哲郎全集　第十巻』岩波書店、三頁。以下和辻からの引用は『全集』の巻数と頁数で示す。
(2) 『全集　第九巻』、一七六頁。
(3) 『全集　第十巻』、一〇七頁。
(4) 同巻、一一三頁。
(5) 同巻、一一五頁。
(6) 『全集　第五巻』、一〇七頁。
(7) 同巻、一〇九頁。
(8) 同巻、一六七―九頁。
(9) 同巻、一七六頁。
(10) 同巻、二三六頁。
(11) 同巻、二五三頁。
(12) 同巻、二五六頁。
(13) 同巻、二四八頁。
(14) 同巻、二五五頁。
(15) 『全集　第十巻』、五二頁。
(16) 同巻、六一頁。
(17) 同巻、六二頁。
(18) 『全集　第九巻』、二〇頁。

(19) 同巻、一九頁。
(20) 『全集　第十巻』、一一頁。
(21) 同巻、四三頁。
(22) 同巻、二三頁。
(23) E. Husserl, *Die Krisis der europäischen Wissenschaften und die transzendentale Phänomenologie*, §44, *Husserliana* Bd. IV, S.158（細谷恒夫／木田元訳『ヨーロッパ諸学の危機と超越論的現象学』中央公論社、一九七四年）。
(24) M. Heidegger, *Sein und Zeit* §7, *Gesamtausgabe* Bd.2, S.37（原祐／渡邊二郎訳『存在と時間』、『世界の名著62』中央公論社、一九七一年）。
(25) Ibid., §9, S.58-59.
(26) Ibid., §32, S.203.
(27) 『全集　第九巻』、一八一頁。
(28) 同巻、三六頁。
(29) 『全集　第十巻』、一九六頁。
(30) 『全集　第九巻』、二〇二頁。
(31) 『全集　第十巻』、四二、四三頁。
(32) 『全集　第九巻』、二〇六頁。
(33) 同巻、一八四頁。
(34) 『全集　第十巻』、六二頁。
(35) 同巻、七一頁。

(36) 同巻、一〇三頁。
(37) 同巻、八四頁。
(38) 同巻、一〇四頁。
(39) 同巻、一二八頁。
(40) 同巻、一三—四頁。
(41) 同巻、一九七頁。
(42) 同巻、一二四頁。
(43) 同巻、一〇五頁。
(44) 同巻、一二七頁。
(45) 同巻、一二三頁。
(46) 同巻、一二三頁。
(47) 同巻、一三一頁。
(48) 同巻、一三一頁。

日常性の射程
――西田幾多郎再考――

（1）純粋経験と日常経験

西田幾多郎が語る「純粋経験」という概念の捉え難さは、「日常経験」の捉え難さを示すとも思われる。

『善の研究』（一九一一年）の冒頭で、純粋経験とは「全く自己の細工を棄て」、「毫も思慮分別を加えない」、「未だ主もなく客もない」、「経験其儘の状態」と特徴づけられている。[(1)] それは我々に身近な日常経験の有様（「日常性」と呼ぶことにする）と言えなくもない。しかし西田はしばしば「科学や常識に反して、純粋経験の立場では……」という表現をするし、その立場は宗教までも含んだ、広く深い内容を含んでいる。「自己の細工を棄て」、「毫も思慮分別を加えない」というのも、厳しい修行の果てに辛うじて達しうる状態であり、日常の経験から遠く隔たった境地とも考えられる。

だが二十数年後、長野で行われた講演「歴史的身体」(一九三七年)では、「『善の研究』で述べた純粋経験というものはつまり我々の日常経験から出発したものである。それは我々の日常経験である。」[2]と言われている。――我々はこの発言をどう受け止めるべきであろうか。

我々凡夫がこの発言に乗っかって、自分に馴染んだ日常性からの類推で「純粋経験とはどういうものか」を理解しようとするのは危険だろう。二十数年後の発言がどういう境地から出されたのか、西田は日常性をどのように位置づけるに至ったのかを考え併せねばなるまい。

これらについてはのちに取り上げるとして、我々が問うべきはまず「自分に馴染んだ日常性とはどういうものか」であろう。――この問いが根本的となるためには、純粋経験を「泥《なず》み以前の経験」[3]と考え、これを手がかりとすることが有効と思われる。こうした発生的な問いかけを通じて、日常性そのものの内に豊かな彩りと深みを見出すことができれば、それでもって純粋経験の理解に近づいたということになるのではないか。

(2) フッサール「生活世界の現象学」の発想

後期フッサールの「生活世界の現象学」について考える場合にも、同じようなことが言えると思う。その事情を的確に示す言葉として、メルロ＝ポンティが『知覚の現象学』で現象学的還元について語っているところを引用しよう。

我々は徹頭徹尾世界と関係しているからこそ、我々がそのことに気づく唯一の方法は、この関係の運動を中断することであり、この運動との共犯関係を拒否すること（フッサールがしばしば使う言い方では、この運動を「共に行うことなく（ohne mitzumachen）」眺めることであり、あるいはまた、この運動を働きの外に置くこと（mettre hors jeu）である。それは常識や自然的態度の持っている諸確信を放棄することではない。――逆に、これらの確信は哲学の恒常的なテーマなのだ――これらの確信が、まさにあらゆる思惟の前提として〈自明であり（aller de soi）〉、気づかれずに通用しているからこそ、それらを呼び覚まし、出現させるためには、我々はいったんそれを控えねばならないのである。フッサールの助手オイゲン・フィンクは還元を〈世界を前にしての驚き〉だと言ったが、おそらくそれが還元についての最上の方式であろう(4)。

第一に注目したいのは、哲学の恒常的なテーマが「常識や自然的態度の持つ諸確信（les certitudes du sens commun et de l'attitude naturelle）」とされていることである。伝統的な哲学は日常的な確信をドクサ（思い込み）とみなし、そこから離脱したエピステーメを真知と考えてきた。これに対してメルロ゠ポンティはドクサの復権を主張しているかに見える。しかしもちろん、日常的な確信がそのままに哲学になるわけではない。これが哲学のテーマとなるためには、この確信をいったん「働きの外に置く」のでなければならない。より積極的には、この確信に対して、さらにはこの確信によって自明なものとして妥当している世界に対して「驚く」のでなければならない。さらに積極的には、驚きを出発点として、確信の自明性を支えているものは何かと問い、その構造を探求せねばなるまい。――こうした、新たな視点で日常性を捉え直す場を開くことによって、フッサールが『ヨーロッパ諸学の危機と超越論的現象学』(5)（以下、『危機』と略す）においてしばしば語る「生活世界の自明性と謎」が主題となる。

生活世界とは、（一）我々がそこへと投げ出され、生活している日常的な世界であり、それについて我々が常に既に自明な了解を持っている世界である。しかし同時に、（二）そこから離脱した哲学的反省（現象学的還元）によって把握され、捉え直された世界である。ではこの「捉え直し」はどのような視点から行われるのだろうか。フッサールは「無関心な観察者」とも言う(6)。しかし哲学者たちも歴史的世界の内に生きる生活者である以上、時代の状況を反映したアプローチを行わざるをえないだろう。捉え直しのアプローチは一義的ではなく、それゆえ捉え直された日常世界の有様（日常性）も多様と言わざるをえない。（フッサールはこういう言い方を認めないかも知れないが）「日常性」なるものは、我々にとって自明でありつつ、不定な形で、様々な評価のもとで語られるのである。――『危機』の記述を通じて考えてみよう。

第一部の第五節（普遍的哲学の理想とその内的解体の過程）では、エピステーメとしての理性への信頼が崩壊しつつあることが、哲学の危機であり人間性の危機でもあると語られる。古代ギリシア人は、思い込みとしてのドクサに対して、真の存在を求めるエピステーメを課題として掲げた。この区別は、いつの時代においても崩されてはならぬとフッサールは強調する。「自明だが、そう思われているだけの存在」と「真の存在」という区別は、「自己の、真実で真正な人間性に関わる区別」であり、「誰もが、根本においてこの区別を知っている。目標としての、課題としての真理は、誰にとっても、日常性（Alltäglichkeit）においてさえ、無縁なものではない」。とはいえ真理は「日常性においては個別化され、相対化されているのであって、哲学は、こうした前形態（Vorgestalt）を乗り越えていく」(7)。

ここではフッサールは伝統的な哲学の守護者であるように見え、エピステーメとドクサの区別を要求している。日常性は「真理と無縁（fremd）ではない」とされるのだが、「哲学の前形態」として乗り越えられるべきものとみなされている。

しかし現実の歴史において、理性への懐疑とともに、理性的な世界や人間も「謎」となってしまった。哲学はもはや、エピステーメに到達する理想を、素朴に信ずることはできなくなっている。そうだとすれば、この「前形態」へと立ち戻り、そこからやり直すしかないのではないか。

第二部第九節（ガリレイによる自然の数学化）では、ガリレイの自然科学上の様々な発見が、生活世界という地盤を隠蔽する形で行われたのだと指摘される。「我々の日常的な生活世界のみが、ただ一つの現実的な世界である」にもかかわらず、数学的に操作された世界が、それにすり替えられてしまった(8)。

第二部から第三部にかけての哲学史的論述でも、「生活世界という基底の忘却」が中心の主題となっている。自然科学の客観主義と並んで現れてきた超越論的主観主義においても、受動的な知覚野の次元とか、生きた精神性の持つ奥行の次元とかが、前提とされつつ隠されてきたのだ。――デカルト、ヒューム、カントといった哲学者たちの発想を批判的に解明しようとするフッサールの論調は、ドクサの方に重心が移っていく。たとえば「カントが理解したヒュームは真のヒュームではない」とされる。フッサールによれば、ヒューム自身を動かしていた真の問題とは、「我々がその内で生きている世界確実性の持つ素朴な自明性、中でも日常世界の確実性、並びにこの日常世界の上に構成された学問的理論構成の確実性は、いかにして理解可能性へともたらされるのかという普遍的問題」だったのである。(9)

――晦渋な語り口だが、第一に我々は、日常に馴染んでいる世界が（外界として実在し、また常にこのように）在ると素朴に確信しているということ、第二にそのような日常世界の確信（Gewißheit der alltäglichen Welt）を基礎にして学問的な理論が構成されるということ。ヒュームはこうしたことを「謎」として取り上げた。普通には問題にもされぬ自明性（Selbstverständlichkeit）に属する事柄を、どうしてそうでありうるのかと、その理解可能性（Verständlichkeit）を問題にしたのである。――二四節では、「バークリーとヒュームによって示唆された」問題とされている。本稿ではのちにバークリーを取り上げ、『善の研究』との関連で考えてみよう。

フッサールは、学問、人間性、理性の危機の中で、新たな形で「ヒュームの問題」を反復しようとする。日常世界を基底とし、その謎を追求する試みは、第三部四四節で語られる「ドクサについての学という奇妙な学」ということになろう。ドクサなるものは「これまで軽蔑されてきた」のであるが、これを「学すなわちエピステーメの基礎という尊厳を一挙に要求する」ものとして捉え直そうというのである。この学は、先駆者のいない、まったく新たに始めるしかない学である[10]。

日常性が哲学の「前形態」であるというのは、日常性の「素朴さ」を示すことであったが、今や哲学の「基盤」という意味を持つことになる。そうなると、ドクサとか日常性なるものは、途方もなく広く、かつ深遠な射程を持たされることになるだろう。フッサールにおいて、古代ギリシア以来の理性を復興させようとする志向が失われたわけではない。しかし理性への信頼が失われた現代においては、これを上から押しつけるわけにはいかず、下から、つまりドクサの方から理性を産出させていかねばならなくなったのである。それゆえ、ドクサとか日常性を豊かで謎に満ちたものとして「捉え直す」ことは、「復興を目指す理性の要求」だとも言えるだろう。

こうした「エピステーメを基礎づけるドクサについての学」がありうるかどうかは定かではない。第五節で言われていたように、真理は日常性と無縁ではないとしても、素朴な確信の中で個別的で相対的にしか現れておらず、普遍的妥当性からほど遠い。フッサールも「はじめに行為ありき」であって、やってみて事後に方法的に反省するしかないと言っている[11]。

(3) 日常的世界の主題化

以上に述べた「生活世界の現象学」の発想を手がかりに、「歴史的身体」の中で「純粋経験は我々の日常経験である」と言われていることの含蓄を考えてみよう。西田は自らの思索の歩みを振り返って次のように言う。

私は初に『善の研究』を書いた。夫以来今日までかなり長い年月を経ている。そうして色々に変化しているが、根本の精神は『善の研究』に既に芽を出していると言ってもよい。併し『善の研究』のような考をどこまでも論理的に考えようというのがこの十年以来の私の努力であって、『善の研究』で初めて自分が考えたようなことを本当に学問的に練上げるには、従来の論理ではどうも十分よくいかない。……東洋思想を論理的に基礎づけることは非常にむつかしく、なかなかできないことである。

併し何分論理の完成ばかりをまっていては限りがないのであって、一昨年位から、論理を決して離れるではないが、我々に直接な、『善の研究』で考察した日常の体験に帰り、そこから出立してこの問題を考えてみようとするようになった。……すでに三十年近く以前に考えた『善の研究』と、唯今の考とは違っているのであるが、『善の研究』で述べた純粋経験というものはつまり我々の日常経験から出発したものである。それは我々の日常経験である。……我々は其処から出発し其処へと帰らねばならぬ。……併しそれは論理と関係が無いわけではなく、それが全くこの十年来考えてきた私の論理と結付くのである。そういう風に、論理にしたがって考えた一つの世界と、我々の日常の世界とが完全に結付き、全く一つのものにまでならなくては哲学の使命は果されない。論理で考えたものが日常経験と離れたものであっては何の役にも立たぬ。……哲学とか色々な学問とか宗教とか芸術とかいうものでも、日常経験から出立して要するにまたそこへと帰ってくるものに外ならない。(12)

以上の引用から読みとれることは、第一に、西田がそこから出立しようとする「日常世界」とは、十年来みずからが探求し続けた「論理の世界」に重ね合わされるべきものだということ。――西田は「現実の世界の論理的構造」(13)を探求したのだが、裏返せばそれは、「新たな論理による、日常世界の捉え直し」ということになる。それゆえ「我々の最も平凡な日常の生活が何であるかを最も深く摑むことに依って最も深い哲学が生まれるのである」(14)という西田の言葉も、裏返せば「最も深い哲学によって摑まれることに依って、平凡な日常の生活が最も深いものとして捉え直される」ということになろう。理想と現実、論理と世界とを峻別する西洋の二元的思考法に対して、西田における「論理」は、「我々がここで生まれ、ここで死ぬ世界」の論理であり、日常を深く豊かなものとして捉え直すという志向を備えている。

しかしここには、フッサールやハイデガーも認めた「事実と解釈の循環」がある。「論理にしたがって考えた一つの世界と、我々の日常の世界とが完全に結付き、全く一つのものにまでならなくては哲学の使命は果されない」と西田は言うのだが、この循環ゆえに、論理と現実とが完全な一致に達することは困難であろう。メルロ゠ポンティも、先に引用した文章のすぐ後で、「〔現象学的〕還元の最も偉大な教訓とは、完全な還元は不可能だということである」と言う。(15)――論理が先行して「語られる現実」が日常からかけ離れたものとなってしまうか、日常の網に囚われて論理化の遂行を断念せざるをえないか。独断論に至るか懐疑論に至るか。――これは、自然科学をも含めた「現実に関わる学」一般の持つ危険である。だが積極的に考えれば、我々の世界が「汲めど尽きぬ」内実を具えているゆえにそうなるのであって、論理化の挫折は、身近な日常の持つ豊かさを示すのだと言えなくはない。――ヘーゲルと同じく、現実世界はあくまで論理化されるべきものと考え、かつ論理化できると信じた西田にとっては、こうした曖昧さは克服されるべきことだろうが。(16)

先の引用に戻って、要点の第二は、西田が語る「日常世界」とは、学問とか宗教とか芸術がそこから出立し、そこへと帰ってくる場であること。――文字通りに受け取れば、日常性は、フッサールにおいて以上に、広く深い射程を持たされることになる。真知《エピステーメ》のみならず、芸術や宗教も、その源泉を日常経験に持つとされているのである。――ここでも、日常性なるものは、何らか「捉え直された」有様と考えるべきだろう。志を立てて出立した故郷と、学芸や修行を治めた末に帰り着いた故郷とでは、事実としては同じだとしても、その有様は異なっていよう。「東洋思想の論理」を探求しつつ日常経験へと帰還した西田は、これをどのように捉え直すに至ったのか。

先の引用のすぐ後で、西田は「日常経験とはどういうものか」と問い、これはつまり「我々が働く世界」であり「歴史の世界」であると言う。そしてさらに、働くことを「制作」として、自己を「身体」として論じていく。「現実の世界は制作の世界である。我々が作ることによって我々が作られる世界である。つまりそれが歴史的世界である。」(17)「作られたものが作るものを作ってゆく世界、それが創造的世界である。」(18)――我々に身近な日常世界は、歴史へと開かれたものとして、しかも創造的な世界として捉え直されている。

この「歴史的身体」という講演は一九三七年九月に行われた。同じ年、五月の和辻哲郎宛の書簡には次のように書かれている。――「私は尊兄の倫理学の考え方を大変面白いと思うもので御座います(唯《ただ》哲学的仕事としてはその背後となる歴史的実存というものを深く究明して基礎附ける必要はあるが)歴史的存在としての人間存在というものが自己矛盾的存在であり当為というものも私というものが歴史的世界の個として創造的世界の創造的要素としてここにあるということから起るのであると思うのです……唯《ただ》抽象的に絶対否定など考えても形式的で頭で然《し》か考えるにすぎない　日常的世界というものはこれまで無意義にしか考えなかったが歴史的現実世界というものは日常性的世界でありそこから真の具体的世界が考えられると思う　日常的世界とは極めて膚浅と考えられる世界であると共に実はそこに絶対に触れる、最も深い世界である(19)」

この書簡からは、西田にとって、「歴史的世界」への関心とともに日常的世界が主題に昇ってきたと読める。その世界は「矛盾の論理」が働く具体的な場であり、そのような場として捉えられてこそ、「極めて膚浅と考えられる日常世界」は「絶対に触れる、最も深い世界」となる。——この最深の世界は、最晩年の「場所的論理と宗教的世界観」（一九四五年）に描かれる「平常底」に通じていくだろう。

（4） 純粋経験の捉え直し

以上のような展望を踏まえて『善の研究』に立ち戻り、純粋経験の何たるかを考えてみよう。それが既に「捉え直された日常経験」であるとすれば、まず始めには、常識に泥んだ、膚浅な日常経験との距離を確認しなければなるまい。『善の研究』の序で西田は「純粋経験を唯一の実在としてすべてを説明してみたい」という野心を述べていた。「生活世界」や「日常世界」もそうだが、はるかな射程を含むだけに、「純粋経験」についてまとまったイメージを持つことはむつかしい。知情意の分離なく、思惟とか意志をも含み、そこでは自然現象と精神現象も区別できないような経験について、西田は様々な実例を挙げつつ多様な面から論じていく。ここでは、「芸術や宗教までも射程を含む」ということを念頭に置きつつ、西田の挙げる実例に即して、三つの視点から考えていきたい。

①「初生児の意識」（一の1）ないし「天真爛漫なる嬰児の直覚」（一の4）——それは、本文の冒頭で言われる「毫も思慮分別を加えない、真に経験其儘の状態」であり、「未だ主もなく客もない、知識と対象とが全く合一している」原初の状態であると言えよう。原初としての幼年の意識は、「この中より

多様なる種々の意識状態が分化発展し来る」混沌とした統一であり（一の1）、「我々の最も自然にして統一せる意識状態」である。（一の4）

②「一生懸命に断崖を攀ずる場合」あるいは「音楽家が熟練した曲を奏する時」――ここでは「知覚が厳密なる統一と連続とを保ち、意識が一より他に転ずるも、注意は始終物に向けられ、前の作用が自ら後者を惹起しその間に思惟を入るべき少しの亀裂もない。」（一の1）「画家の興来たり筆自ら動くように複雑なる作用の背後には統一的或者が働いている。」（一の4）

③「宗教的要求は我々の已まんとして已む能わざる大なる生命の要求である。」――「個人的生命は必ず外は世界と衝突し内は自ら矛盾に陥らねばならぬ。ここにおいて我々は更に大なる統一を求めねばならぬようになる、即ち意識中心の推移に由りて更に大なる統一を求めねばならぬようになるのである。かくの如き要求は凡て我々の共同的精神の発生の場合においてもこれを見ることができるのであるが、ただ宗教的要求はかかる要求の極点である。」（四の1）

以上三つの実例に共通するポイントは「意識の統一」である。純粋経験は、①そこからすべてが分化発展していく「原初的統一」であり、②緊張した時間の流れとして緊密な統一と連続を保つものであり、③自他の区別を統一する共同性要求として、宗教的要求という「統一の極」にまで至る。

それぞれについて、日常経験に即して解釈し、その「捉え直し」としての純粋経験に近づいてみよう。西田は常識について批判こそすれ、日常経験に即して語るようなことはしない。それゆえ素朴な「下から目線」で語ろうとすると、西田から離れた語り口にならざるをえないだろう。しかし「純粋経験とは我々の日常経験である」という事態を具体的に理解しようとすれば、こうした距離が不可欠であると思う。[20]

①そこからすべてが分化発展していく「原初的統一」について——西田はここでは幼児や嬰児の直覚として述べるが、この事態は「宇宙の発生」という形而上学的問題としても考えられている。「意識現象が唯一の実在であるという考より見れば、宇宙万象の根底には唯一の統一力あり、万物は同一の実在の発現したものといわねばならぬ。」（二の7）と西田は言う。また、「純粋経験の事実が唯一の実在であって神はその統一であるとすれば、神の性質および世界との関係もすべて我々の純粋経験の統一即ち意識統一の性質およびこれとその内容より知ることができる」（四の4）とも言われる。——凡夫にとっては途方もない考えである。意識の統一力から宇宙の統一力へ、純粋経験の統一（即ち意識の統一）から神の統一へと一気に飛躍する想像力にはついていけない。

そしてまた、この統一からいかにして分化が発生するのか？　今の引用のすぐ後で「この唯一の実在より如何にして種々の差別的対立を生ずるか。……実在は一に統一せられていると共に対立を含んでおらねばならぬ。」と言われる。——そんなことがどうして言えるのかと戸惑わざるをえない。これは純粋経験そのものへの戸惑いに通ずる。嬰児の直覚と同じく「純粋経験は事実の直覚その儘であって……かくいえば純粋経験とは混沌無差別の状態であるかのように思われるかも知れぬが、……経験は自ら差別相を具えた者でなければならぬ。」（一の1）とされる。——「自ら差別を含んだ無差別」なるものは、凡夫にとって自明な経験ではない。

しかし西田に言わせれば、こうした戸惑いは、日常において既に出来上がった「差別相」に囚われ、その原初である「混沌無差別」に思いを馳せることがないゆえに起こるのだ、ということになろう。井筒俊彦も『意識と本質』の中で、原初を問わぬ日常的思考を、禅の立場から次のように説明している。

「天地の始」、一切の存在者がものとして現れてくる以前の「道」すなわち根源的「存在」には名前がない。それは言語以前であり、分節以前である。……言語以前から言語以後へ、「無名」から「有名」へ――「存在」の形而上学的次元から形而下的次元へのこの転換点に「本質」が出現する。……われわれの日常世界とは、この第一次的、原初的「本質」認知の過程をいわば省略して――あるいはそれに気付かずに――始めからすでに出来上がったものとして見られた存在者の形成する意味地平である。(21)

そうだとすれば、純粋経験とは、「すでに分節が行われた世界に生きてしまっている」日常経験の原初へと遡り、「分節が発生する現場に立ち会う」経験だと言えるだろう。(22)それは日常経験と離れたものではない。その経験の泥みをいったん消し去ったところに成立する経験である。こうした還元を通じて日常経験の原初へと立ち戻るならば、日常の行為において顕在化している意味（分節）を、その潜在的な志向をも含めて捉え直すことが可能になるだろう。――生活世界の現象学が求めたことの一つも、そのようなことであった。

意識の統一力が宇宙の統一力ないし神の統一力にまで通じていくことへの戸惑いも、西田に言わせれば、「意識を離れて世界ありという考え」より来るのだということになる。そう言われても戸惑いが消え去るわけではないが、井筒が説明していたように、原初への立ち戻りを形而上学的な原初にまで遡ればそれなりに納得はいく。意味に泥んだ日常性を「無差別から差別が生じた」ものとして捉え直すことは、（おのずからの発生であろうと唯一者による創造であろうと）「カオスからコスモスへ」という天地開闢の謎にまで導かれるのである。逆に言えば、（キルケゴールに近い言い方になるが）「無から有へ」（ないし「有を含んだ無」）という形而上学の謎を、我々が日々に反復するのだということになる。「宗教への射程を含んだものとして日常性を捉え直す」出発点として、以上のようなことが考えられよう。

②厳密な統一と連続について――ここで挙げられている例は、登山家や芸術家が次の行動（あるいは次の一音、一筆）へと移るときの、極度に緊張した意識状態である。熟練した登山家や芸術家であれば、その緊張の中でも、「これしかない」一歩をごく自然に踏み出し、その連続した行程が全体に調和を作り出す。――これを「美的必然性」と名づけるとして、その必然性は日常性とは別の次元に属するものだろう。

たしかに我々の日常生活も、安定した連続性・必然性を保っている。「常」なる時間は変じたり断じたりすることなく流れるし、周辺世界とも調和して亀裂を感ずることはない。しかしその安定は、実存の思想家や文学者がしばしば描く「日常の倦怠」に通ずる。弛緩し惰性と化した必然性は、日常の耐え難い常態と言えるだろう。しかしだからといって必然性の安定を破壊するわけにはいかぬ。異常な偶然が支配する世界はそれもまた耐え難い。技術や倫理はこれを克服するために進歩したとさえ言えるだろう。そこで、ヤスパースが言うように、「人間は交互に一方から他方に逃れようとする。必然性を求めて任意な偶然から逃れようとし、偶然の可能性と機会を求めて無慈悲な必然から逃れようとする。」[23]

日常の必然性が陥る傾向を以上のように特徴づけるとすれば、純粋経験における美的必然性はこれと対照的なものと捉えられよう。——芸術的制作は瞬間瞬間が創造であり、行動は自由に由来する。しかもその「みずから」は「おのずから」として、あたかも「背後に統一的或者が働いている」(一の4)かのごとくに行われるのである。いわば、多くの可能性を孕んだ偶然の中での必然的な行動と言うことができるだろう。偶然からも必然からも逃れようとする日常の傾向に対して、ここでは両者を積極的に引き受け、一点に集中させるのである。こうしたことが可能であるためには、一連の動作に始めと終わりがあり、全体が作品として完結するのでなければなるまい。芸術作品は、出来上がって鑑賞されるものであるだけではなく、芸術家の制作活動そのものだとも考えられるだろう。

こうした美的必然性から、日常の必然性を「捉え直す」ことができるだろうか。日常性を全否定して「現実を美的に生きる」ことを求めるならば、日常の抵抗にあって絶望に至らざるをえないだろう。[24]その反省を踏まえ、あくまで日常に即した形で考えるならば、「終わりなき・惰性的な連続」の内に、二重の意味で区切り(非連続)を与えることが考えられよう。日常においても、目覚め、食事し、仕事し、眠るといった区切りがある。これらを単なる繰り返しとしてではなく芸術的制作に近づけようとすれば、創造と再生の要素をそこに組み入れていくということになるだろう。そうしたことは古来、日常を充実させる知恵として、祭りとか年中行事といった形で行われてきたことであった。人生の一部（数日であれ数十年であれ）を全体として作品化し、その中に非日常的で創造的な瞬間を組み込んでいくこと。――美的必然性を通じての「日常性の捉え直し」を現実的なものとする方策として、こうしたことが考えられるのではないか。――西田の言う「非連続の連続」をあまりに日常化する発想であるかもしれない。③については、できるだけ西田に即して論じ、その上で、以上に述べたことを振り返ってみたい。

（5）日常性の捉え直しへ

③自他の区別を統一する共同性要求の極としての、宗教的要求について――それもまた日常性の捉え直しと考えられるだろうか。これを西田に即して考えるとき、独我論との関係が避けられないと思う。独我論とは「実在するのは自分の自我だけであって、他我およびいっさいのものは自分の自我の意識内容として存在するにすぎぬという立場。ふつう主観主義的認識論の理論的帰結と考えられ、バークリーがその代表者と目される。」（平凡社『哲学事典』より）。――そして西田も次のように言う。

純粋経験の上から厳密に考えて見ると、我々の意識現象の外に独立自全の事実なく、バークリーのいったように真に有即知（esse=percipi）である。……この考は、我々が深き反省の結果としてどうしてもここに到らねばならぬのであるが、一見我々の常識と非常に相違するばかりでなく、これに由りて宇宙の現象を説明しようとすると種々の難問に出会うのである。……その一は、若し意識現象をのみ実在であるとするならば、世界は凡て自己の観念であるという独知論に陥るではないか。またはさなくとも、各自の意識が互に独立の実在であるならば、いかにしてその間の関係を説明することができるかということである。（二の2）

西田は、こうした、常識からも科学からも出される疑問は「純粋経験の上に加えた独断の結果である」とし、「個人あって経験あるにあらず、経験あって個人あるのである、個人的区別より経験が根本的であるという考から独我論を脱することができた」と主張する（序および一の2）。

倉田百三は『愛と認識との出発』の中で、たまたま目に入ったこの文章が、知と情意の分裂に悩んでいた自分に光を与えてくれたと感じ、感激のあまり涙を流したと述懐している(25)。西田の言う「経験」の内実にも関わるので、倉田の悩みを聴くことにしよう。

――理論的・哲学的に確固とした実在から生活を築こうとするとき、自己の存在の確実さから出発せざるをえない。「しかしながら他人の存在が私にとっていかばかり確実であろうか。この形而上学上の大問題は私の手に余った。……私は唯我論に陥ってしまった。……自己に醒めたるものの必ず通り行く道は個人主義である。……この individualism が欲求の体系に従うとき必然的に egoism になる。〔理論に従うなら〕私はエゴイストである外なかった。」――しかし情意においては、私は freundlich であり（友愛に満ち）、moralisch である。「それだのに何故に私はエゴイストでなければならないのだろうか。生命は知情意の統合された全一なるものでなければならない。私が友を愛していることは動かし難き事実ではないか。」

そうした悩みを抱いて煩悶していた倉田は、『善の研究』の序の一文に衝撃を受け、解決の道を摑んだというのである。

私は自己の個人意識を最も根本的なる絶対の実在として疑わなかった。自己がまず存在してもろもろの経験はその後に生ずるものと思っていた。しかしながらこの認識論は全く誤謬であった。私の一切の惑乱と苦悶とはその病根をこの誤謬のなかに宿していたのであった。実在の最も原始的なる状態は個人意識ではない。それは独立自全なる一の自然現象である。我とか他とかいうような意識のないただ一のザインである。ただ一の現実である。ただ一の光景である。純一無雑なる経験の自発自展である。主観でも客観でもないただ一の絶対である。個人意識というものは、この実在の原始の状態より分化して生じたものであるのみならず、その存在の必須の要件としてこれに対立する他我の存在を予想している。……それ故に愛と認識とは別種の精神作用ではない。認識の究極の目的はただちに愛の最終の目的である。私等は愛するためには知らねばならず、知るがためには愛しなければならない[26]。

少し長い引用になってしまったが、知情意、知と愛を含んだ「純粋経験」の説明として的確なものだと思う。「我とか他とかいうような意識のないただ一のザイン」というのも、西田の純粋経験の特徴を的確に表現していると考えられる。——西田の言葉としては、「純粋経験の立場より見て、彼我の間に絶対的分別をなすことはできぬ。もし個人的意識において、昨日の意識と今日の意識とが独立の意識でありながら、その同一系統に属するの故を以て一つの意識と考えることができるならば、自他の意識の間にも同一の関係を見出すことができると思う。」（二の2）——倉田が代弁しているように、この関係が「愛」へと高まるとき、「自他の区別を統一する共同性要求の極としての、宗教的要求」に応ずるものとなるだろう。

しかしながら、こういう形で独我論を乗り越えることに問題はないのだろうか。「的確な表現」と言ったのだが、留保を付けねばなるまい。先の③（四の1）において「個人的生命は必ず外は世界と衝突し、内は自ら矛盾に陥らねばならぬ」と書かれていたことを想起しよう。「我とか他とかいうような意識のないただ一のザイン」というのは、あくまで分裂に悩む者の「要求」として出されるのであり、その「極点」なのである。

問題を明確にするために、バークリーの『ハイラスとフィロナスの三つの対話』から、要点と思われるところを取り上げよう。この対話には西田や倉田のような熱情的なところがなく、いかにも乾いた論議という印象は持つが、それだけに独我論「克服」の道筋が見え易い。

対話の中で、ハイラスは「我々の感覚から独立した物体（matter）が実在する。知覚されること（to be perceived）と存在すること（to exist）とは別のことである。」という立場をとり、フィロナスはそれに反対して「我々が知覚していないものは存在しない」と主張する。議論は著者バークレーを代弁するフィロナスがハイラスを説得するという形で行われるのだが、西田とは違い、対話者二人が同意し何度も確認していることは、「吟味を重ねた上で、最も常識（Common Sense）に適合し、懐疑主義から遠いような意見を真理とする」ということである。[27] そして実際、両者とも、自分の意見こそが常識に適合しているのだと主張する。

ハイラス：……あなたが最初に出会った人に聞いてごらんなさい。彼は言うでしょう。知覚されることと存在することとは別のことであるとね。

フィロナス：ハイラス、私の意見の正しさを示すために、私も喜んで世の中の常識に訴えますよ。庭師に、向こうの桜の木がどうして庭に存在すると思うのかと聞いてごらんなさい。そうすれば彼は言うでしょう。自分がそれを見て、触れるからだと。一言で言えば、彼はそれを感官（senses）で知覚するからですよ。[28]

とすれば、常識なるものは、「哲学的に」全く対立した主張の双方に論拠を与えるということになる。

言い換えれば、哲学的な議論は、常識ないし日常性の「謎」を示す結果になる。[29]――西田に即して言えば、そうはならない。西田からすれば、ハイラスは意識と世界とを区別する常識の立場を示すのであり、純粋経験の上から見ればフィロナスのように考えなければならないのである。しかしそのような意識内在主義は、どうしても独我論に陥るのではないだろうか。ハイラスもその点を突いた質問をする。これに対してフィロナスはどう応えるか。

ハイラス：フィロナス、あなたは、感覚された事物がいかにして心の外には存在するか、そんなことは考えられないとおっしゃっているのですね。

フィロナス：そうですよ。

ハイラス：もしあなたが消滅したとしても、感官によって知覚されたものが、依然として存在するとは考えられませんか？

フィロナス：考えられますよ。でも、そのとき、（物は）別の心の中に存在しなければならないでしょう。感覚された事物が心の外に存在することを私が否定するとき、特に、私の心の中だけではなく、すべての心を意味しているのです。……私が物を知覚している時間と時間の間に、それらが存在している別の心があるのです。それらは、私の生まれる前も存在していたでしょうし、私が消滅した後でも存在するでしょう。……ですから、必然的に、遍在する永遠の心（omnipresent eternal Mind）があるというわけです。その心は、すべての事物を知り、把握し、そしてそれら

す。(30)を、彼自身が定めていて、我々が自然法則と呼ぶ在り方やルールに従って、我々の前に示すので

ハイラスの常識的でまっとうな独我論批判に対して、フィロナスはこれを逆手に取り、「神の存在証明」へと導いている。――たしかに、私が知覚しなくても物は存在する。しかしそれは、他の者が知覚しているから存在するのだ。その「他の者」とは「遍在する永遠の心」すなわち「神」にほかならない。つまり、常識によって「私が知覚している物がそのまま実在物だ」と言えるのは、「私が知覚している物を神もまた知覚しており、それゆえ、その物は持続する」からなのだ。そしてまた、「私が知覚している物」と「他者が知覚している物」とは、いずれも「神が知覚している物」である以上、同じ物だということになる。――敬虔なバークリー僧正は、こうして常識と神の存在とを結びつけ、無神論と懐疑主義から人々を遠ざけようとしたのである。

バークリーの以上の論と比較しながら、西田の論を見直してみよう。まず独我論克服の仕方については、両者は共通している。西田の論を引けば、「たとえばここに一のランプが見える。これが自分のみに見えるならば、或は主観的幻覚とでも思うであろう。ただ各人が同じくこれを認むるに由りて客観的事実となる。客観的独立の世界というのはこの普遍的性質より起るのである。」(二の4)「(意識の)統一というのは、小は各個人の日々の意識の統一より、大は総べての人の宇宙的意識統一に達するのである。(純粋経験を個人的意識内に限るは純粋経験に加えたる独断にすぎない。)」「統一的或者

の自己発展というのが凡ての実在の形式であって、神とはかくの如き実在の統一者である。」(四の3)

神の存在を自明とするキリスト教徒としてのバークリーにとっては、以上の論は「常識」ということになろう。だが西田にとっては、常識を越えた純粋経験上の事実として初めて理解されることである。

だが、こうした形で独我論を乗り越えることは、意識をも神をも単なる「無差別相」において捉えることになるのではないか。先に触れたように、この解決は「個人的生命は必ず外は世界と衝突し、内は自ら矛盾に陥らねばならぬ」という西田自身の発言を飛び越えることになってしまう。倉田は「自分は情意においては友愛に満ちたモラリストなのに、どうして知においてエゴイストにならざるをえないのか?」と悩んでいた。その悩みの中で「個人よりも(自他未分の)経験が先立つ」という知を得て、分裂から解放されたと涙を流した。しかし他者と共に生きようとするとき、お互いが善意の塊だとしても、そこにどうしても対立が起こってくるのが現実である。西田はこうした現実を踏まえ、その生きた矛盾を通じて「宗教的要求」が生じてくるのだと言っているのではないか。

そうだとすると、日常性なるものも、こうした「要求が発生する場」と考えられないだろうか。バークリーの言う「遍在する永遠の心」をそのまま「常識」だと考えてしまうと、日常も神も、自他の区別がないのっぺりとした連続になってしまう。フッサールは、原初に立ち戻って常識の確信の内に「謎」を見た。その発想に照らして西田の宗教論を考えると、それも常識的な「日常性」自体の捉え直しを求めるものであり、純粋経験における「統一」と言われているものは、分裂を孕んだ日常の現場からの要求として求められるものだということになろう。

さきほど②では、日常の時間に美的必然性を組み込む可能性を述べた。日常の時間の区切りに積極的な創造の要因を加え、かつ一連の時間を完結させることによって前後の緊密な連続を作り出す。――自他の関係についても同じことが言えないだろうか。「他者の思いを完全に理解することはできない」、「私の思いは私だけのものでしかない」という「半‐独我論」は日常の事実である。そこに生ずる対立や矛盾を積極的に、「共に行う創造」の条件として受け止めるべきではないか。それは綺麗事ではなく、悩みが尽きぬ争いに終始するかも知れない。そうした現実から要請される宗教は、内面的な自己への問いであると共に、他者との対立の中に見出される「共同」の極ということになろう。

＊　＊　＊

「純粋経験は日常経験である」と言われている事態を、生活世界の現象学の発想に照らして「日常経験の捉え直し」と考えてみた。フッサールの語り口からは「生活世界」なるものが抽象的にしか見えないので、純粋経験をこれに重ねてみれば具体化の助けになるのではないかという見積もりもあった。西田が「日常性を豊かで深みを持つもの」と考えるに至ったのは、田辺元らの批判を受け止め、意識の場面から行為や歴史の場面へと問題を広げていった後期においてだと思われる。そうした後年の発想を敢えて『善の研究』に読み込み、しかも西田から離れて「日常性に即する」書き方をしたので、西田研究としては邪なものであったかも知れない。しかし念頭にあったのは、「非連続の連続」、「連続の中の非連続」という「論理」である。西田からすれば『善の研究』は、未だこうした論理が練れていない段階での記述だということになろうが、日常性を捉え直す試みとしての「現実の論理」は、純粋経験の記述においても働いていたと考えることはできるだろう。本稿では、そうした潜在的志向においていて純粋経験を捉えてみた。「日常性の捉え直し」は時間や他者の謎とも絡み、「平常底」なるものをどう言葉にできるかという問題につながっていく。これらについて論ずるのは他日としたい。

註

（1）西田幾多郎『善の研究』岩波書店、第一編第一章。以後『善の研究』からの引用は、本文中に編と章を示すことにする。（一の1）などと。

（2）『西田幾多郎全集（新版）第十二巻』岩波書店、三四四頁。以下、西田幾多郎の『善の研究』以外のテキストからの引用は、『西田幾多郎全集』の巻数と頁を示す。一部仮名使い等引用に際して改めた。

（3）西谷啓治は、「あまりに日常的な世界」における「なじみ」を「泥《なず》み」と言い換えている。――「虚無は……現実的なリアリティである。しかも我々の生活から遠いものではなく、我々が日常そのうちにあるものである。ただ、我々の日常が余りに〈日常的〉であるために、即ち我々が日常性に泥んでいるために、その虚無のリアリティに気付かないだけである。」（『宗教とは何か』創文社、『西谷啓治著作集第十巻』、一一三―一一四頁）

（4）メルロ゠ポンティ『知覚の現象学』序文、みすず書房、第一分冊、一一頁（Maurice Merleau-ponty: *Phénoménologie de la perception,* Gallimard, 1945, p.VII）――ただし違った風に訳したところもある。以後の欧文テキストでも同様。

（5）フッサール『ヨーロッパ諸学の危機と超越論的現象学』中央公論社（Edmund Husserl: *Die Krisis der europäischen Wissenschaften und die transzendentale Phänomenologie, Husserliana* B. IV, Martinus Nijhoff, S.183)。――以下、同書からの引用は、節番号、訳書の頁（原著の頁）の順とする。

（6）§53, p.257 (S.183)。また『デカルト的省察』§15。

（7）§5, p.27 (S.11).

（8）§9, p.69 (S.49).

（9）§25, p.134 (S.99).

（10）§44, P.219 (S.158).

（11）ibid.

（12）『全集　第十二巻』、三四三―三四五頁。

（13）西田は「現実世界の論理的構造」という題で二度（昭和八年と十年）講演を行っているが、この題は、彼の著作の多くに適合すると言えるだろう。

（14）『全集　第十二巻』、三四五頁。

（15）メルロ＝ポンティ前掲書、一三頁（p.VIII）。

（16）絶筆「私の論理について」で、西田は「私は多年の研究の結果、我々の歴史的行為的自己の立場からの思惟の形、即ち歴史的形成作用の論理を明らかにし得たと信ずる」と言っている（『全集　第十巻』、四三一頁）。

（17）『全集　第十二巻』、三四八頁。

（18）同巻、三五九頁。

（19）『全集　第二十二巻』、三一頁。――この西田の評価を手がかりに、和辻倫理学における日常性および否定の弁証法を考えることもできるだろう。和辻が出発点とする「日常的現実」がいかに解釈されて「当為の理法」へと昇華されていくか。様々な問題を含んでいるが本稿では取り上げる余裕がない。

（20）「上からの導き」と「下からの上昇」が対応する「逆対応」についても、優れた思想家は――西田も西谷もハイデガーも――、結局のところ「上から目線」でしか語らない。親鸞は希有な例外という感じがする。

（21）井筒俊彦『意識と本質』岩波文庫、一三頁。

（22）「分節が発生する現場に立ち会う」というのは、現象学、実存哲学、構造主義とか呼ばれる現代思想の持つ基本的志向だと思う。言語の問題として言えば、記号の成立根拠を問い、「言語の内には積極的辞項のない差異しかない」としたソシュール、また「語られた言葉（parole parlée）」と「語る言葉（parole parlant）」とを区別して「表現の神秘」を論ずるメルロ゠ポンティらの思想が挙げられよう。ヴィトゲンシュタインの「言語ゲーム」、ハイデガーの「言葉は存在の家」というのも、同じ志向を持ったものと考えられる。

（23）ヤスパース『実存開明』（『哲学Ⅱ』）創文社、一九三二年、二四八頁（Karl Jaspers: *Philosophie II. Existenzerhellung* S.217）。――九鬼周造は『偶然性の問題』の内の四カ所で、この著作の第三部第七章（限界状況論）から引用している。ここで引用したヤスパースの文章は、第二章「仮説的偶然」の五（因果的偶然と目的的偶然）にある。

（24）サルトルは第二次大戦の以前に書いた『嘔吐』で、アニーに美的必然性とも言うべき「完璧な瞬間」を求めさせている。その対極としての「存在の偶然性」を直感するロカンタンは、アニーを代弁して「それぞれの特権的状態の中では、しなければならぬ特定の行為、採らねばならぬ態度、言わねばならぬ言葉がある――そして他の態度、言葉は厳しく禁じられている。――そういうことなんだね。」と言う。これは、ジャズの調べに救済を感ずるロカンタン自身の感覚であり、西田が純粋経験として表現していたことの一つでもあった。それが芸術作品に結晶すると考えるか、あるいは道徳の問題と考えるかでアニーとロカンタンの意見は食い違うが、両者（サルトルの化身）とも「こうした瞬間はない」との絶望を語る。しかし戦後、アンガジュマンを標榜した『実存主義はヒューマニズムである』では、サルトルは姿を変えて美的必然性を現実の行動に求めているように思われる。「瞬間瞬間に自己と世界を選び責任を担う自由」の主張も、その一つの表現と考えられよう。しかしそれはあまりにも厳しい要求であって、現実的なものとはなりえない。美的なものの日常化を現実のものとしようとするなら、「透明な美しさ」を犠牲にせざるをえないだろう。

（25）倉田百三『愛と認識との出発』、『世界教養全書3』、六二頁。

（26）同書、五七―六三頁より。

（27）バークリー『ハイラスとフィロナスの三つの対話』岩波文庫、二五頁（George Berkeley: *Three dialogue between Hylas and Philonous*, *Complete Works*, vol.4, Oxford, p.381）。

（28）同書、一六七―八頁（p.451）。

（29）メルロ＝ポンティは、遺稿『見えるものと見えないもの』で、「知覚の確信」の謎について、次のように言う。――「我々は物そのものを見ている。世界は我々が見ているところのものである。――こうした言い方は、（生活世界の中で素朴に生きている）自然的人間にも哲学者にも共通の確信を表現している。目を開いて見れば、そう言わざるをえないのだ。それは、我々の生活に含まれている無言の〈臆見（opinion）〉の深い層を指し示す。だが、この確信は奇妙な何かを持っている。この確信を命題とか言表へと分節化しようとするならば、つまり〈我々〉とは何か、〈見る〉とは何か、〈物〉ないし〈世界〉とは何か、と問い尋ねるならば、様々な困難と矛盾の迷宮に入りこんでしまうのだ。」（みすず書房、一一頁、Maurice Merleau-ponty: *Le visible et l'invisible*, 1964, Gallimard, p.17）

（30）バークリー前掲書、一五九頁（p.446）。

偶然の意味
——サルトル、メルロ゠ポンティの存在への問い——

（1）偶然性が本質的とは？

サルトルとメルロ゠ポンティの思想の核心に偶然性の問題がある。「本質的なこと、それは偶然性である。」(1)（サルトル『嘔吐』）「世界そのものの偶然性である存在論的偶然性は根源的なものであって、真理についての我々の観念を決定的に基礎づけるものである。」(2)（メルロ゠ポンティ『知覚の現象学』）——これらの思想は我々にとってなかなか理解しにくいが、魅力的である。偶然という概念は通常ネガティブな意味しか持っていない。日常の言葉使いにおいても伝統的な哲学の概念としても、「偶然的なもの」は「非本質的なもの」とみなされるのが普通である。にもかかわらず偶然性を本質的、根源的と考えるとすれば、そこには日常的、あるいは伝統的な発想とは異なる何かがある。その問題提起は現代でも重要な意義を持っていると思うし、後続のフランス思想においても底流で主題になっている事柄だと思う。

その意義を考える上でつまずきとなるのは、サルトルが「嘔き気」という情緒を通じて世界および人間の偶然性を示そうとしていることである。彼の言う嘔き気を私は感じたことがないし、そう多くの人が共にする情緒ではあるまい。これは酩酊のむかつきではなく、異常に醒めた状態でのむかつきである。世界の意味がすべり落ちる醒めた状態は我々にはむしろ「白け」として感じられるし、それは澄んだ無常感にも通ずると思うのだが、サルトルの言う嘔き気は白けを伴いつつ極めて粘液的なものである。そこが私にはわからない。共感を持つことのできぬ情緒を分析してその論理を追うことがどれほど意味のあることだろうかという思いがつきまとう。

しかし「わからなさ」を通じて思想を了解する道はあると思う。わからないところを対象化することによって、サルトルの投げかける問題を我々なりに考える手がかりが与えられるとも言えよう。ついでに言えば、サルトルの「『嘔吐』の野生」を高く評価するメルロ＝ポンティも(3)、彼自身は嘔き気の情緒とは無縁だったと思われるのである。これについては後に触れるが、両者の思想の親近性と差異性をそこに求めることも可能である。この小稿でこれらの問題を全面的に取り上げることはできないし、サルトルとメルロ＝ポンティにおいても問題は未解決で開いた状態にとどまっているように思う。ここではただ、偶然性を本質的、根源的なものと認めるとはどういうことなのか、またそこからどのような問題が生じてくるのか、その道筋を私なりにたどってみたい。

決して克服することができず、だからこそ我々が原点とすべき偶然性というものがあるとすれば、それはどのような場面に見出されるのであろうか。まず、諸科学で問題になっている偶然性と、我々によって「生きられる」偶然性とを区別する必要があると思う。

諸科学は、基本的には個々の事象を必然的な法則あるいは意味連関の中に位置づけることを目指すのであり、そういうものからはみ出た偶然的なできごとは「知るに価しないもの」として切り捨てられるか、または「認識を広げることによって、より広い法則や意味連関の中に取り込むべきもの」と見なされる。学問の様々な領域において、偶然的なものはネガティブなもの、克服すべきものとみなされてきたと言ってよいであろう。

現代においてはこの伝統が根本から見直されているようにも見える。現代の論理学は真と偽だけではなく不確定な領域をも射程に入れるようになった。物理学においても不確定性原理というようなことが言われて、それまでの決定論的な世界像が問題視されるようになった。生物学においても、DNAの塩基配列がときにズレて伝えられるところから、突然変異に基づく進化の偶然性が説かれてもいる。現代の諸科学はロゴスとか法則でもって割り切れぬ領域を見出し、それを重視しつつあるようにも考えられる。これらはもちろんそれぞれの科学内部での認識の深まりから生じてきた問題であるが、同時にまた我々の時代の状況を反映しているのかも知れない。必然的なロゴスといったものが感じられなくなり、世界がどんな方向に向かうのかと問うことすら無意味と思われる、そういう不確定な状況と結びついているのかも知れない。

しかし、偶然性が諸科学で問題になっているからといって、それを我々の時代の精神と安易に結びつけることは、科学に対しても時代の精神に対しても正当ではないだろう。科学内部の問題としては、偶然性の認識は科学がみずからの射程を広げたということであって「偶然性を原点に据える」ということではあるまい。客観的な精密さを求め進歩を求める科学的認識にとっては、偶然性は理想としては克服されるべきものであろうし、克服されないとしても何らかの法則（確率の法則など）の内に取り込まれるべきものであろう。そこでは偶然性はやはり「操作される」ものとなるべきであろう。他方、時代の精神を考えるとき、我々には必然的なロゴスといったものが感じられなくなっているとしても、では「世界の偶然性」が自覚的に意識されているかというとそこまでは徹底していないと思う。不確定な未来への漠とした感覚と、偶然性を引き受けてこれを生きようとする決意とのあいだには相当の距離があり、この距離は科学的認識の広がりにとって埋められるものではないのである。決して克服されず操作されることもできぬ偶然性があるとすれば、それはまず科学的認識とは別の場面で、我々によっていかに「生きられる」のかという形で問題にされねばなるまい。

（2）生きられる偶然性

科学的認識の対象としての偶然性と生きられる偶然性とを区別することは、偶然性と可能性とをいかに区別し関係づけるかという問題としても考えられよう。現代の様相論理学は不確定なものをも射程に入れる。「不確定なものの論理化」という困難な試みの意義を認めるにやぶさかではないのだが、そこで、様相の諸概念を外延化し記号化することによって精密さが目指される場合には、必然性と可能性、および不可能性が基本概念となり偶然性の概念は従属的な意義しか持たなくなる。偶然を必然あるいは可能の四角形の記号でもって定義すること自体、偶然からその意義を奪いとることであろう。可能から必然を引いたものを偶然と定義するとしても、それによって偶然に場所が与えられたことにはならない。実際、純粋に外延的に考えれば、可能性と偶然性とは区別しにくいものである。偶然性に対して与えられた「非存在の可能性」という定義は重要と思われるのだが、広がりとしてのみ考えれば、無いことがありうるものは在ることもありうるのだから、非存在の可能性は「可能性」と考えても不都合はないように思われる。様相の諸概念を記号化し外延化する精密さの要求の中では、偶然性という概念ははみ出してしまうか、可能性の中に吸収されてしまうのである。ということは、逆に言えば、偶然性は数量的、外延的な場面とは別の所で初めて意義を持つという予想がつく。

形式論理学の発想に即したのでは可能性と偶然性とが区別されにくいということは、九鬼周造も『偶然性の問題』の中で指摘している(4)。九鬼はそこで両者の違いを述べ、可能性とは限りなく必然性に近づこうとするのに対し、偶然性は不可能性に近づくものであるとしている。たしかに偶然というのはありそうにないことが起ったときに強く感じられるのであって、偶然を不可能に近づけて特徴づけるのは意味のあることだと思う。その点については「驚き」の問題としてのちに取り上げたい。ただ九鬼は必然と可能、不可能と偶然は「大小関係」にあると言うのだが、これはやはり数量的だとも言えるし、偶然と可能それ自体の関係にはあてはまらない。両者のどちらが大きいかは一概には言えないし、そのような比較は無意味であろう。

そこでまず、九鬼とは別の場面で可能と偶然の違いを問題にしておきたい。数量的な大きさで考えると両者は区別しにくいとなると、常識に立ち戻り、時間的な差において区別することの意義を考え直してもよいのではないか。可能性が未決定の状態を指すのに対し、偶然性というのは決定された状態を指す。たとえば、「彼がここに来る（だろう）ことは可能である」、「彼がここに来たことは偶然である」というのが普通の言葉使いである。この場合、「彼がここに来ることは可能である」は「来ないことも可能である」を含意している。「来る」と「来ない」は同次元にあり、いずれも未決定であるから、ここでは非存在の可能性は可能性と言わねばならない。これに対し「彼がここに来たことは偶然である」と完了した現在において言われるとき、それが含意しているのは「来ないことも可能であった」であって、「来ないことも可能である」ではない。未決定の状態では複数の可能性が併存しているのだが、その内の一つが取り返しのつかぬ現在となったとき、他の可能性は「過去化」されて背景に退く。この時間差があって初めて非存在の可能性が偶然性と言えるのである。

この「時間差」は「現実と地平の差別」を指し示す。過去となった可能性は現在ではもはや可能性とは言えないのだが、しかし「そうなることもありえた」という形で地平として残存している。この地平を含む限りにおいて、現実は「偶然」という様相で捉えられるのだし、そうであればこそ、確定的ではなく可能的未来へと開かれた現在として捉えられるのである。無時間的な場面から時間性を含んだ場面へ、等質的な空間から現実と地平の差別を含んだ生活空間へと場面を移し、これを対自化することによって、量的には区別しにくい可能性と偶然性が区別されるようになると思う。それは同時に、可能性と偶然性との内的な連関を認めることでもある。つまり、偶然性は、決定された現実に関わる限りにおいて可能性と区別されるのであるが、この現実が偶然という様相で捉えられるのは、これが可能性の地平に取り囲まれ、その内に浮きでる一つの現実として捉えられるからなのである。サルトルの「選ばないことを選ぶことはできない」という言葉[5]はその事態をよく示している。我々は世界の中に存在する限り可能性にとどまることはできず、常に何ものかであるほかはない。しかし「何ものかである」ことは別のものでもありえた可能性を含む限り「選び」であるほかはない。現実に存在し行為する者にとっての、この二重の事実性が「偶然性」という概念には含まれている。偶然性が決して克服されず操作されぬものという意義を持つのは、世界の内に生きる人間の事実性としてである。

しかし、以上に述べたことは直ちに我々の生きる現実に適合するものではない。はじめに言ったように、我々の通常の言葉使いでは偶然性はネガティブな意味しか持っていないのである。生活空間に立ち戻ることによって偶然性の意義が回復されると言ったのだが、日常の生活において偶然が生きられていることは稀である。普通に考えれば、可能性は「現実化」されるものではあっても「偶然化」されるものではあるまい。サルトルの「一瞬一瞬に自分自身を選ぶ」という言葉は、そのつどの現在と過去および未来との裂け目を強く意識するところから出てくる。この裂け目ゆえに人間的時間は客観的時間とは異なる流れを持ち、この裂け目——時間差——が意識されるときに現在が偶然という様相で捉えられるわけであるが、我々の日常生活は時間の流れそのものの内にあるゆえに、裂け目を意識することはない。

そうだとすれば、偶然が生きられるものとなるためには、非日常的な「偶然の体験」を媒介にしなければならない。それは、生の流れを一度中断する、一種の還元の操作とも考えることができる。九鬼周造は偶然の情緒として「驚き」を挙げているが、そこに、メルロ゠ポンティが現象学的還元を「世界を前にしての驚き」と言っていることを重ね合わせることもできるであろう。(6) 生の流れを中断してその在り方を捉え直すときに「生きられる偶然」が主題として上がってくるのである。その意味ではサルトルの言う嘔き気も「世界を前にしての驚き」だと言ってもよい。しかし九鬼の言う「驚き」は不可能に近いことが起ったときに感ずるものであり、その出来事の意味深さが感得されるのに対し、「嘔き気」にとっては事件と言えるものは何もなく、世界の意味がすべり落ちるときに感ずるとされる情緒である。この二つは偶然を感ずるときの対照的な二つの在り方を示しているとも言える。その違いは、生を中断したのちに生をどのように捉え直すかということに関して微妙だが大きな違いをもたらすことになろう。そこでまず「驚き」の情緒を取り上げ、それとの比較でサルトルの言う「嘔き気」を問題にし、そしてまたこれとの比較においてメルロ゠ポンティの思想を取り上げてみよう。

驚きは出会いの体験と言うこともできる。意外なところで意外な人に偶然出会ったときの驚きは、誰もが経験することである。あるいは常人には意外と見えぬことについても出会いを感ずる豊かな感受性を持つ人もいる。驚きによって体験される偶然は主観的な感情の相関者である。これに対し、主観的には偶然と見える出会いも、当事者のそれまでの行動の軌跡をたどれば因果関係が見出されるのであって客観的には必然なのだという観方もありえよう。だがそれは精密さを求める科学的認識の観点であって、「出会い」においては客観的に偶然であるか必然であるかはどうでもよいことなのである。極端に言えば、生活の幾多の出来事――電車に乗ったときのそのつどの見知らぬ人々との出会い、目の前を一匹の蝿が飛んでいったこと――も客観的に見ればすべて偶然事だと言えるし、これらもすべて必然事だと言うならそれでもよい。だがいずれにせよ、我々がそれらに驚かぬ限りは、それらは単なる事実にすぎず我々にとっての「偶然事」とはならないのであって、その意味では我々が出来事を偶然化するのである。ある出来事に驚くにせよ世界の全体に驚くにせよ、そのとき「まさにこのことが生起した」ことが意味深いこととして問題化される。すべては決定されており驚きは主観の無知ゆえに生ずるのだとしても、この「無知」は、何もかもお見透しの客観的観察者（あらゆる因果系列を手中にしている神とかラプラスの魔）より以上のものを体験しているとも言えよう。

この「より以上のもの」とは「存在の体験」だと言ってよい。驚きの対象になっているのは、まず始めには因果関係ではなく、このことが、あるいはこの世界が、現実に「存在した」という一事である。不可能に近いことが起ったときほど驚きが深いということは、偶然の感情と存在体験との内的な関連を示していると言えよう。非存在の可能性が強いと感じられるほど、にもかかわらず「存在した」ことに深く驚かれるのである。何もかも見透す観察者には驚きの経験はなく偶然の感情もない。従って非存在の可能性を考えることはできず、それゆえに存在の体験も持たない。「何ゆえに他のようでなくこのように存在するのか」という形而上学の問いが発せられ、現に在るこの現実が存在したことに驚く、有限で無知な存在者によってである。

　だが、驚きによってこのような問いが発せられるとき、それは偶然の感情を超えていくであろう。「まさに、このこと」が存在したことが意味深いこととして感じられるとすれば、それが生起した偶然の意味が問われる。科学的に実証される因果性とは別次元の因果が求められることになる。二人の男女の偶然の出会いが二人のその後を決定づけたとすれば、この偶然には何かの意味が与えられ、おそらくは宿命的な出会いと感じられるに違いない。驚きが深いとき、偶然の感情は必然の感情へと転化する。「宿命」は、盲目的と感じられるにせよ、そこに何らかの目的を見出すにせよ、必然へと転化した偶然である。驚きは現在と過去とのあいだに裂け目をもたらすのであるが、この裂け目を通じて現に在るものをかく在らしめた超越的なものに触れる。この接触が驚きである限り、「たまたま行信をえば、遠く宿縁をよろこべ」という親鸞の言葉[7]に暗示されているように、偶然を機縁とするものと言うべきだろう。しかしこの超越的な「何か」が実体化されるとき、あるいは目的論が導入されてこれについて多くが語られるとき、偶然の感情は風化するだろう。いやむしろ、宿命が感じられるときには、偶然の感情はすでに超えられてしまっているというのが本当かも知れない。『宇宙からの帰還』という本の中で、多くの宇宙飛行士が宇宙で神というようなものの経験をしたということが書かれていて、次のような話が紹介されていた。「宇宙から地球を見るとき、そのあまりの美しさに打たれる。こんなに美しいものが偶然の産物として生まれるはずがない。ある日ある時、偶然にぶつかった素粒子と素粒子が結合して偶然こんなものができたなどとは考えられない。地球はそれほど美しい。何らの目的なしに、何らの意志なしに、偶然のみによってこれほど美しいものが形成されるということはありえない。……この美しさを自分だけが見ているということがひどく利己的なように思えた。(8)」ここでは驚きの深さが偶然を超え、一気に必然の感情となっている。

他のことではなくまさにこの現実が生起したことに驚き、さらには「これでしかなかった」と世界を見直すとき、何ということもなく過ぎ去っていく日常の生活全体がある意味深さをもって眺められるであろう。有難く受け止められる場合であれ、苦悩とともに受容される場合であれ、「在り難い」ものとして我々の現実が在ると感ずるならば、あるいはさらに一歩を進めて、何かわからないが超越的なものに触れ、これによって「生かされている」と感じるならば、我々の生活はよほど違ったものとなろう。だがこの生き直しはすでに「必然の感情」に裏打ちされている。宿命を愛し、我がものとしようという決意には偶然の感情が介在しているとしても。

(3) サルトルの「嘔き気」

先に言ったように、サルトルの言う「嘔き気」もまた日常の世界では見えぬものを見出すのだから、世界を前にしての驚きと言える。しかしこれは「ある事柄が存在したことの意味深さ」を感ずる驚きではなく、「事柄の意味がすべり落ちる」驚きであり、その中で存在を体験するのである。図式的に言えば、現実に起った偶然時に発して目的論的な必然に向かう驚きに対し、嘔き気は日常の現実的な目的性の喪失を通じて、決して必然へと転化されぬ根源的偶然性を見出すのである。

『嘔吐』では、事物に触れることのできぬ体験から出発して嘔き気とは何かが記述されていく。日常の世界では、身の回りのものは我々に親しいものとして、それなりの意味を持ってそこにある。紙は字が書かれるべきものであり、あるいは物を包むべきものである。本は読まれるべきもの、あるいは枕の代りになるものである。そのつどの我々の行動に応じて日常世界には目的‐手段の系列が浮き出し、諸事物の「いかに在るか」、「何のために在るか」が了解されている。我々は平常事物の「いかに」とか「ために」と関わるのであって、そこでは志向と事物の意味との一致がある。それゆえに我々は事物に――たとえ思い通りにならぬ場合にも――自由に手を触れることができる。これに手が触れられないというのは、世界の意味連関の中に取り込めぬ何かを事物に見出すからだと考えられよう。それが事物の「存在」である。我々には親しい「いかに」や「ために」が消え失せるとき、そこ現れてくるのは「在る」という一事である。サルトルは一枚の紙片やマロニエの木について語るがこれは形而上学的な体験である。事物は在る。この世界はある。存在はある。そのことには何らの根拠も理由もない。一切の目的や意味、一切の差別の以前に「存在する」という事態があり、これは偶然と言うほかはない。「私は嘔き気を理解し、これを我がものとした。……本質的なこと、それは偶然性である。定義によって存在とは必然ではないと、私は言いたい。存在するとは、ただ〈そこに在る〉ということである。諸々の存在するものは現れ〈出会われる〉。しかし決してそれらを〈演繹する〉ことはできない。このことを理解した人はいると思う。しかし彼等は必然的存在とか自己原因とかを案出して偶然性を乗り超えようと試みた。でも、いかなる必然的存在といえども存在を説明することはできないのだ。(9)」

驚きにおいて「何ゆえに他のようにではなく、このように存在するのか」が問題になると言ったが、ライプニッツはこれと並べて、より根源的な「何ゆえに無ではなくて、何ものかが存在するのか」という問いを立てた。(10)ハイデガーが『形而上学とは何か』で取り上げたこのライプニッツの問いに、サルトルもまた直面している。嘔き気は、存在論の次元に至ることによって初めて「理解され、我がものとされた」と言われている。だが驚きが形而上学的な必然へと導かれたその場面において、嘔き気は偶然を観ずるのである。ライプニッツについて言えば、彼は「何ものも十分な理由なくして生ずることはない」という原理に則って、存在する世界の十分な理由を「偶然的な事物の連鎖の外にあり、この連鎖の理由であり、必然的な存在であり、自分自身の存在の理由を自分自身で持つところの実体」すなわち「神」の内に見出した。(11)だがサルトルはそのような理由を認めない。「何ゆえに存在するという事態があるのか」という問いを発した上で、一切の答を拒否するのである。『存在と無』はこの、解答を持たぬ問いを発すること自体の中から多くの帰結を導く試みとも読める。サルトルの無神論の面目をそこに見出すこともできよう。世界は「在る」。これについて何の理由も与えられないからこそ、存在論的な偶然性は本質的、根源的と言われるのである。

メルロ＝ポンティもまた、ライプニッツの問いに触れつつ偶然と真理の関係について論じている。我々にとって問題になるのは、この偶然性の形而上学がどんな「生き直し」をもたらすかだ。それを考えるためにも、サルトルにおいて偶然性が嘔き気という情緒を通じて捉えられていることを問題にしておきたい。

なぜ「嘔き気」なのか。この感覚を追体験することはできないにしても、その気分の悪さは何に由来するかを問うことによって、サルトルのエートスの対象化を試みることはできよう。

第一に、嘔き気は経験的（存在的）には事物を意味連関の内に取り込めぬ体験として語られ、存在論的には事物の存在に理由を与えることができぬという直観として述べられている。「無意味」の感覚が単なる「しらけ」ではなく「嘔き気」というむかつきとなるのは、世界の理由を求め、これを我がものとしようとする強烈なパトスがあるからこそであろう。このパトスを満足させるものがあるとすれば、それはあらゆる存在者の存在の根拠であり、かつ自分自身の存在根拠を自分自身の内に持つ「自己原因者」である。これによって世界の全体を体系づけたスピノザやライプニッツの内に合理主義の徹底した表現が見出されるのであるが、ここでの合理性は存在論的な合理性とでも呼べるものであろう。メルロ＝ポンティも十七、八世紀の合理主義を「大合理主義」と呼んでその後の合理主義と区別している。[12] サルトルが自己原因者など存在しないと言うとき、これが「欠如するもの」という形で求められているのである。『存在と無』において、人間は「自己原因者となろうとする無益な情熱」として捉えられているのだが、[13] そこには彼自身の「合理性を要求するパトス」が投影されていよう。まさにこの「無益な情熱」によって「世界の偶然性」が開示されるのであり、嘔き気は存在者の存在根拠を要求しつつ、その欠如を感ずるむかつきである。人間にとっては過大としか言えぬ形而上的な合理性を求めつつ、しかも無神論者であり続けようとするところにサルトルの一つのエートスがあるように思う。世界に条理を求める精神において初めて「不条理」が感じられるのだし、偶然性の直観は必然性を求めるパトスと表裏である。

だがそれだけではない。嘔き気という情緒はまた、サルトルの異常とも思える「非存在への固執」を示しているように思われる。事物から意味がはぎとられてその存在が感じられるとき、「怪物じみた、ぶよぶよした無秩序の塊まり――ぞっとする、みだらな裸の姿が残った。」というような表現がされている。(14) 嘔き気は白々とした味わいであるが極めて粘液的である。「存在」をこのように最大限の醜悪さで表現するというのも、サルトルが他方で美と明証の秩序としての非存在の領域を展望しているからだろう。一九三〇年代のサルトルの著作活動を見ると、『嘔吐』は想像力と意識についての研究と平行して書かれている。無化する能力としての意識の明証性、その能力によって垣間見られる非存在の美的世界――それらとの対応において、現実に存在するものに対する嘔き気の情緒が生じてくると考えられるのである。詳論する余裕はないので『想像力の問題』から引用しておこう。「〈美しい〉ものは――その本性において現実世界から切り離されている。(15)」「審美的観想とは触発された夢であり、現実への移行は覚醒にほかならぬ。魅惑され、想像的なものに囚われていた意識が戯曲や交響曲の突然の停止によって解放され、突如として存在との接触を取り戻す。現実に戻る意識の特徴である、あの嘔き気をもよおす気分の悪さを引き起すにはこれで十分なのである。[16]」

『嘔吐』の主人公はジャズのメロディを聞くときに安らぎを感じている。音楽の時間は我々の現実の時間とは別の時間であり、そこには強固な必然性があるというのである。だからこそ彼は現実の世界に対して嘔き気を感ずるのだし、存在することの偶然性が見出されたのは非存在の美的世界の必然性との対比においてだと考えることができよう。美的世界はあくまで「非存在」であり実体的なものではないにしても、サルトル自身がのちに認めているように、ここには一種のプラトン主義がある。そうだとすればぽ、現実存在の偶然性は克服されないが、この現実を否定する営みとしての芸術的創作の内に一つの救いが見出されるであろう。サルトルに即して言えば、みずからの存在を自分の分身であるロカンタンに托し、その偶然性を暴きたてる「書く」行為が救いとなるのである。「『嘔吐』を書いているとき私は嘔き気を感じていなかった」、「私は幸福だった」とサルトルは語っている。[17]

(4) メルロ゠ポンティの存在論的偶然性

サルトルのエートスをこのように対象化してみると、メルロ゠ポンティが「存在論的偶然性は根源的」と言ったことには盟友サルトルの強いインパクトがあったと想像されるにしても、その内実は相当に異なるものだと考えられる。

メルロ゠ポンティもまた「何ゆえに無ではなくて何ものかが存在するのか、何ゆえに別の世界ではなくてこの世界なのか」という問いに触れつつ存在論的な偶然性を問題にする。こうした問いが立てられる限り、世界の偶然性は決して克服することのできぬ、いやむしろ、克服されてはならぬ事実性なのである。冒頭に引用した箇所を、前後を含めてもう一度引いてみよう。「世界の偶然性というものは、劣弱な存在であるとか、必然的存在の織物の中の欠損であるとか、合理性を脅かすものであるとか、そんなふうに考えられてはならないし、また、より深い何らかの必然性の発見によってできるだけ早く解消すべき問題と考えられてもならない。こうしたことは世界内部における存在的偶然性に関わることである。これに対し、世界そのものの偶然性である存在論的偶然性は根源的なものであって、真理についての我々の観念を決定的に基礎づけるものである。世界とは現実的なものであり、必然的なものや可能的なものは、この現実的なものの一区域でしかないのだ。」[18]

偶然性が合理性あるいは必然性を欠くものと考えられるのは、我々が世界の内部で出会う個々の出来事の偶然性（存在的偶然性）に関わる場合にであって、それとは次元を異にする存在論的偶然性は、逆に、合理性や必然性の基盤と考えられねばならぬとメルロ゠ポンティは言う。判りにくいところだが、まず言えることは、ここでの合理性ないし必然性はもはや形而上学的な存在根拠というようなものではなく、「存在的」な場面で追求するしかないものだということである。メルロ゠ポンティはサルトルと同じく（おそらくは彼の影響も受けて）世界の根源に存在論的な偶然性を見出すのであるが、そのことは「嘔き気」のような気分の悪さとして感じられてはいない。サルトルは現実の存在者には存在根拠が欠如していることを、非存在の地点に身を置く（と信ずる）ことによって正面から見据えた。

そこに嘔き気という情緒が生じるのだとすれば、この克服できぬ偶然性を背景にして世界の合理性や必然性が現れてくる道筋をたどろうとするメルロ＝ポンティにおいては、嘔き気もまた背景に退くであろう。いわば、サルトルが「正面から見据える」存在論的偶然性を、メルロ＝ポンティは「背に負う」のである。この場合、存在論的な偶然性は現実存在の醜悪さを示すものではなくて、むしろその豊かさを示すものとなろう。我々の生きる現実が汲めども尽きぬ地平を背負っていること、そのことが、局限された時間と場所に生きる人間にとっては「世界の偶然性」という形で捉えられるのである。これは何もサルトルのペシミズムをメルロ＝ポンティが克服したということではなくて、サルトルが自己意識の明証性によって一気に見透そうとしたものを、メルロ＝ポンティは「自己意識の労苦」として捉え直していると考えるべきであろう。サルトルものちに認めているように、我々は非存在の領域に身を置くことはできないのだとすれば「存在」そのものを直観することもできまい。我々が存在することとの確証としての「真理」というものがありうるとしても、真理は我々が現実に生きる中で、その背後にしか現れてこないのである。メルロ＝ポンティが「完全な還元は不可能」と言うのも、こうした意味合いで考えることもできよう。

メルロ＝ポンティの追求する真理は、あくまで現実的であろうとする限り「存在的」真理だとも言えようが、しかし存在論的な偶然性という重荷を背負う。現実世界は根源的な偶然性を背負う以上、そして真理はこの現実の内に見出されなくてはならない以上、我々が獲得するであろう真理は決して無条件的真理とはなりえないのである。「無条件に必然的な真理」とか「全面的な明証性」なるものは上空を飛んでいる意識によってのみ見出されるのであって、人間にとっては幻想でしかない。必然は常に偶然に脅かされ、合理性は常に非合理に陥る危険をはらんでいる。我々の見出す真理はそういうものでしかありえないし、そうであるからこそ「発生的」でありうるのである。真理は存在論的な偶然性という土壌の上で我々が見出す必然性である。現実世界がそのような真理の立ち現れる場だとすれば、現実世界は美しいものではないにしても、決して醜悪なものではあるまい。現実的なものは必然的なものや可能的なものをも地平に含むとされているのである。

(5) 偶然性の意義

自分でもわからない領域に入ってきたのでこれ以上の展開は中断し、今まで述べたことを整理しつつ問題を提起するという形で締めくくりたい。

普通には非本質的とされる偶然性を本質的、根源的と考えるとはどういうことなのか。それは不確定な我々の時代を積極的に受け止め、世界の偶然性を認めることによって我々の生を捉え直し、生き直す展望を与えるものではないだろうか。そのような問題意識から、この小稿では「生きられる偶然」への道筋をつけようと試みた。偶然性は色々な場面で取り上げることができるが、ここでは、科学的認識→常識の了解→存在論→現実の生き直しという道筋を考えてみたのである。数量化する認識にとっては、偶然性はあくまで克服されるべきものであるし、また可能性との区別が明確にならない。偶然性の意義を回復するためには、まず常識の中で捉えられる偶然と可能の関係を対自化する必要があるだろう。時間性と地平を持つ我々の生の在り方を考えれば、偶然性は決定された現実の様相である限り可能性と区別されるが、現実が偶然という様相において捉えられるのは「他様でもありえた」という可能性を含む限りにおいてだと言うことができる。しかしこの事実は反省してみればそう言えるということであって、日常の生活の中で自覚的に意識されているわけではない。我々の現実が偶然という姿で捉えられるのは、生の流れを一旦中断する、非日常的な偶然の体験を通ずることによってである。この媒介を経ることによって今述べた生の事実がどう把握し直されるかが次の問題となる。非存在の可能性をはらみながらしかも「かく在る」という事態への驚きは「存在の体験」となって我々を存在論的な場面へと導く。しかし「生きられる偶然」が主題である以上、存在論そのものが我々の主題となるわけではない。形而上学的な問題が関わってくるとしても、それはあくまで現実の生を生として捉え直す媒介と考えられねばならない。この媒介を通して捉え直された我々の現実が「実存」と呼ばれるとすれば、生きられる偶然への問いは、実存と呼ばれるものの意義を偶然という観点から問うことに帰着する。

存在論の場面に至るとき、どうしても偶然と必然との関係が問題とならざるをえなかった。「偶然性が本質的、根源的」とされるとすれば、この場合に必然との関係はどう捉え直されるのであろうか。存在論の場面で問題化される偶然と必然の関係の捉え方が、存在的な、我々の現実の生き方に関わってくるのである。その観点から、驚き、嘔き気、メルロ゠ポンティという順序で述べたことを見直しておきたい。

「まさにこのこと」が生起した偶然に驚き、その「在り難さ」が感じられるとき、偶然は存在論的な必然へと転化するであろう。この必然の感情は、我々の生が何ものかによって「生かされている」という充実感を与えるに違いない。これは一つの生き直しである。だがそこでは偶然は必然へと至る橋であり、もはや根源的なものとはみなされていない。これに対しサルトルは、惰性と化した「必然の感情」を欺瞞とみなすだろう。嘔き気は、いかなる存在者も存在の根拠を持たぬという存在論的な偶然の直観であり、我々の生を正当化する一切のものを拒むのである。これはサルトルの道徳批判につながり、絶対自由の哲学につながっていく。価値による正当化を拒否して自由を基礎に生き直すことへの要請は、偶然の形而上学に支えられている。ここには多くの問題があるとしても、彼自身が放棄した倫理学の構想は果して無意味なものであったのか、一切の価値を相対化した上での「良い」生き方、また人間の結合というものがありえないか、もう一度考え直してもよいと思う。私自身は偶然と倫理を結びつけることによって積極的な生き方を開く可能性はあると思うし、サルトルとは異なった立場からも、現代様々な形でその可能性が摸索されているように思われる。

だがここで、嘔き気によって感じられる偶然性はやはり「必然性の欠如」というコンプレックスを含んでいることを考慮せねばなるまい。ニーチェ、あるいはドゥルーズなどによって批判されるこのコンプレックスは「克服すべき」ものかどうか。『嘔吐』で暗示されているような「美的救済」には組みすることはできないにしても、別の場面で必然性を求める余地は全く残されていないのであろうか。

生の「不確実性」をそのままに容認すべきなのか、それとも何らかの目的論を導入するべきではないのか、悩ましいところである。メルロ゠ポンティについて言えば、彼は存在論的な必然性を（欠如という形でもあれ）求めることは「神の目」に関与することだとしてきっぱりと断念する。だがそれによって必然性が断念されたのではなく、これを求める場面が現実に引き戻されたのである。必然性は、我々にとって決定された現実と見えるもの（存在的な偶然性）を通じて、その不断の「捉え直し」として求め続けられるものとなろう。『知覚の現象学』から三つの箇所を引用しておきたい。

人間存在というものは、必然と偶然についての通常の観念を修正することを我々に迫るだろう。[19]なぜなら、人間存在とは、捉え直しの行為によって偶然を必然へと転化させるものだからである。

意味を持たなかったものが意味を持つようになり、……偶然的なものが理由のあるものとなる、そうあらしめる働きがすなわち実存であり、実存とは事実的状況の捉え直しなのである。その限り、実存は、その根本構造において、それ自体が不確定である。[20]

実存とは、すなわち事実や偶然に先立っては存在せず、それなくしては存在しない理性によって、事実や偶然を不断に捉え直すこと。[21]

メルロ＝ポンティにおいて、汲めども尽きぬ豊かな土壌の上で偶然が必然へと転化することが人間の行為の深い意味であり、その可能性が確信されてもいる。そうであればこそ、根源的な偶然性が「必然性の基盤」とされうるのであろう。そうだとすると、ここには人間にとっての何らかの「生き直し」があり、また今の最後の引用からも感じられるように、我々が背に負う地平は、偶然と受け取られるものではあってもそこには何らかの目的論が見出されるのでなければなるまい。我々の生は真理の発生する場であり、そのような意味で歴史性を担うのである。メルロ＝ポンティにおいてはこの目的論は暗示にとどまっているし、偶然性を背負う以上そうでしかありえないのかもしれない。メルロ＝ポンティの影響を受けたサルトルが歴史的世界の中に身を置いてそこに一つの必然を見ようとするとき、メルロ＝ポンティは彼を痛烈に批判するのである。もちろんそこには両者の思想的発展もあり、様々な問題がからんではくるのであるが、「歴史の目的と偶然」の問題は、それを語りうるかということも含めて、避けては通れないテーマであるように思われる。

註

（1）*La nausée*, Gallimard, p.181.

（2）*Phénoménologie de la perception*, Gallimard,（以下 PP と略す）, p.456.

（3）*Sens et non sens*, Nagel, p.80.

（4）『偶然性の問題』岩波書店、二二六頁以下。

(5) *L'être et le Néant*, Gallimard, p.558.
(6) PP, VIII.
(7) 『教行信証』序。
(8) 立花隆『宇宙からの帰還』中公文庫、二六五頁。
(9) *La nausée*, p.181.
(10) *Die philosophischen Schriften von G. W. Leibniz*, Gerhardt, C. J., Bd.VI. S.602.
(11) ibid.
(12) *Signes*, Gallimard, p.185.
(13) *L'être etle Néant*, p.708.
(14) *La nausée*, p.176.
(15) *L'imaginaire*, Gallimard, p.240.
(16) ibid., p.245.
(17) *Les mots*, Gallimard, p.210.
(18) PP, p.456.
(19) PP, p.199.
(20) PP, p.197.
(21) PP, p.148.

〈よそ〉の受容
――サルトルの偶然性の受苦――

(1) 世界の内に〈よそ〉を見出す理論

フッサールの現象学に触発されつつ、想像力・情動等の研究を進め、人間存在の偶然性を描く文学作品を発表したサルトルは、第二次大戦のさ中、哲学とも文学ともつかぬ存在論を作り上げた。『存在と無』(一九四三年)の本論は、「人間は神たらんとし、人間としては自己を失う無益な受難である」(1)という絶望的な文章で締めくくられている。しかし大戦直後の講演『実存主義はヒューマニズムである』(一九四五年、邦訳『実存主義とは何か』)において、彼は自分の思想を無神論のオプティミズムだと規定し、積極的な現実参加を提唱した。二大陣営の対立が深刻になる中で、みずからの属する自由主義陣営の抑圧を告発し続け、スターリニズムを批判しつつもマルクス主義に接近していく。彼の発言は、そのつどの局面において論議の的となった。

それらの時代が過去の歴史として見直されるとともに、彼の発言内容も過去のものとなったかのような印象は否めない。大戦前夜・大戦さ中の重苦しい雰囲気、大戦後の解放的な気分、革命への期待と学生運動の高揚――そうした同時代を生きた者のサルトルへの共感と、彼の死後二〇年を経た現代（二〇〇〇年）での読まれ方とでは、当然に異なったものがあろう。彼の告発したナチズムや植民地主義は現代でも消滅したわけではないが、市場原理や情報化の波の中で「前へと」と駆り立てられ、しかも方向が見えぬ現代には、新たな形の抑圧が浸透している。若い諸君と接していると、現代社会に軽やかに適合するかに見えて、自由の実感を持てずに悩んでいるように見える。社会で求められる自分になろうという感情と、それとは異なる自分らしさを求める気持に引き裂かれ、しかも本当の自分なんてどこにもないとわかってしまっている。イデオロギーの対立が希薄となり思想の価値が低くなっている現代、こうした閉塞感はより深い感覚として広がっているように思う。そうした状況の中でサルトルの思想がなおかつインパクトを持つとすれば、その内実をどのようなものと考えればよいか。

本稿では、対象を初期のテキストに絞り、絶望的な現象学的存在論から積極的な生き方が引き出される筋道を追ってみたい。「反抗から参加へ」、「絶望を背景にした自由」といったテーマ自体は古びたものかも知れず、サルトルの現象学的存在論は現在あまり評判がよくない。――サルトルはフッサールの現象学から「意識の立場」という一面を継承し、対自と即自の二分法に基づく存在論で色づけして、近代的主体の自由を強調している。意識の自由と事物の惰性を対置するサルトルは、古いプラトン主義・デカルト主義を超えてはいない。主体性とか人間主義そのものが近代のイデオロギーであり、さらには西洋の伝統的な形而上学に囚われた発想である。サルトルには受動性の哲学がない。彼の社会参加はあくまでも知識人の立場にとどまっている。サルトルが他者との根源的関係を、相互に相手に打ち負かそうとする争い（相克）と捉えたのも、知識人的な孤独と自由に固執するゆえである。抑圧される者の立場に立ち、具体的に抑圧をなくそうとするならば、「ともに生きる連帯」を求めていかねばならぬはずだ。他者との現実的な関係はまず「我々」であり、我々を規定する構造の分析が先立つべきである。主体の自由を強調するだけでは世界を変えることはできない。――等々。

これらの批判によって彼の思想は意義を失ってしまったかどうか、そう簡単に白黒をつけうることではなかろう。とりあえず指摘したいことは、意識の立場であれ、即自と対自の二分法であれ、存在論であれ、他者との関係を相克とみなす発想であれ、それらは「世界の内での人間の生き方をラディカルに見直す」関心に裏づけられているということである。ソクラテスの無知にしても、デカルトの懐疑にしても、カントの批判哲学にしても、フッサールの言う現象学的還元にしても、大きく見れば「世界についての素朴な判断を一時停止して、世界を捉え直す」試みであった。もちろん、問いがラディカル（徹底的）であればそれで優れた思想だというわけではない。問題は徹底さの中身である。世界から徹底的に距離をとることを通じて、「世界の捉え直し」ないし「生き方の転換」がどのように成されるのか。

たしかに、サルトルの言う自由は徹底的な価値否定の上に成り立つだけに、いかにも無内容であり、責任と表裏だと言われても、何に対する責任なのかが見えにくい。積極的な現実参加の主張にしても、その拠って立つところが「自由な選択」以外にないのだとすれば、アナーキズムだ、心情倫理だといった批判が投げかけられるのも当然であろう。

しかしサルトルは、自由の限界としての他者を認めていた。ここでの「他者」とは、自由そのものの限界としての偶然性であり、また自由を脅かす者としての他人である。サルトルの徹底的な自由論は、自己および世界の内に「よそ（余所、他）」を見出す理論として読むこともできよう。そうだとすれば、自由に基づく現実参加の主張は、人間を袋小路に追い込んだ上で、その向こうにある「よそ」を受容せよとの呼びかけと解釈することができる。サルトルは、パリ解放直後に書いた『沈黙の共和国』の中で、「ドイツ占領下におけるときほど我々は自由であったことはなかった。我々の行為はどれも、（他者を巻き込む）アンガジュマンの重みを持っていた。」と言い、こうした戦時下の美徳が戦後にも生かされることを望んでいる[(2)]。抑圧と解放のあいだにあるものを「よその受容」と考えることによって、現象学的存在論を我々と同時代の思想として読むことができないであろうか。以下そのような視点から、サルトルにおける意識論（対自と即自の二分法）、存在体験（偶然性の直感）、および他者論（相克と連帯）を取り上げたい。

（2） サルトルの意識論

精神と身体の二元論は、人間を精神的な存在者だとし、現実世界に囚われた身体から解放されるべきだと主張する。プラトンにおけるように、それが「霊魂の不死」の思想に結びつくとき、彼岸世界が想定され、現実世界は仮象となる。二元論が徹底されるとともに、仮象の世界において真実に生きるとはどういうことかが、より鮮明に問題になるだろう。

デカルトは世界の存在、身体の存在まで含めてすべてを疑うべきだと言った。だが懐疑を通じて形而上学的な原理を認識することを「一生に一度は」しなければならぬとしても、実生活では心を休ませることに多くの時間をとるべきだとも言う(3)。絶対に確実な真理を求めて方法的懐疑を行おうとするデカルトは、それを行使する以前に暫定道徳を立てねばならなかった。穏健な意見に従い、迷わずきっぱりした態度をとる現実生活と、哲学的な懐疑とはどう結びつくのか。心身結合の問題とともに、哲学の営みと世界の中での生き方との関連が、問題として残される。近代的な発想からすれば、「知ること」と「生きること」とは別ものだと割り切ることもできようが、そこを割り切らぬところに哲学の面目があると言うべきであろう。

サルトルは霊魂の不死など認めないし、精神と身体は切り離すことができないと主張する。しかし他方、デカルトにおけるコギトの明証の意義を認め、意識の存在様式（対自）を事物の存在様式（即自）とは根本的に異なるものとし、人間における即自存在の有様を身体の内に見出す。とすれば、意識は身体と一体でありつつも、そこから徹底的に距離をとるという矛盾した姿を示すことになる。サルトルにおける「対自と即自の二分法」は、意識そのものが引き受けざるをえぬ分裂であって、その分裂に身を置こうとするところにサルトルの特色がある。

「意識は常に何ものかについて意識である」というフッサールの発想に基づいて、サルトルはイマージュの現象学を試みた。イマージュを意識の外に引き出すとともに、想像力を「意識の非現実化（irréalisation）する能力」と考えるのである。我々がイマージュを形成することができるのは、世界の全体を無化する――世界の全体から距離をとる――自由を持つからなのだ。(4) しかし一方、『フッサール現象学の根本理念――志向性』の中で、「何ものかについての意識」という志向性の有様を、サルトルは「世界への炸裂」と表現し、「意識と世界は同時に与えられる」(5) と言っている。意識は、世界からの全面的な距離と世界への全面的な参与という矛盾した姿で描かれる。サルトルは、「意識する私（自我）」と「世界」とを対置させる主観‐客観の図式を矛盾の中に引きずりこんでいるようにも見える。

フッサールは、意識を実体としたデカルトを批判し、世界の内で素朴に生きている自我は「常に同時に超越論的自我である」(6) と言う。だが他方、両者のあいだには分裂があり、「世界に素朴に関心を持つ自我の上に無関心な観察者としての現象学的自我が位置している」(7) とも言う。これに対してサルトルは、『自我の超越』（一九三七年）において、「超越論的自我は不要であり有害でさえある」(8) と批判した。超越論的自我を想定することは、意識の内に不透明な自我をすべりこませるとともに、世界の外に位置する主観性の観念へと導くことになる。一九四七年の講演『自己意識と自己認識』において、サルトルは次のように言う。

〔フッサールの場合、〕現象学的還元によって我々は世界から離脱し、決して世界へと還ることはない。我々は、プラトンの言う洞窟から引き出され、洞窟に還ることを拒否する哲学者のごとくである。実際に我々が思考し行動せねばならないのは洞窟の中においてであるのに。(9)

一面プラトン主義者であるサルトルは、世界に囚われた自分から距離をとろうとする。しかし、世界が洞窟であり仮象だとしても、その中で生き尽くすしかないと言うのである。行動の主体は、あくまで世界において位置を占め、身体を備えた私である。身体-私は世界に囚われ、既存世界の共同志向を身につけてしまっているゆえに囚われの自覚もなく、「私」を意識することもない。そうした素朴さに対して現象学的還元を行使するとき、世界は「私の世界」として捉え直されるのだが、その場合も「超越論的な私」が現れるわけではなく、世界を自分のものとして生きようとする決意が生ずるのみである。「私」の意識は他者との関わりの中で生ずるであろうが、それ以前には、意識にも身体にも「私」の入る余地はない。「対-自」としての意識は、たしかに自己意識であるが、サルトルは「自己認識」と「非定立的な自己意識」とを厳密に区別する。自己意識は「世界についての意識」と同時であって、そこには「見る私」も「見られる私」も居ないのである。

世界から距離をとる意識は、「私」という場所を持たぬ以上、「距離をとる働き」そのものだということになる。意識は、私を巻き込んでいる世界の「よそ」となって世界を見直すのであるが、その余所はあくまで不在の場所である。現象学的還元を行使する者にとっては、世界の内であろうと外であろうと、みずからの同一性に安住する場所などどこにもない。「無」という表現にしても、「既存」からの全面的な距離を示すとともに、そこから距離をとった安住の場所など「存在しない」ことを示している。

サルトルの意識論は人間を不在の余所へと導こうとする。それは人間を不安に落ち込ませるが、積極的に考えれば、解放と参加が一体となった自由を意識させることになろう。世界と私は一体であって、私の有様は世界の有様を写している。同時に、自由の意識は、世界および私の内に、その裂け目と言うべき余所を自覚させるであろう。意識が世界および私からの距離であり、その余所（他）を生きるものだとすれば、「他者」を迎え入れる準備が常にできているはずだ。

（3）存在体験――根拠づけられぬ〈よそ〉

存在論もまた、現実世界の見直しを徹底的に、存在論的次元にまで遡って行おうとする試みである。「存在論的なものと存在的なものの相即」と言われるように、具体的な現実と離れて、存在論的な次元がそれ自体としてあるわけではない。

存在論の徹底さは、たしかに科学研究の徹底さとは異なっている。実証主義の観点からすれば、存在についての言辞は、事実によって検証できぬゆえに、学でも論でもないということになろう。事実存立の根拠を求めて存在にまで至る問いは、公共的な論議にはそぐわないように見える。実存を語る現代の哲学者を取り上げても、ハイデガー、レヴィナス、サルトル、メルロ＝ポンティなど、それぞれにおいて「存在」について語られる内容は異なっている。存在（と名づけられる何ものか）を感じとる根本経験は、固有の気分としか言いようのないものであって、真偽を検証できるものではない。とすれば、この気分を共有できるかどうかが問題なのであろうか。存在論は「沈黙すべき場面において語ろうとする」ものである以上、結局はそういうことになるのかも知れない。しかし、その気分も現実を生きる中で生じたものであり、その語りが「現実を生きる者への呼びかけ」であるとすれば、存在論的言辞を事実によって検証する道が閉ざされているわけでもあるまい。もちろん、我々の生きる現実がこうした呼びかけに応ずるような裂け目を持たないならば、存在論は無意味な饒舌にすぎなくなるのではあるが。

「我々が思考し行動せねばならないのは洞窟の中においてである」という発言を念頭に置きながら、『嘔吐』（一九三八年）の一節を手がかりに、サルトルの存在体験を問題にしよう。突然に嘔き気に襲われ、その気分を理解しようと考えあぐねていたロカンタンが、ある日、「嘔き気とは何かを理解した」と感ずるところである。

マロニエの根は、大地の中に、私の座っていたベンチの真下に、突き刺さっていた。それが根であったことも、私にはもう気がつかなくなっていた。言葉は消え失せ、諸物の意味も、それらの使用法も、人間がそれらの表面に記した符号も、言葉とともに消え失せた。どす黒く、節くれ立った、野生そのままの塊にひとりで向かい合って、私は少し背を丸め、頭を低くして座っていた。その塊は私に恐怖を与えた。そして私は、あの啓示を得たのである。――一瞬、息が止まった。数日前には、私は〈存在する（exister）〉とは何を意味するかを予感するようなことは決してなかった。……ふだん、存在は隠れている。存在はそこに、我々のまわりに、我々の内に在る。それは我々である。ひとは存在について語ることなしには何も言えないにもかかわらず、結局のところ存在に触れることはできない。(10)

我々は日常、事物を使用し人々と言葉を交わすことを通じて、「これは～である」、「彼は～である」といった意味づけによって世界を分節し、その中に生きている。存在（ある）は、こうした分節の働きにつきまとっているにもかかわらず、それ自体が表立つことはない。ロカンタン（サルトル）が示しているのは、言葉や意味の全体が滑り落ちる体験を通じて、存在が表立つ事態である。「どす黒く、節くれ立った、野生そのままの塊」は、もはや「マロニエの根」という意味を持たない。我々のまわりのものであろうと我々であろうと、諸物も他者も自分自身も、すべてが「在る」という無意味の地へと投げ返されてしまう。そうなると、日常に人々が共有している意味の世界は、「存在を隠すヴェール」として捉え直されることになろう。言葉や意味によって世界を分節する働きは、（野生の、無意味な地の上に）人間にとって生き易い習慣的世界を形成することである。人々と共有し、各人が身につける「意味の場」の中で接するからこそ、諸物や他者とも安んじて交流することができるのだ。習慣的世界は第二の自然となり、世界も自分もアイデンティティを備えた必然性を持っているかに見えるが、存在体験を通じてみれば、その必然性は存在を隠す仮象となる。

サルトルは必然性の仮象を告発し、その内に安住する者を「卑劣なやつ（salaud）」と呼ぶ。『実存主義はヒューマニズムである』でも、「みずからの存在はまさに人間が地上に出現したことの偶然性であるのに、みずからの存在が必然的であることを証明しようとする者を、私は卑劣なやつと呼ぼう」(11)と言われている。

だが、日常の習慣的世界が仮象と見えるとしても、サルトルは、それとは別の真実の世界に身を置こうとしているわけではない。常にすでに言葉や意味によって分節された世界に生きている者によってこそ、その分節が解消する体験が存在体験となるのである。「存在に触れる」とは、一種の恍惚状態を通じて、言葉や意味が発生する現場に触れることだとも言えようが、そうした野生の状態は現実には存在しない。存在はいわば、「言葉や意味の余所」である。無意味な、それ以上の根拠を問えぬ存在の様相を、サルトルは偶然性と表現するが、それも「必然的ではない」(12)ということであって、余分なものでしかない。存在は、「根拠づけられぬ余所」として、現実世界につきまとう影のようなものであり、その影を通じて現実世界が仮象とみなされるのである。

（4）偶然性の直感

こうした存在体験や偶然性の直感が、なぜ「嘔き気」という気分になるのだろうか。『嘔吐』という作品が想像力についての研究と並行して練り上げられたことを考えると、嘔き気という気分は、サルトルにおける美的救済への志向と関係しているように思われる。『想像力の問題』（一九四〇年）において、芸術作品は「非現実的な存在」とされ、[13]「美とは想像的なものにのみあてはまる価値である」[14]とされている。芸術作品は「常に余所（ailleurs）として、常に不在（absence）として与えられる」[15]のであって、そうした余所から見れば、現実は美しいものではない。劇場を出て突然に現実世界との接触を取り戻すときの、「嘔き気をもよおす不快感」にサルトルは触れている。

ロカンタンは、行きつけの店でジャズを聞くとき、心のなごむ経験を味わう。――「もう二、三秒すればぼ黒人女が歌い出すだろう。それは避けがたく思われる。それほどこの音楽の必然性は強い。世界がそこで吹き流されている、この世の時間からやってくるものが何であろうと、この必然性を中断することはできない。[16]」――「すべてが充実し、至るところに、濃密で重苦しく、粘着するような存在がある。しかしこうした粘着のかなたに、近寄りがたく、まったく近くにあるのだが悲しくもあれほどに遠い、若々しく無慈悲で清澄な、あの……厳密さ（rigueur）がある。[17]」

ロカンタンは「自分自身の生がメロディの素材になること[18]」を求めてやまないが、それは不可能な望みである。アニーの求めた「完璧な瞬間」を含め、『嘔吐』は、こうした必然性に身を置くことの挫折を描く。一つ一つの瞬間や事象が、それぞれに特殊な色調を持ちながら、全体の中では他様ではありえないという必然性をもって位置づいている――そうした芸術作品に、みずからの生を同化させることはできない。我々は身体を備えて世界の中に投げ出されている以上、想像的な世界の内に生き続けることはできない。

その描写は、姿を変えて『存在と無』における人間の受難（情熱）の記述となろう。人間は神たらんとして空しく自己を失う。そこでの神とは、自分自身の存在の根拠であり、それゆえ存在の偶然性を免れているものであり、スピノザの言う自己原因者である(19)。自己原因者は、すべての時間、すべての存在者を包括する絶対者であり、他者を持たない。世界全体の必然的秩序の原因である絶対者を想定することは、理性の要求に応える合理主義とも言え、偉大な哲学者はみずからの思想に基づいて壮大な体系を作り上げた。サルトルの存在論は、こうした絶対者を求めつつ、それに反抗を企てる。スピノザに見られるような合理主義の極を鏡とし、その挫折を描くことによって、人間にはどうすることもできぬ不条理が示されるのである。神たりえぬ人間は、「存在の偶然性」や「他者」に直面せざるをえない。世界がこのように存在し、自分が今ここに存在していること、この世に複数の意識が存在し、自分はその内の一つの意識しか持ちえないこと、したがって、他者とともに作り上げている共同世界は常に分解の危機を孕んでいること、自分の死後、他者にとって存続する世界には、自分はもはや関わりを持つことはできないこと。そうした事柄は、我々が根拠づけることのできぬ偶然的な事実である。

偶然性の直感は、二つの必然性のはざまに生ずる。一つは、日常の習慣的世界に安住し、そのモラルに同一化することによって得られる必然性に対して。偶然性は、人間たちの作り上げた世界全体の意味が滑り落ちるときに、野生の姿で表立つ存在の様相である。もう一つは、芸術作品や自己原因者の内に示される清澄な必然性に対して。それを求めながらも現実世界への囚われを意識するとき、現実世界に影のようにつきまとう偶然性が、嘔き気を催させるものとして表立つことになろう。

対自は、これら二つの必然性（即自と即且対自）のはざまで、自由を意識する。現象ともの自体のあいだに自由を見たカントとの親近性を思わせるが、サルトルの場合、自由の意識は偶然性の意識と表裏であり、人間存在の挫折と不幸の上に成り立つ。必然性を求めるのは人間の情理であり、「人間性」とか「神」の観念も、「よそ（余所、他）」を意識しつつ、これを同一化しようとする人間の欲望によって作り上げられた観念である。サルトルの存在論は、こうした人間の情理に反抗し、必然性の仮象を暴き立てるという意図を持つ。

『存在と無』の結論のところで示されているように、サルトルは現象学的存在論を自足した哲学とは考えていない。即自と対自の二分法は、あくまで現象が問題である場合に立てられる図式である。現象の根拠は、充実した即自存在に対して「みずからを〈他〉ならしめる（se faire autre）」[(20)] 対自であり、存在論はこうした対自の有様に即して記述された。対自の起源を問い、即自自身の冒険に即した仮説を立てるのは、形而上学の仕事だとされる。また、存在論はそれだけでは道徳的な命令を立てることはできないとされ、モラルに関する著作が予告されている。本稿では、こうした展望を備えた存在論の基調を「よその受容」と解釈したのだが、その場合、どのような道徳論が考えられるだろうか。

一つは、存在論そのものから引き出される道徳論である。サルトル自身、フランシス・ジャンソンにあてた手紙で「実存者とは、みずからの存在を実存すべき存在者である。それゆえ存在論は倫理学と切り離すことはできない」と書いているとのことである。(21) そうだとすれぼ、「自己と一致することを選ぶのではなく、常に自己から距離を置いて存在することを選ぶ」(22) ことが、一つのモラルとして要請されることになるだろう。それは、神たらんとすることをきっぱりと諦め、必然性の「よそ」である偶然性を、嘔き気を催すことなく受容する、無神論のオプティミズムとなるだろう。

もう一つの可能性は、芸術作品や自己原因者に見出される清澄な必然性を、現実世界の内に実現しようとする道徳論である。プラトンの理想国家論やヘーゲルの弁証法に通じ、「想像力が権力をとる」発想に通ずることになろうが、その場合にも偶然性が解消されることはないだろう。対自が「みずからを〈他〉ならしめる」ものだとすれば、対自がそこから出現した即自に向き直り、その内にみずからを刻印していく理論が求められようが、即且対自は不可能な理想である以上、分解と可能性を孕んだ動的な理論となるだろう。

サルトルの構想した倫理学について云々することは本章の課題ではないが、いずれにせよ道徳論は他人との関係を含むものである以上、その点に関しても現象学的存在論は積極的な展望を開くべきはずだ。『存在と無』は、他者との根源的な関係を「相克」だとした。そこからは何の積極的な道徳論も導けないという批判に対してどう答えればよいか。

（5） 自他の相克と連帯

『存在と無』では、「意識相互の関係の本質は共同存在ではなく相克である[23]」とされ、「他人の自由の尊重とは、一つの空虚な言葉である[24]」と言われている。しかし『実存主義はヒューマニズムである』では、「我々が自由を望むことにおいて、自分の自由は全く他人の自由に依拠し、他人の自由は自分の自由に依拠することを発見する。たしかに、人間の定義としての自由は他人に依拠するのではないが、アンガジュマンが行われるやいなや、私は、私の自由と同時に他人の自由を望まないわけにはいかなくなる[25]。」と言われている。――二つの著作のあいだには、「他者」および「自由」の問題に関して、明確なギャップがあることを認めないわけにはいかない。戦時と平時という状況の相違があり、原理的な存在論と通俗化の意図という、著作の性格の相違もあろう。だが、このギャップの内につながりを求め、「相克を基礎にした連帯の可能性」を展望することもできるのではないか。

対自存在（無）は、身体‐自分からの距離、世界からの超越そのものであって、それ自体としては何ものでもない。その対自が「私」を意識し、身体‐自分と一体であることを意識せざるをえないのは、他者のまなざしによってである。『存在と無』では羞恥の感情を手がかりに、「他者は私と私自身との不可欠な媒介者である。私は他者に対して現れる私を恥じる。他者の出現そのものによって、私は事物を判断すると同じように私自身について判断する状態に置かれる。なぜなら、私が他者に対して現れるのは対象としてなのだから。[26]」と言われている。ここでの「他者に対して現れる私」が対他存在である。差恥の感情が示しているように、それは私を固くするものであり、対自の自由への脅かしとして受けとめられる。それゆえ、自由を回復しようとすれば、その他者に対して「まなざしを返す」しかない。

この場合、私に対してまなざしを向ける者——私自身が引き受けざるをえない「よその私」を意識させる者——を、それ自体で抑圧者だと考えるべきではあるまい。抑圧者とは、自分自身の同一性・必然性にあぐらをかき、自分の内に余所を受け容れようとしない者である。世間のモラルとされているものが、人々が本来持っているはずの「内なる他」を覆い隠す役割を果たすのであれば、それは非本来的なモラルと言わねばならない。そのモラルに基づく共同体——人々の連帯——が、こうした同一性に風穴をあけようとする他者（よそ者）を排除するならば、そうした連帯は抑圧的なものとなるだろう。

だが、私が他者のまなざしを受け容れた上で、その他者にまなざしを返すとき、彼がそれを受け容れてくれるとするならば、そこに別な形の連帯の可能性が展望されよう。私と他者とは、互いに自由であることを了解し合っている。しかし、両者が向き合って実際に自由を行使するときには相克が生じざるをえず、両者のあいだには超えがたい裂け目があることも了解し合わざるをえない。対他存在は私自身の中に生ずる裂け目であり、同時に、私と他者のあいだの裂け目でもある。他者と私は両者のあいだの裂け目を「ともに生きる」のであって、それが「相克」という形をとるのである。相克は、私と他者とが別の意識を持った存在であるという存在論的な偶然性ゆえに生ずることであり、その事実を両者がともに受け容れるしかない。

そのことによって初めて、現実の場面における自由が実感されることになろう。現実的な自由は、他者の自由と自分の自由を、ともに前提している。対自はもはや「何ものでもない」者としてではなく、他者の自由によって規定された「～である私」に対する否定として、自由を行使するのである。「私がある」のは他者を通じてであり、その「である」に示されている「私のよそ」を積極的に生きることによって、私は自分の自由を実感する。余所・他を全く持たぬ神は、受苦を知らぬゆえに、自由を実感することはないだろう。現実の人間が神のごとくに振る舞い、「他者の自由」という余所を認めようとしない場合、彼は自分の自由をも抑圧しているのである。

偶然性という受苦をともにしつつ、相互否定、相互批判という形で相互に承認し合う――サルトルの描く相克論を、このような構図で考えることもできるだろう。それはただちに具体的な連帯に結びつくものではないが、連帯の基礎となるものであろう。あるいは、現実に体験される連帯につきまとう宿命的な裂け目と言うべきかも知れない。『存在と無』における「対象－我々」の記述にも示されているように、連帯の感情は、両者にまなざしを向ける第三者に対時するところに生じてくる。第三者によって与えられた受苦に打ちひしがれることなく、それに向かってともに立ち向かうところに連帯が生まれてくるのであるが、この連帯は自由に基づくものである以上、絶えず分解の危機を孕んでいる。だが、そうした裂け目を持たぬような連帯は、容易に抑圧に転ずるのである。

＊　＊　＊

サルトルの現象学的存在論を以上のように解釈すれば、個人と社会の活性的な関係を展望する理論と読めるだろう。自分自身であろうとするなら、自分の内部を探し求めたり、暖かなぬくもりの中に安住するべきではなく、自分自身の余所を受容するべきなのだ。自分と自分の余所とのあいだには世界の全体が広がっているのであり、そうした「あいだ」に参加することによって、側面的に自分自身を実感することができる。社会とは、各人がそれぞれに生きている裂け目の総体である。各人がそのつどに出会う他者を「私のよそ」として受け容れることのできるような関係こそ、本来の間柄と言うべきであろう。

註

（1）*L'être et le néant*, Gallimard, 1943, p.708.
（2）*La république du silence*, 1944.（*Situation III*, Gallimard, pp.12–14.）
（3）一六四三年六月二八日付エリザベートあての手紙。
（4）*L'imaginaire*, Gallimard, 1940, p.234.
（5）*Une idée fondamentale de Husserl*: L'intentionalité, 1939.（*Situation I*, Gallimard, p.32.）
（6）*Cartesianische Meditationen*, *Husserliana* Band I, S.75.

(7) Ibid., S.73.

(8) *Transcendance de l'ego*, Vrin, 1965, pp.18–24.

(9) *Conscience de soi et connaissance de soi*, Bulletin de la Société française de philosophie, XLIIe année no.3, pp.55–56.

(10) *La nausée*, Gallimard, 1938.

(11) *L'existentialisme est un humanisme*, Nagel, 1945, pp.84–85.

(12) *La nausée*, p.181.

(13) *L'imaginaire*, p.239.

(14) *L'imaginaire*, p.245.

(15) *L'imaginaire*, pp.244–245.

(16) *La nausée*, p.39.

(17) *La nausée*, p.147.

(18) *La nausée*, p.61.

(19) *L'être et le néant*, pp.653, 714.

(20) *L'être et le néant*, p.712.

(21) Francis Jeanson: *Le problèeme moral et la pensée de Sartre*, Seuil, 1965, p.12.

(22) *L'être et le néant*, p.722.

(23) *L'être et le néant*, p.502.

(24) *L'être et le néant*, p.480.

(25) *L'existentialisme est un humanisme*, p.83.

(26) *L'être et le néant*, p.263.

自己と偶然性
――メルロ＝ポンティにおける偶然性の問題――

（1）メルロ＝ポンティにおける偶然性という主題

真実のところ、誤謬も懐疑も決して我々を真理から切り離しはしないのだ。なぜならそれらは、世界の地平によって取り巻かれていて、その地平において意識の目的論が我々にそれらの解答を探すようにと誘っているのだから。要するに、世界の偶然性は、より少ない存在、必然的存在の織物の中の空隙、合理性にとっての脅威などと考えられてはならないし、より深い何らかの必然性を発見することによって、できる限りさっさと解消しなければならぬ問題だと考えられてはならない。世界内部の存在的偶然性に関してはそのように考えられようが、世界そのものの偶然性である存在論的偶然性は根本的なものであって、逆に、真理についての我々の観念を、最終的に基礎づけているものなのだ。世界とは現実的なものであって、必然的なものも可能的なものも、その地域に属するものでしかない。(456)

以上は、メルロ゠ポンティの『知覚の現象学』(第三部　Ⅰコギト)からの引用である。ここに見られるように、メルロ゠ポンティの思想の中で偶然性の問題は重要な場所を占めると思われるのだが、彼はそれについて十分な説明をしているわけではない。右の引用箇所も、「真理の経験」を記述している前後の脈絡からして、やや唐突に偶然性が語られるという印象を受ける。本章の課題は、右に引用した箇所の解釈を試みつつ、彼が側面的に語っているように見える偶然論を主題にのせ、その射程を考えるところにある。

まず(2)節において引用箇所の前後から、真理 ‐ 偶然性 ‐ 目的論の関係を読みとってみたい。メルロ゠ポンティは世界の地平構造および目的論と関連づけて真理の観念を語っているが、さらにそれを偶然性に結びつけている。「存在論的偶然性によって基礎づけられる」真理の観念とはどういうものなのだろうか。真理を基礎づけ、目的論と表裏であるような偶然性とはどのような含蓄を持つのか。また「世界とは現実的なものであって、必然的なものも可能的なものも、その地域に属するものでしかない」という一文は直前の一節を受けているのだから、世界の「現実性」と言われることの内に偶然性の要因が含まれていよう。そうだとすれば、「必然性と可能性よりも、偶然性が根源的である」ことが示唆されていると読める。それはどういうことを意味するのか。

（3）節では他のテキストを参照しつつ問題を少し広げ、メルロ゠ポンティの偶然論の特色を明確にしたい。彼の言う「存在論的偶然性」は、科学的真理への批判を含み、盟友であったサルトルの影響を受けていると思われる。それらとの関わりでメルロ゠ポンティの発想を考えてみよう。そこで特殊な「形而上学」が問題になるだろう。形而上学を地上に引きおろし、日常経験そのものを形而上学的とみなすことが、彼の偶然論を特色づけていると思うのである。

（4）節ではその上で『知覚の現象学』に戻る。右の引用では「存在論的偶然性は克服されないが、存在的偶然性は克服されるべきである」と述べられている。しかし日常経験そのものが形而上学的だとすると、この文章は文字通りに受け取れない。「存在的偶然性」に意義を認めるとすれば、それはどのようなものと考えられるか。存在論的なものと存在的なもの、目的論と偶然性の循環構造をどう受け止めればよいか。歯切れのよい答は出せないが、私なりに一つの展望を述べたい。

（2）コギトと偶然性

引用した箇所の前後では、真理の経験としてコギトが論じられている。偶然性の問題との連関で、文脈をたどってみよう。

伝統的な真理の概念は思惟と所与との一致であり、フッサールはこの一致をデカルト的な明証性として記述した。メルロ゠ポンティにとっても「私の思惟が自己浸透し、自己接合し、純粋な〈自己の自己への同意〉に到着する」ようなコギトの絶対的明証性（453）が、問題の出発点である。だがフッサールが明証性の領域を広げ、階層づけていったように、知覚経験に立脚するメルロ゠ポンティは、コギトに「世界の厚み」と「時間の厚み」（456）を与えようとした。その中で絶対的明証性という真理の観念が放棄され、新たな真理の観念が提示されるのである。

その場合、メルロ゠ポンティの記述の方法は、独断論と懐疑論という二つの極限を描いた上で、両者の「中間の道」（423）をとることである。一方で明証性の領域を無限に広げる解釈が示される。知覚する意識は世界への超越であるという志向性の考え方を徹底するとき、内部と外部の区別など存在しない。知覚する作用は確実だが、知覚される物は不確実だとするようなデカルトの言い方は支持できない（430）。それは時間の次元においても同様であって、過去は現在によって引き受けられ、いつでも捉え直される永遠の現在として生きられるのである（450–1）。自己意識の明証性を一貫させようとすれば、それは世界の全体、時間の全体を包括するものにまで広げられるであろう。真理の経験は、自己原因者としての神にまで至るような展望を持つはずだ。だがこうした「コギトを永遠化する解釈」に立つと、他者なるものは存在せず、複数の意識が存在することは不可能になるだろう（428）。そこで他方、世界・時間を超えた絶対者の目からではなく、個別的な状況を生きる有限な私から出発することが要求される。現実的な経験は明証性に抗する。そのつどの状況に翻弄されている具体的な私に立脚するならば、他者や世界のみならず、自分自身もまた不透明だと言わねばならない（437）。私は常に錯誤をおかす者である以上、コギトの真理なるものを放棄しなければならないように思われる。

以上二つの極限を描きながら、メルロ゠ポンティは「結局我々は、絶対的意識かそれとも終わることのない懐疑かという二者択一の前に立っているのではないか？」（438）という問いを立てる。その解決策として、懐疑を引き受けつつ世界に飛び込んで行為する脱自的なコギトが提示されるのだが、そこでも二つの契機が捨て去られるわけではない。彼は懐疑論に身を置きながら自分の立場を主張するような書き方をしているが、コギトを永遠化する解釈に全く共感を寄せていないわけではない。中間の道は、両者のいずれもであり、いずれでもないような両義性である。コギトに世界と時間の厚みを与えるとは、コギトに意識内部や各瞬間にとどまらぬ広がりを与えるとともに、決して解消されることのない不透明さを与えることだ。真理は世界と時間を包括するような射程を持ちつつも、その射程との関係で偶然性を宿すものとみなされる。つまり、メルロ゠ポンティは、我々にとって最も近い直接経験に偶然性を見出し、その内に無限に遠い射程を見ようとしているのである。あえて独断論と懐疑論の双方に身を置くことによって、そのつどの状況に規定された偶然的な人間の経験が、いかにして真理の経験となりうるかという問題が設定される。

そのような問題意識からして、特殊な目的論が想定されることになるだろう。直接経験の近さから出発するものである以上、目的論といっても外からあらかじめ与えられるようなものであってはならない。そのことはカントの『判断力批判』が示したことであった。序論では、カントと関連させて、フッサールの「意識の目的論」に触れられている。それは、意識の主体的な意味付与作用によってではなく、世界と関係する中でおのずから湧出するような目的論であり、作動的志向性（fungierènde

Intentionalität）として、すなわち「世界および我々の生活の自然的、前述定的統一を形成している志向性」として働いているものである（XIII）。メルロ゠ポンティが独断と懐疑の二者択一を解決する拠り所としているのも、コギトの内に秘かに働いているとされる目的論であると思われる。

この目的論がどのようにして顕在化し、確認されるのかが問題である。独断論と懐疑論の双方に身を置くとしても、我々の出発点は懐疑でしかありえない。しかし懐疑が様々な可能性を前にしてためらうような不決断にとどまるとすれば、懐疑論から脱出することはできないだろう。懐疑から確信へと至るためには「こんなためらいに先んじて、目を閉じたまま〈為すこと〉の内に飛び込むしかない」（438）とメルロ゠ポンティは言う。モラトリアムの状態からアンガジュマンへと移行することによって、私は「この特殊な可能性」を現実化する。それは「他様でもありえた」以上偶然と言うしかないが、こうした可能性の現実化（偶然化）を通じて、すでに働いていた目的論的な志向が現出するはずだとメルロ゠ポンティは考えている。目的論は具体的な行為の中で表現されるが、行為する者はそれを知らず、それゆえに偶然性を免れない。しかし積極的な形で言えば、人間によって生きられる偶然性は、それと知られずに目的論を宿し、真理への志向を持つとされるのである。

こうしたメルロ゠ポンティの発想は、「何ゆえに無ではなくてあるものが存在するのか」、「なぜ別の世界ではなくてこの世界が存在するのか」という存在論的な問いに対しても貫かれている。ここでも、現象を通らずに存在を手に入れようとする独断論と、現象と存在とを切り離し、現象を単なる見かけとする懐疑論の双方が批判される（455）。独断論は「この世界が存在するのは必然である」と考える。

それは神の目をもって世界をながめるスピノザの考え方であって、この世界とは別の世界は考えられない以上、先の存在論的な問いは意味を持たない。これに対して懐疑論は「この世界と同じ資格で可能な、別の世界が存在する」と考える。そこでは存在論的な問いは立てられるにしても、この世界と別の世界との並存を、どこにも根を持たぬ外部から語っているのであって、その意味では独断論とそんなに異なるものではない。メルロ゠ポンティ自身は、「私の世界がそうであるのと同じ意味で可能な他の世界は存在しない」(456)と主張する。可能性としては別の世界に生きることが考えうるとしても、現実には偶然的な〈この〉〈私の〉世界にしか生きえない以上、そこから出発してそこへと帰るしかないのである。どんな〈他の〉世界も「この世界を限界づけ、この世界の限界で出会われるのであって、その結果、この世界と一つになるしかないだろう」(456)。つまりメルロ゠ポンティは、現実的な「この世界」を、必然的でも可能的でもなく偶然的とみなすことによって、「他の世界へと開かれ、可能的にはそれと一つになるような」目的論が考えうると言うのである。

コギトも世界も「私のもの」でありつつ、汲み尽くすことのできぬ地平を備えている。「〈一つの世界が存在する〉あるいはむしろ〈世界が存在する〉ことは、私の生活の恒常的な主題であるが、私はそのことを決して完全に合理化することはできない。こうした世界の事実性こそ……世界を世界たらしめているものであって、それはコギトの事実性がコギトにおける不完全さではなく、逆に、私の存在を私に対して確信させるものであるのと同様である。」(XII)――こうした発言も、偶然性（事実性）と表裏であるような目的論を展望するからこそ言えることだろう。しかし、不透明な偶然性は決して解消されぬ以上、なおかつ自己確信の真理を語ることは逆説とならざるをえない。メルロ゠ポンティも問題の困難さは十分に承知している。我々もこの困難さを避けて論ずるわけにはいかない。

(3) 世界経験に潜む偶然性

科学の立場からすれば、メルロ－ポンティの問題設定は、そもそも真理の観念を過大に考えすぎているということになろう。科学的な真理は存在論的な場面に関わるものではない。真理の領域を観察・検証が可能なものに限定した上で、その内部の偶然性を徐々に解消して必然的な法則を見出すことが求められるのである。最初の引用で「世界内部の存在的偶然性は解消されなくてはならぬ」と言われているのは、科学の立場からの発言であろう。しかし科学的真理なるものの基盤が問われ、それを包括する新たな合理性が求められていることをフッサールの現象学は示した。メルロ゠ポンティはその志向を継承する。『どこにもあり、どこにもない』(一九五六年)の中で、メルロ゠ポンティは、科学的合理主義を小合理主義と名づけ、それは一七世紀の大合理主義の化石だと言う(1)。デカルト、スピノザ、ライプニッツ、マールブランシュといった人たちは、因果関係に還元されず、その基礎となるような深みのある存在(l'Être)を認めていた。メルロ゠ポンティが「真理」とか「合理性」ということでイメージしているものは、そうした大きな理性である。

しかし、一七世紀は科学と形而上学が共通の土台を持つと信じられた特権的な時代であって、我々はもはやそのような時代には生きてはいない。我々の明証的な思惟と現実の世界との一致はそんなに直接的ではないし、最初の明証性がその後の知を支配することなどできず、原理はその帰結によって検証されねばならぬことを、我々は学んでしまったのだ。(2) 科学は存在を平板化してしまったけれども、そこにはやはり認識の進歩があったと言わねばならない。その知見を保持しつつも、「我々にとって偉大であり、我々に近い」(3) 大合理主義を批判的に復活させることがメルロ゠ポンティの野心である。

存在論的偶然性なるものは、こうした野心の中で発言される事柄であろう。世界は説明不可能なものであることが「世界の根源的偶然性」と言われるのは、(4) 合理性の射程を、科学を包括するような形而上学の問題にまで広げることによってである。世界を透明なものとし必然化するような合理性を求めながらも、そんな神の目を持つことができないという絶望が、存在論的偶然性という概念には含まれている。

この実存的な絶望をメルロ゠ポンティはサルトルと共有するが、それは出発点であって到達点ではない。そこからどういう帰結を引き出すかが問題であろう。意識の明証性の地盤に立ち、自己原因たらんとして挫折することを人間の宿命としたサルトルは、存在の偶然性の直感を「嘔き気」という気分で表現した。メルロ゠ポンティも嘔き気に言及しないわけではないが、それは彼自身には無縁な気分であったと思われる。いわば、存在の偶然性を正面から見据えるサルトルに対して、メルロ゠ポンティはその内部に入りこみ、これを「真理の基礎」とみなして背に負うのである。(5)『見えるものと見えないもの』では「存在が我々の内で語るのであって、我々が存在を語るのではない」(6) と言われているが、そのエートスはすでに『知覚の現象学』においても読み取ることができよう。存在の不透明さは醜悪ではないし、真理に反するものでもない。意識の明証性にこだわるならばそうなってしまうが、身体を備えた自分が存在の内部に入りこむならば、自分に取り込むことのできぬ不透明さこそが真理の姿を示すものとなろう。真理の観念は不透明な深みと広がりにおいて把握し直される。全体の立場、絶対的明証性の立場から言えば不透明さは非真理と言うしかないが、不透明さを通じてしか真理を経験することができないとすれば、非真理は真理と切り離すことはできないということになろう。そうなると、世界の内に生き、懐疑することをやめない人間は、そうであるがゆえにこそ「真理‐内‐存在」（452）とみなされることになる。状況づけられた人間は、真理を明証的に把握することはできないが、真理と無縁だというわけでもない。

偶然性という様相は、真理のこうした不透明さを示すとともに、個別的で有限な経験の持つ開放性を示しているとも言えよう。偶然性は概念に包摂されぬ個別性としても捉えられようが、(7) 個別性は偶然性そのものではない。個別的なものが「他様でもありうる」と経験されるときに、それは偶然性という様相で捉えられるのである。メルロ＝ポンティはそこに「無限の開き」を見ようとした。大合理主義への展望を持ちつつも、直接経験へと立ち帰り、そこで真理が湧出するさまを記述することが課題とされたのである。

科学における真理の射程は遠くに届かないと同時に、我々の近くに届かないとも言えよう。科学の発想では、真なるものとは〈客観的なもの〉であり、測定や演算によって近似的に接近すべきものとされるが、こうした近似法の努力は「事物との我々の触れ合い」とは無関係である。(8) しかしメルロ゠ポンティにとっては、我々にとって最も近い事物との触れ合いこそが真理の場である。世界と出会う日常的な経験を「真理の内にある」ものとして見直すこと。それは、あの大合理主義を地上に引きおろす試みとなるだろう。天上から現実全体を説明しようとする形而上学は、科学によって排除された。だがそれは地上における形而上学的な経験を取り戻す機会なのである。「形而上学——自然のかなたの出現——は認識のレベルに局在しているのではない。それは〈他〉への開きとともに始まり、……どこにでもすでに存在しているのだ。」(195)

形而上学が地上に引きおろされるとき、我々の日常経験はどのようなものとみなされるであろうか。その場合、偶然性と目的論はどんな意義を持つだろうか。『人間の内なる形而上学的なもの』(一九四七年)から引用しよう。

形而上学的意識は、日常の経験……以外の対象を持つわけではない。だが形而上学的意識は、それらの対象を、前提のない帰結として、自明のものとして出来上がった形で受け取るのではなく、私にとってはそれらが基本的に奇妙であり、それらの出現が奇跡であることを再発見するのである。……形而上学とは、我々の逆説を感じることが少なく済むためにと造り出された概念の構築物ではない。それはむしろ、個人や集団の歴史のあらゆる状況の中での逆説の経験であり、——この逆説を引き受けて理性へと転ずる行為のことなのである。……存在しているものすべての持

つ偶然性は、……世界を形而上学的に見るための必要条件なのだ。(9)

切れ切れの引用になってしまったが、まずメルロ゠ポンティが『知覚の現象学』の序論で、フィンクを援用して現象学的還元を「世界を前にしての驚き」(VIII)と定式化したことが想起される。今の引用に関連づけて考えれば、それは「世界を形而上学的に見る」ことであり、「自明な世界経験の内に逆説を見る」ことと解釈されよう。その条件として「存在しているものすべての持つ偶然性」が語られている。そうだとすれば、ここで言う「逆説の経験」を「偶然了解」と考えることも無理な解釈ではないだろう。形而上学は、世界経験に潜む偶然性を顕在化するのである。

また一方で、その形而上学は「逆説を引き受けて理性へと転ずる行為」とされており、世界経験の内に一種の目的論を見出す。目的論と逆説(偶然)とは表裏のものとして語られているのである。そのことは、『人間の内なる形而上学的なもの』が収められた論文集に『意味と無意味』という表題がつけられていることにも関係していよう。序文では「どこに向かって進んでいるのか、誰も言うことのできぬ霧の中の歩み」とか「最高の理性は非理性(déraison)と隣り合っている」といった表現が見える。(10)それは芸術、道徳、政治すべての分野で言えることであって、我々は目標が見えぬ時代に生きているのだが、そこで懸命に生きる中で、ある種の理性が生まれ出るであろうという希望をメルロ゠ポンティは語っている。

(4) 存在論的偶然性の問題

日常経験そのものを形而上学的なものとみなすとき、存在論的偶然性と存在的偶然性の関係をどう考えればよいだろうか。「世界そのものの存在論的偶然性は根本的で克服されないが、世界内部の存在的偶然性は克服されるべきである」というメルロ゠ポンティの発言を、文字どおりに受け取るべきだろうか。これは単に用語上の問題にすぎぬかも知れない。先に触れたように、科学の立場からして克服されるべき偶然性が「世界内部の」存在的偶然性と名づけられていると解釈すれば足りるのかも知れない。しかしハイデガーの用語としても、「存在的」とは、前存在論的に、それと自覚せずに存在了解を持つものとして捉え直された日常的な有様を指す。基礎的存在論は、世界の内に生きる日常的な了解を手がかりにして存在の問題へと向かう。その発想に依拠すれば、存在論的偶然性なるものも、いわば我々が常にすでに持つ「偶然了解」と関係しているのでなければなるまい。この偶然了解を「存在的偶然性」と考え、それもまた克服されぬものと考えるならば、日常性は「頽落」とはみなされないだろう。ハイデガーにおいて、日常性や頽落は単に消極的なものではないが、やはりそれは本来的な可能性からの逃避であり、克服されるべきものとみなされる。微妙なところではあるが、日常性を豊かで謎に満ちたものとして捉え直す展望から、メルロ゠ポンティに即して考えてみたい。

まず、メルロ゠ポンティがどのような形で「存在論的な問い」を立てているのかが問題であるが、そこがどうもはっきりしない。解釈を試みる。
彼が言及している存在論的な問いを分けてみると、

(a)なぜ無ではなくて、むしろあるものが存在するのか、
(b)なぜ別の世界ではなくて、この世界が存在するのか、
(c)なぜ私の世界だけではなく、他者にとっての世界が存在するのか、

という三つのレベルが考えられよう。
(a)のライプニッツの問いについては、ハイデガーも『形而上学とは何か』で取り上げている。メルロ゠ポンティもこの問いを立ててはいるのだが、直接には問題にしていない。『見えるものと見えないもの』では、そもそも存在と無を二つに分けるのがおかしいとサルトルを批判し、かの有名な存在論的問いは「消滅する」(11)と言っている。そこは「サルトルの立場では」消滅するという風にも読めるのだが、「存在のみが在る」(12)というメルロ゠ポンティの立場から、この問いは消滅するとされているのだろう。『知覚の現象学』に戻って言えば、「存在と無が混ざった〈あるものが在る〉」(455)と形容句で自分の意見を示している。とにかく、存在と無、対自と即自の二分法を拒否するメルロ゠ポンティからすれば、(a)の問いは主題として上らないものと考えられよう。
彼が存在論的偶然性を語るときのポイントは、先にも触れたように、「私の世界がそうであるのと同

じ意味で可能な他の世界は存在しない」ということである。その場合、〈私の世界〉とは(b)森羅万象がその内部にある大宇宙を指すのか、(c)独我論的な私だけの小宇宙を指すのかがはっきりしない。形而上学を日常性に引きおろすメルロ゠ポンティの発想からすれば、両者は同じ資格で論じられることになるのだろう。むしろフォイエルバッハ流に、(b)の宇宙論的・神学的な問いも、(c)私の世界が他者の世界へと開き、現在の世界が過去と未来にも開いているという地平構造を私が生きているということ、そして私がそれを逆説（偶然）として経験していることから生ずるのだ、と言うべきなのだろう。

以上のように解釈した上で、「存在的偶然性」を問題にしよう。この世界が存在することを必然的でも可能的でもなく偶然的とみなすことは、たしかに「この世界とは別の世界」を想定してはいるが、そうした他の世界への開きを「この世界から」見ようとするものであった。そうなると、世界内部で私が了解している存在的偶然性の意義を無視するわけにはいかないと思われる。『どこにもあり、どこにもない』の中の一文を例にとって考えてみよう。

デカルトを現在的たらしめているのは、今日では消滅してしまった状況に取り巻かれ、彼の時代の関心やある種の錯覚に取り付かれながらも、彼がこれらの偶然事（hasards）に応えようとし、その応答の仕方が我々に、我々の時代の偶然事への応え方を教えているところにある。もちろん、我々の時代の偶然事は彼の面したものとは異なっており、我々の応答の仕方も当然異なるのではあるが。……真理とか全体は初めからすでに、しかし成就さるべき課題としてそこにあり、それゆえに未だそこにはない(13)。

我々は一定の方向に傾向づけられた世界に生きていて、それに否応なく規定されている。のちの時代から見れば錯覚であり偶然事とみなされるかもしれないが、日常的にであれ哲学的にであれ、そうしたドクサを我々は持たざるをえない。メルロ゠ポンティは、それを単にネガティヴにのみ考えてはいない。「全存在を包みこもうとした頭脳であるヘーゲルでさえ、今日も生きて我々に色々なことを考えさせるのは、単に彼の深い洞察によるばかりではなく、彼の妄想や偏執にもよるのだ。(14)」デカルトやヘーゲルにとって自明であったものが、現代の目からは偶然事と見えるとしても、現代の我々の方が優れているというわけではない。彼らは精一杯に自分の生きている世界を表現することによって、みずからが背負う偶然を顕わにしたのである。そのような形でしか真理は現出することができないと、メルロ゠ポンティは考えているように思われる。

実際に我々が背負う事実性の中で行為し表現することによって、その事実性が偶然として顕わになる。そうだとすると、日常の個々の行為において、我々は常にすでに偶然了解を持っているのであり、それを存在的偶然性とは言えないだろうか。この小さな私の世界ですら、実際に行為してみれば、十分に「私のもの」ではないことを思い知らされる。この偶然了解を、行動を萎えさせるものとしてではなく、積極的な開きとして捉え直すことが問題なのである。

最初に引用した箇所の少し前では、意識の目的論は「意識はその最初の用具を練り上げてより完全なものとし、さらにそれを練り上げてより完全なものとし、こうして無限に続けていく」と説期されている（453）。この目的論は、その前後で語られる〈表現の神秘〉に関連していよう。「我々は、その意味が与えられた語や、すでに自由に使える意味作用を用いて、一つの志向にたどりつこうとするのだが、その志向は、みずからを翻訳する手段である語の意味を原理的に超えるものであり、これらを変様させ、結局のところ自分自身でこれらを定着させることになる。語る行為（parole）とは、まことに逆説的な作業である。」（445）我々は、すでに形成された意味を担う言葉を用いて表現し、表現することによって新しい意味を創り出していく。そのことは日常的な経験に即しても理解されることだ。そうでなくては、書物を読んで新しい経験を獲得することもありえないであろう。これは習慣や行為の場面においても言えることである。アリストテレスが言うように、我々はすでに獲得した習慣に方向づけられて行為するのだが、世界の中で実際に行為し、それが繰り返されることによって、新たな習慣を獲得していくのである(15)。

問題はむしろ、こうした事態が日常においては自明で自然なこととして行われ、逆説とも偶然とも感じられていないことだ。そしてその内に秘かな目的論が働いていることなど気にも止めていないことだ。「世界を前にしての驚き」は、日常性の内に神秘を見る。その場合、現象学者はどのように「日常を生きる」のだろうか。語る行為とは「それによって思惟が真理にまで自分を永遠化する活動である」（445）とメルロ＝ポンティは言う。しかし一方、「私が了解することが厳密に私の生に合致することは決してなく、私が私自身と一体になることなど決してない」（399）とも言う。この両義性を生きる有様が、改めて問われねばなるまい。

敢えて言えば、目的論なるものは、我々が偶然了解を獲得するための契機であって、それ以上のものではないと思う。はじめに行為があり、それが逆説の経験として偶然性の様相で捉えられ、行為が為された後で、そこに働いていた目的論が垣間見られるのである。そうだとすれば、我々の出発点は、まず日常の行為における逆説の経験であり、自明性の内に謎を見出すことであろう。そのことはフッサールやハイデガーも語っていたことであった。しかしそこに目的論を見出す前に、あるいは日常性を頽落と見る前に、日常性を逆説・偶然と感ずる経験とはどのようなものかと問う必要があると思う。

我々は世界経験の内に過大な目的論を見るわけにはいかない。目的は行為の外部から与えられるものではないし、意識が主体的に付与するものでもない。それらに依拠して行為を意味づけることは「逆説を感じることが少なく済むため」の独断的な形而上学となるだろう。メルロ゠ポンティは真理の射程の遠さを我々の近くに見て、日常経験そのものを形而上学的とみなすのであるが、そこに大合理主義にもつながるような目的論を見出せるかどうかは定かではない。彼の言う目的論は終末を持たないし、行為する者にはそれとして自覚されることはない。『見えるものと見えないもの』では進化論的な目的論や、人間が積極的に産出するような目的が否定され、その意味では「私は目的論者ではない」と言われている(16)。存在の炸裂なるものに想いを託せば、目的論という発想自体が捨て去られることになるのかも知れない。メルロ゠ポンティの思索の深まりは、神秘主義とも見える肉の存在論へと向かっていくのだが、それはまた我々の直接経験の謎を深めるものとも思えるのである。

存在論的なものと存在的なものの関係、目的論と偶然性の関係は微妙であり、ハイデガーも認めていたような「循環」関係にある。偶然了解・逆説の経験を存在的偶然性と考えるにしても、それは、「私のこの世界が存在する」という存在論的偶然性を背景に持つことは言うまでもない。だが存在論的偶然性の方も、世界内部で行為する中での偶然了解を通じてのみ確認されるものであろう。メルロ＝ポンティの両義性の哲学は、その微妙な関係をより事実性に近づけて考えるものだとも読める。メルロ＝ポンティの偶然論を主題としたのは、さらに少しばかり日常的な事実性の方に近づけて解釈したかったということである。本稿では大合理主義への展望を持つメルロ＝ポンティは偶然性を目的論と関係づけることによって、そこに無限の開きを見ようとした。しかし小さな開きであっても、自己と同一化するような真理に到達できなくても、それでよいのではないかと思う。「セザンヌは偶然に打ち勝った」(17)というのは本当だろうか。懐疑の袋小路から抜け出すためには何かの導き、目的論が必要であるかもしれない。それを認めぬわけにはいかないのだが、循環を抜け出すよりも、循環を日常に生きていることの謎と豊かさを取り戻すことがまず必要だと思うのである。偶然性はモラトリアムの状態ではなく、世界の中ですでに行為してしまっている状態で見出されることであった。我々は常にすでにその了解を持っている。世界や私自身が不透明なのは、他へと開く豊かさであり、偶然性の様相はそのことを示すものであった。この偶然性に依拠することによって、我々の日常はどう捉え直されるか。「必然性や可能性よりも、偶然性が根源的である」という発想をヘーゲルとハイデガーにぶつけてみて、現実性とは何かを考えてみたいと思っている。

註

『知覚の現象学（Phénoménologie de la perception）』Gallimard, 一九四五年からの引用は、文中に原文の頁で示した。他のテキストからの引用は以下に註で示す。テキストの略号は次の通り。（　）の中は邦訳（みすず書房）の頁。

SNS　*Sens et non-sens*, Nagel 1966
S　*Signes*, Gallimard, 1960
VI　*Le visible et l'invisible*, 1964

（1）S, p.186（I二四四頁）。
（2）S, p.189（I二四九頁）。
（3）S, p.191（I二五一頁）。
（4）S, p.191（I二五〇頁）。
（5）拙稿『偶然の意味』実存思想論集Ⅲ（以文社、本書二〇三頁以下）。本稿では触れられないが、偶然了解の中身を考えるとき、偶然性を受苦として引き受けるサルトルの思想の意義を考えないわけにはいかない。
（6）VI, p.247（二七六頁）。
（7）九鬼周造『偶然性の問題』（岩波書店）、定言的偶然。
（8）VI, p.31（二七頁）。
（9）SNS, pp.165, 167-8（一三七―八、一四〇頁）。
（10）SNS, pp.8-9（二頁）。
（11）VI, p.92（九四頁）。

（12）VI, p.91（九二頁）。
（13）S, pp.160-1（Ⅰ二〇九―二一〇頁）。
（14）S, pp.161（Ⅰ二一〇頁）。
（15）アリストテレス『ニコマコス倫理学』第二巻第一章。
（16）VI, pp.318-9（三〇一頁）。
（17）SNS, p.10（四頁）。

第二部　身体・他者・死

習慣と身体
――「身につく」ということ――

(1)「身につく」ということ

習慣は「身につく」ものだと言われる。この表現は単なる比喩ではなく、習慣と身体との密接な関係を暗示するものではないだろうか。この小稿では、メルロ＝ポンティの諸著作、とくに『知覚の現象学』を手がかりにしつつ、(1)「身につく」という表現の意味、また習慣と身体の関係を考えてみたい。

＊

何らかの技術を自分のものとして所有する――わがものにする――のは「身についた」ときである。〝頭でわかっていても身体がついていかない〟と我々は言う。武道の型、楽器の演奏法、タイプライターの打ち方、これらを「知っている」ことと「身につけている」こととは全く別である。こうした技術を身につけるには繰り返しの練習によるしかないが、その練習の過程は、これをして……次にこうして……という知性的表象が消失していく過程でもあることを思えば、両者はむしろ対立するものだとさえ言いうるであろう。「我れ知らず」手足が動くからこそ、「我がものになっている」すなわち「身についている」のである。

それぞれの技術は、それぞれに特有の意味を内包している。一つの武道にも様々な型があるが、そこに共通する意味があるし、楽器で演奏する場合にも、その楽器で表現さるべき音楽的意味を持っている。タイプライターの場合には、もとの文章とタイプされる文字との連関がそれの意味と考えられるであろう。技術を身につけるとは、こうした意味と一体になることである。ある武道に習熟した人においては、個々の型は表象されることはなく、身体の動きそのものが一つの意味に浸された自然な動きとなる。楽器に習熟した人は楽曲の中に浸りきる。指の動きや楽器は音楽的な意味によって統一され、もはや表象されることはない。それらは曲を産み出す媒体でしかない。タイプライターに習熟した人の場合も同様、タイプや指は表象されず、彼は与えられた文章とタイプされた文字の連関の中に身を置いているのである。(2)

対象の内に新たな意味を見出すのは知的認識によってであるが、この場合には意味は認識者の外にある。これに対し、技術の習得にあっては、新たな意味を「我がものにする」すなわち自分に一体化するのである。「身につける」、「身体で覚える」のが文字どおりに身体のはたらきだとすれば、身体は「知る」以上の豊かな能力を備えていることになろう。

これは修練を要する技術を習得する場合であって、日常生活においては別にどうということはないように見える。身体に不可思議とも見える機能が備わっているようにも思われない。日常の行動においては自分自身、および周辺世界との一致——安らぎがある。私の行動は一つの意味を持ち、周辺世界とも意味の一致を保っている。私の行動はなめらかで連続性を持ち、何らの緊張を感ずることはない。これが日常生活のあり方である。だがここに不思議はないであろうか。今、ここにいる「私」を考えてみよう。この私にとって外界は「他」であり、ついさっきの私も今ではもはや「他」である。そのような他と、私はどうして連続性を得ているのであろうか。不思議ではないか。これに対し、これは問題の立て方がおかしい。日常生活においてはそんな「私」などなく、従って過去や外界を「他」と考えることがおかしいと言う人があるかも知れない。だがそうだとすれば、日常世界には無差別で同一的な時間・空間しか存在しないことになり、そこではそもそも「私は」という言い方すら意味をなさぬことになろう。

そう考えると日常生活は、パラドックスめいてくる。日常性において「私」がありうるためには、その私は「私」そのものの中に他を宿していると考えねばならないのである。こうしたパラドックスこそ我々の日常生活のあり方であり、このパラドックスこそ日常生活の「なめらかさ」を作っているものなのだ。そしてそのパラドックスは身体の二重性格の内に表現されていると思われる。日常生活においても、身体はある謎めいた能力を発揮しているのだ。そこで節を改めて身体の二重性格を考えてみよう。その中で習慣の現象も明らかになろうし、「新しい意味を身につける」技術の習得も新たな目で考えることができるだろう。

(2) 身体の二重性格

我々は自分自身の身体について、全体として我がものであるという感覚を持っている。こうした身体は、私が「見る」ものではなく、直接的に私がそれで「ある」ところのものである。私の目は外へと向かっている。身体は、私が無差別な外的空間を統一的な状況空間として形成するときの観点であり、行動の中心である。その意味において身体は主体である。だが他方、身体は空間の中で位置を占め、目に見える物体である。その点では身体は客体である。身体は主体と客体との二重性格を持っている。

しかし、以上のように身体の二重性格を特徴づけるだけでは不十分であり、これだけでは習慣と身体の関係も明らかにならないであろう。〝身体は私が直接的にこれを生きる場合には主体であり、目に見える物体である場合には客体である〟――こうした言い方は、〝私の身体は私にとっては主体であり、他者にとっては客体である〟と言うに等しく、身体を別の観点から捉えて特徴づけているのである。

たしかに身体は主体と客体の二重性格を持つ。だがそれは直ちに「身体は主体であると同時に客体である」ことを意味しない。そして実際、論理的な次元で考える限り、主体と客体が「同じ」であることはないであろう。身体の主体としてのあり方と客体としてのあり方、この二つを論理的に結合することは不可能である。両者の結合が考えられるとすれば、私の「生きる」次元、私がそれで「ある」ところの主体としての身体の次元においてすでに客体としての身体が感じられているという形でしかありえないであろう。その場合、身体の二重性格は、主体‐客体の図式でよりも、むしろ私‐他の図式で考える方が適当であるように思われる。私の身体が客体と感じられるとき、その身体は主体にとってもはや「他」である。客体としての身体をも私が「生きる」ものだとすれば、それは私が私の内に「他」を持つことなのだ。繰り返すが、この私と他の一致も論理的なものではなく、〝私において他を感じ、他において私を感ずる〟という情態的な一致なのである。〈意味〉というあいまいな概念を導入せざるをえない理由もここにある。主体と客体、私と他の統一があるとすれば、それは意味的な統一であり、そうした意味的統一の中で私は私自身に他を感じ、他の内に私を感ずるのである。

以上のことを念頭に置いた上で身体の二重性格を捉え直してみよう。さきほど、私の目が身体の外へと向かっているときに身体が我がものと感じられると言った。私が無差別な空間を一つの意味によって統一された状況空間とするとき、身体は意識せずに何らかのしぐさをしており、そのしぐさは、私が外的空間に与えたと同じ意味によって統一されている。例えば、私が机に向かって仕事をしているとき、机の周辺はそこで仕事をすべき空間として状況化されるのだが、このつとめに向う中で、私の身体のしぐさも有意味な統一を得る。私が我がものと感じている身体のしぐさの意味と状況となった外的空間とのあいだには意味の一致がある。この意味の一致があるからこそ、外的空間は私に親しいものとして感じられるのである。仕事をしているとき、私は机の周辺を「見て」いるのでなく、ここに「住まって（habiter）」いる。(3) その空間は、意識せずとも私が自由に利用できる空間として「我がものとなった」空間である。身体が我がものとして感じられるとき、皮膚で限られたこの身体空間のみならず、常に身体の周辺を含むのである。(4) こうしたことが可能になるというのも、私の身体が空間の中で位置を占め、外的空間との連続性を持っているからだ。意味付与する主体が世界から距離をとった存在者だとすれば（「意識」を〝世界からの距離〟によって特徴づけるとすればその意識にとって）、外的世界は常によそよそしいものとして感じられるであろう。近代的な認識主観の立場で「主体」と言うときこの主体にとって外界がいかにしてその実在性を得るかという問いが立てられる。だが身体を主体と考える場合、身体はすでに外界の中にあるものであるがゆえに、この主体はすでに外界を含みこんでいる。つまり外界に属するところの身体を主体と考えることによって外界が主体化されるのだ。もちろんこれもあくまで意味的な関係からの表現である。「外界の主体化」とは、身体が外界に住まうことにより、外界が主体の付与した意味によって満たされるということである。

「外界の主体化」に相関して、「主体の外化」ないし「疎外」も考えられるであろう。主体の付与した意味は外界に沈澱し、〝即自的に〟存在するように見えてくるのだ。使い慣れた机の周辺には「仕事場」としての意味が沈澱し、私が机に向かうとき、机の周辺から意味を〝受けとる〟ように感ずる。習慣の現象が説明されるのも、この「沈澱した意味」によってなのだ。これについてもう少し突っ込んで考えてみよう。

今、沈澱した意味が〝即自的に〟に存在するように見えると言ったのだが、それは事物がそこにあるような形で〝即自的に〟存在するのではない。(1)事物は目に見えるが、この意味は目に見えない。私は沈澱した意味を「見る」のではなく、「身体で感ずる」のである。(2)さらに、誰でもがこの意味を感ずるのではない。赤の他人が私の机を見ても、そこから私の感じるような意味を受けとることはない。外界に沈澱した意味を受けとるのは、すでにその意味を潜在的に所有している人だけなのだ。(3)身体にこの意味を所有している人は、これと一致した、周辺に沈澱した意味を〝否応なく〟受けとる。ここでは意味を「付与する」という性格は消失し、私は意味によって拘束されているのだ。いわば意味の「疎外」がある。意味は私にとって他となっており、私はもはやそこから自由でない。

外界に沈澱した意味を受け取るとき、(1)それは「身体」によって感じられ、(2)その意味を私は「すでに所有」しており、(3)そしてそれは私にはもはや「他」と感じられている。——以上をまとめて言えば、次のように言えるだろう。すなわち、外界と私との間にはすでに意味の一致があり、身体はこの意味を潜在的に所有している、それは私の「他」となって私を意味づけ(方向づけ)ている、ということになるだろう。(5) この、もはや私にとって「他」となっている、私に潜在する意味が習慣にほかならない。習慣的行動において他なる外界との緊張は感じられずそれと一体の如く感じられるというのも、私自身の内にすでに他があるからなのだ。我々の日々の行動はすべて有意味的であり、行動の中で私は様々な意味を周辺に投射し、沈澱させていく。この様々な意味がもつれ合い、結合して、確固とした、より包括的な意味を形成していく。無差別な空間はこの確固とした意味によってまとまりのある生活世界となり、その同じ意味は同時に私自身の内に沈澱する。それは完全に私自身でありながら、私にとって変更することのむつかしい「他」の加きものとなるのである。このような、包括的な、確固となった――日常化した――意味が習慣である。(6)

私が直接的にそれで「ある」ところのものであり、かつ外界に位置を占めるという身体の二重性格は、その二重性を別の観点から捉えるのでなく主体の「生きる」同じ次元で問題にする限り以上のように考えられねばならないだろう。つまり身体は、外界に沈澱する意味と、私自身がすでに所有している意味との結び目であり、私は身体的存在者としてこの意味を生きる主体であるからこそ、私は私自身を「他」として実感するのである。習慣の現象も、このように把握された身体の二重性格から説明することができる。「身についた」習慣的行動が、あくまで私の行動でありながら、非人称的な「ひと」(7)の行動と見えるのも、私の身体がそれ自体において他を宿し、いわば非人称化されているからなのだ。

(3) 本能と習慣

「意味の沈澱」を考える場合、まず主体による意味付与があり、それが私自身および周辺世界に沈澱すると考えてきた。それは主体としての身体を離れずに身体の二重性格を考えてきたためである。だが現実の日常生活にあっては、もはや主体の意味付与があったということすら忘れられ、周辺世界に沈澱する意味も、もはや「主体の外化」とは感じられなくなってしまっている。この世界には、また私自身には、それ自体としてアプリオリな意味が備わっているように感じられ、こうした意味の中に投げ出されてあるのが我々の現実であるかのように感じられる。

たしかに、アプリオリな、それ自体としての意味というものは考えうる。自然的な「生命」がそれである。生物学的自然としての身体はこの生命を担っており、この意味によって方向づけられた行動が本能である。自己保存、種族保存の行動は、個体および種の生命を維持し発展させるという意味を担う。形容矛盾となることを怖れずに言えば、本能は最も「自然的」な習慣である。生物体としての身体と周辺世界とは、この生命という意味によって統一されている。動物の本能の豊かさ、鋭さを見るとき、自然的世界には、生命という包括的な意味——エラン・ヴィタールのような——が遍在し、この意味が個々の生物体に宿って本能的行動をとらせているとさえ考えたくもなる。そう考える場合には、そもそも「個体」という概念すら抽象でしかありえないことになろう。実際、本能的行動にのみ制約された下等動物にあっては、おそらく「個としての生命」を感ずることはないであろう。生命は人間には計り難いアプリオリである。それは身体にとって生得的な自然であるがゆえに、最も持続的、包括的な意味であり、それゆえにこの意味を担った本能は最も「自然的」な習慣だということになろう。

だが我々が本能を習慣と言わないのはまさしくその自然性ゆえである。習慣は獲得されるものであって生得的なものではない。習慣によって獲得される意味も自然的なアプリオリではなく何らか「形成された」ものである。下等動物の身体を、またその身体と周辺を統一する意味は生命という天与であってそれ以外ではない。だが人間の身体は生命という天与以外の意味を形成してみずからに与える。習慣という現象は、人間の身体が生物学的自然以上の何ものかであることを示している。

本能が「自然的習慣」とも見えるのは、逆に、習慣が獲得物でありながら、一たんそれが形成されると自然（本性）の如く変えようとして変え難い方向づけを与え、いわば「習慣的自然」となるように見えるからである。我々は生物体として天与の自然的世界を生きるのみならず、習慣的世界という「第二の自然」を形成してこの中に生きるのである。

前節では「主体の意味付与」から出発して、この節では「自然的なアプリオリ」という観点から、習慣の現象を考えてみた。「主体が付与」する場合には意味は私からくる。自然的アプリオリの場合は意味は完全に「他」からくる。習慣がこの両極端からアプローチされうるというのも、習慣がこの両極の中間的な意味だからである。習慣は「人間の形成物」でありながら形成されると我々の「自然」の如きものとして感じられるのである。この習慣のパラドックスは「私なる他」、「他なる私」という身体の二重性格に対応することは繰り返すまでもなかろう。

先の両極端を純粋な理念型として考えれば——純粋な決断的行動にあっては私は全くの孤独である。私は自分の過去および外的世界とのきずなを断ち切られており、ここでは「私」と「他」がはっきりと対立する。私の内に他はなく、他の内に私はない。一方、純粋な本能的行動にあっては、その行動者は過去および周辺世界と完全に一致しており、ここでは「私」と「他」の区別はない。と言うより、そこではそもそも「私」なるものがありえないのである。時間・空間は無差別な同一性であり、個体はその中に解消してしまっている。——だが我々の行動は、現実にはそうした純粋な形ではありえない。程度の差こそあれその中間的なものである。「私なる他」、「他なる私」たる身体のあり方、また習慣的行動は、我々の常態なのである。はじめの方で日常生活はパラドックスめいていると言ったが、これも以上のように考えれば了解されるだろう。

(4) 日常性と身体

以上、メルロ＝ポンティの発想を手がかりにしながら、私なりに習慣と身体の問題を考えてみた。最後にサルトル、ニーチェにおける習慣と身体の捉え方と比較しつつメルロ＝ポンティの発想の意義を考えることによってまとめとしたい。(与えられた枚数が迫ってきたのでやや図式的な比較になることをお許し願いたい。)

サルトルは初期の論文『自我の超越』や『フッサール現象学の根本理念——志向性』などの中で、近代的自我の立場に対抗して(あるいはその立場を極端にまでおし進めて、と言った方がよいかもしれない)意識から「われ」を排除すべきことを主張する。彼にとって意識とは、志向性——外部に向う運動そのものである。そこには「われ」という人称的なものが入る余地はない。意識から不透明な「われ」をもエポケーすることにより、意識は全き透明さ、軽やかさにおいて捉えられるのである。意識は世界にのみならず「われ」にも支えを持たない。意識はどこにも正当づけの根拠を求めずその全面的自発性において意味を創造するのである。私自身、私の周辺世界の意味は私の意識が創造したものであり、それゆえこれらについて私が全責任を負わねばならない。意味の創造者として己れの選択に責任を負うべき意識的存在者にとって、所与の意味に安らぐ習慣的行動は唾棄すべきものである。そうしたあり方に安らぐことは人間存在たることを放棄することだとサルトルは言う。それに相関して、彼は身体を人間存在における即自と捉える。意識の透明さに忠実たらんとすれば、我々がそれを生きるところの身体は我々の内なる不透明であり、意識的選択の「偶然性」の表現と感じられるのである。

ニーチェは『ツァラトゥストラはこのように語った』特に「身体の軽蔑者」の節で、「自己（Selbst）」と「我れ（Ich）」を対置させている。彼は身体を軽蔑する者たちに対抗して身体を「大いなる理性」と言い、身体こそ本物の自己だと言う。それは感じたり認識したりする「我れ」の背後にあってこれを突き動かす「知られざる賢者」である。この「自己」とは、その最も本来的な姿としては、絶えず自分自身および既存世界を乗り超えていく強い意志であり、彼はそこにこそ一瞬一瞬を自分のものとして生き尽くす本来的自己を見る。絶えず創造し可能性を開いていくこの白己にとって、習慣は乗り超えらるべき「重力の精」に属するものと考えられるであろう。

サルトルもニーチェも、近代的自我の立場、さらには「我れ」に安らう近代ヒューマニズムを乗り超えようとしている。それはメルロ＝ポンティも同じである。だがサルトル、ニーチェの場合、近代批判、近代的な生活態度の批判が、さらには習慣一般の批判へと結びついていくように見える。サルトルにとって「嘔吐」は身体と同時に習慣に向けられている。詳論する余裕はないが、彼が身体の異様さ汚さを描くとき、それは我々の習慣の批判、現実世界に埋没してそこに安らぎを与えようとするイデオロギー批判に結びついているのである。ニーチェの場合、習慣や習俗またその重荷を敢えて背負う「らくだ」の精神は、創造的生のためにどうしても必要な条件ではある。しかし現代はそうした重さから解放され、自己自身のみをよりどころとする主体的個人の出現のときであり、習慣的生に対して嘔吐が向けられねばならない、この個人の生の表現たる身体は、創造的な大地への誠実として、既成の習慣への対立物とならざるをえないのである。サルトルのように意識の立場に立つにせよ、ニーチェのように身体を高揚するにせよ、そこで習慣的な生は非本来的なものとして捉えられる。両者とも日常性に埋没しない本来的自己を求めているところからして、それは当然のことと言えるだろう。

これに対し、メルロ゠ポンティは習慣を非本来的なものとは考えていない。習慣の内には「かけがえのない私」はなく、本来的自己から見ればこれは〝頽落〟であろう。だがこの頽落と見える習慣において、また習慣に示される身体の二重性格において、人間存在の柔軟さ、開放性が示されているとも言える。私の内にすでに他が宿り、他の内に私があるからこそ、共同主観性も考えられるのだし(8)、私と外的世界の連続性——世界内存在もまた現在の私と過去との連続性——時間性も、この日常性の只中で基礎づけうるのだと、こう考えることも可能であろう。メルロ゠ポンティが「実存」というのも、人間が日常性を脱却するところに見出されるのではなくて、人間の日常的存在を、まさにその日常的なあり方においてその意味を〝捉え直す〟ことなのである(9)。彼もまた意識的な「われ」の背後に「己(Soi)」とも言うべきものがあると考える(10)。だがそれは本来的自己といったものではなくて、日常性において何らかの意味を身につけた、いわば「習慣的自己」の如きものと考えられる。我々はそれをはっきりと把握していない。ハイデガー流に言えば、我々は bestimmen されているが、これを begreifen していない。我々の日常性そのものに謎めいた何かがあるのである。

メルロ゠ポンティは、かく日常性の只中で実存を考えようとする。もちろんだからといってただ惰性的に日々を送ることが実存だというわけではない。『哲学をたたえて』の中でのソクラテスに関する感動的な叙述はそのことをはっきり示している。――ソクラテスは自分の生きているポリスの現状を正しいとは思っていなかった。だが彼は決してアテネから離れて生きようとはせず、また高踏的な講壇世界に逃げこもうとはしなかった。彼は市井の人々に語りかけ、日常世界の只中でみずからの信ずるところを説いたのである。死刑の判決を受けても彼はアテネから逃亡しようとはしなかった。それは裁判を容認するからではなく、一層これを否認するためであり、彼を裁いた人間たち、ひいては現状のポリスがポリスのあるべき姿に目覚めることを求めてであった。ソクラテスは「法律が変わるのを願いながら法に服した」のである。――メルロ゠ポンティはソクラテスをこのように描く。メルロ゠ポンティにとって、真の哲学者とは日常世界から逃避することなく、またここに埋没することなく、絶えずその意味を問い続ける人間なのである。ときにはそれが孤独な抵抗となることもあろう。だがその場合にも孤独な世界に閉じこもるべきではない。他者とともに生きているこの日常世界の再生を願い、この日常世界の中に生きる孤独でなくてはならないのである。

哲学をこのように考えるためにも、日常的生が単なる惰性ではなく、新たな意味へと開かれていると考えることが前提である。メルロ゠ポンティにおけるそうした日常性の捉え方は、身体そのものが新たな意味を産み出す謎めいた性質を持つという思想と結びついている。(11) 習慣を身につけるとは、行動を通じて身体に、また周辺世界に意味を沈澱させることであった。身体が文字通り意味を「身につける」能力だとすれば、それは絶えず新しい意味へと開かれているはずである。そうでなくては最初に述べた「技術の習得」もありえないであろう。メルロ゠ポンティが身体を芸術作品に比してさえいるのも、(12) 身体のこの謎めいた性質を暗示するためとも考えられるのである。

習慣を非本来性として捉えず、また日常生活の只中で人間の「実存」を考えること、それが実存哲学の「本来」であるかどうか、これについて私ははっきりした答を出すことはできない。だが少なくとも、こうした捉え方が、哲学することについての重い問いかけを含んでいることは確かだ。〝『嘔吐』を書いているとき、私は嘔吐を感じていなかった〟というサルトルの反省を考え合わせるとき、その感を深くするのである。

註

（1）本文での引用を避けたので、メルロ゠ポンティの思想が特徴的に表れていると思われる部分は以下の註で引用することにする。『知覚の現象学（Phénoménologie de la perception）』Gallimard は PP と略記。〔　〕の中は私が補った部分。

（2）PP. pp.167–170, La structure de la comportement, P.U.F., pp.131–2.（邦訳『行動の構造』、一八二—三頁）

（3）PP. p.162.

（4）「身体図式〔わがものとして感じられる身体の全体感覚〕は、私の身体の経験であるのみならず、世界の中での身体の経験なのである。」(PP. p.165)

（5）「私の有機体は、世界の一般的形態への前人称的な粘着として、匿名の一般的な実存として、私の人称的な生の下で先天的コンプレックスの役割を果たしている。」(PP. p.99)

（6）「身体が新しい意味によって浸透されきったとき、身体が新たな意味的核と一体となったとき、身体が了解した〔＝身についた〕、習慣が獲得されたと言われるのである。」(PP. p.171)

（7）PP. p.98.

（8）「他者の明証性が可能なのは、私が私自身にとって透明でないからであり、私の主観性がその身体を引き摺っているからなのだ。」(PP. p.405)

（9）「……実存、すなわち、事実や偶然以前には存在せず、またそれなしには存在しないような理性によって事実や偶然を不断に捉え直す（reprise）こと」(PP. p.148)、また p.197.

（10）PP. p.458.

（11）PP. p.230

（12）PP. pp.176–7.

サルトル哲学における死の問題

（1）サルトル哲学における死の問題

一九四五年、四〇歳のサルトルは『レ・タン・モデルヌ創刊の辞』で次のように書いた。

我々は、同時代人のために書く。未来の目で我々の世界をながめようとは思わない。未来の目でながめることは我々の世界を殺す一番確実な方法だろう。我々はそんなことはせず、生身の目で、滅びるであろう真実の目で見ようとするのだ。我々は上訴してまで裁判に勝とうとは望まない。死後の名誉回復などは用はない。裁判に勝つか負けるかは、この世で、我々の生きている間に決まることなのだ。……我々が永遠なる者となるのは不死を追い求めることによってではない。

……我々の時代に懸命に戦い、我々の時代を懸命に愛し、我々の時代とともに完全に滅びることを受け容れるからこそ、絶対者となるのだ。(1)

それから三五年、サルトルは死んだ。どんな気持で彼が死に臨んだのかはわからない。だが『創刊の辞』の著者にとって死は我々の生にとって意味を持たないし、死後の世界は問題ではないのである。サルトルの死を聞いたときまず頭に浮んだのは、この異様に強烈な『創刊の辞』の一節であった。実際、死をどうでもよいものと考え、時代とともに滅びるからこそ絶対者となると考えうるのは異様な哲学である。彼が終生この哲学を持ち続けたとするならば、死に臨んでこれをただ「そうか」と受け容れたはずである。

ソクラテスがいつもと変らぬ平静な態度で毒杯を飲みほしたという話は我々の心を打つ。だがソクラテスが死を怖れなかったのは死後の世界を喜ばしいものとして予想しえたからであった。そこから霊魂不死の信仰へは一歩である。それに、彼にとって死は「どうでもよいもの」ではない。彼の言う哲学とは「死ぬことを学ぶ」ことであり、いわば死後の目をもって現実を生き直すことであった。だがサルトルは霊魂の不死など認めない。肉体とともに私も滅ぶ。にもかかわらず死を「それだけのことだ」とどうして受けとめうるであろうか。特に実存哲学にとっては「かけがえのないこの私」が問題になるはずである。死はそのような私を無に帰せしめるものであるし、そうであるからこそ死に直面するときに私の「かけがえのなさ」がひしひしと感じられるはずである。実存を問題にする哲学にとって死の問題は避けて通れないものではないか。にもかかわらずサルトルが死を「それだけのことだ」と考えるのはなぜであろうか。そこにはいかなる哲学があるのか。以上のような関心から、『存在と無』(特に第四部第一章の中の「私の死」について論じた一節)を手がかりに、サルトル哲学における死の問題を考えてみた。

(2) ひとごとでないのは死だけではない

サルトルは、死を壁の向こう側にある非人間的なものとみなす考え方に対して死を人間的なものとして取り戻そうとする考え方が魅力的な思想であることを述べる。このような思想はリルケの詩やマルローの小説に表現されているが、これに哲学的な基礎づけを与えたのはハイデガーである。ハイデガーは非本来性から本来的実存への通路を「死に向かっての先駆」に求めた。死は現存在の「ひとごとではない可能性(eigenste Möglichkeit des Daseins)」[2]であって、このような可能性に向かっての覚悟が、日常には共同存在の中に己れを見失っている現存在に「かけがえのない私自身であること」に目覚めさせると言う。サルトルの「私の死」についての論述は、終始このハイデガーを念頭に置き、これを批判する中で展開されている。

ハイデガーに対してサルトルはまず「ひとごとでない」のは死だけではないと言う。ハイデガーは「誰も私の代りに死ぬことはできぬ」と言った。それはその通りだ。しかしそれは死に限ったことではなく、たとえば「誰も私の代りに愛することができぬ」とも言えるではないか。「かけがえのなさ」はいかなる行為か、何に向かっての行為かに関わるのではなく、我々の行為を結果ないし機能として捉えず、主体的な私の問題として捉えるかどうかにかかっている。結果ないし機能として見るなら、愛する行為であろうと死ぬことであろうと私の代りに誰かがやることができる。たとえば祖国を救うために死ぬのは私でなくてもできる。死が代理不可能なのはそうした機能、結果をもたらすからではなく、まさに私の問題として私がこれに直面するからである。しかしそれは死に限らず我々が日々に経験していることだ。たとえば通俗的な愛においても、愛する私にとってはこの行為はかけがえのないものである。——サルトルは以上のようにハイデガーを批判し、「私の死を主体的なかけがえのないものたらしめるのは反省以前のコギトとして定義される私の主体性であって、決して死が私の対自にかけがえのない自己性を与えるわけではない」(3)と言う。死によって個別者としての自覚が生じるわけではなく、すでに我々が個別者として己れを意識しているからこそ死が個別的なものとなる、というわけである。

以上のサルトルの批判は論理として筋が通っているように見えるが、それだけでは納得するわけにはいかない。サルトルは死ぬことも通俗的な形で愛することも同じくかけがえがないと言うのだが、その「かけがえのなさ」にはやはり違いがあるのではないだろうか。「すでに我々が持っている個別者の（非反省的）意識」から「死に直面することによって生ずる個別者の自覚」に至るには、質的な飛躍があるのではないだろうか。ハイデガーは、世間的な自己（Man-selbst. これも一種の自己ではある）から真実の私自身（Ich selbst）へと至るために、特殊な、死という限界状況を考えざるをえなかったのである。サルトルは「ひとごとでないのは死だけではない」として死の特殊性を切り捨ててしまったのだが、そのことによって限界状況の問題を無視してしまったのではないだろうか。そこで逆に、サルトルに対して「死が何ゆえに生にとって特殊な意義を持たないのか」と問いかけてみなければならぬ。

（3） 死は実存にとって特殊な意義を持たない

サルトルもまた死を限界状況として語るのであるが、それについてはのちにふれよう。サルトルの死の捉え方を考えるために、ここではハイデガーの『存在と時間』の次の一節を手がかりとしたい。「おのれの終末（Ende）へと臨む存在において、現存在は〈死の中へ投げ出されて〉存在しうる存在者として、本来的に全体として実存しているのである。現存在は、ただ自分が消滅する地点として終末を持っているというだけではない。現存在は終末的に（endlich＝有限的に）実存しているのである。[4]」——つまり、死‐終末は、単に「いつかやってきて生を終らせるもの」ではなくて、「みずからの生においてそのつど引き受けるべきもの」なのである。終末を持つ有限的な実存（endlich existieren）として自己を了解することによって、現存在は一つの全体として存在する可能性を得る。ハイデガーにとっては、根源的本来的な時間性は、有限的な、終末を持つ時間であり、いつまでも続く無限の時間は派生的非本来的な時間性である。彼が死への先駆を本来的自己への通路としたのも、死が現存在の終末であり、この終末に向かうものとして生を捉えることによって現存在が一つの全体として限界づけ（begrenzen）され、規定（bestimmen）されるからであった。死は、生を終末させることによって生に有限性を与えこれを全体化するのであり、そのようなものとして生の内に内面化さるべきものなのである。このハイデガーの思想に照らしてみるとき、サルトルの死についての思想はどう捉えられるであろうか。

結論から先に言えば、サルトルは、「有限性こそ本来性」というハイデガーの発想には同意するが、「死に向かうことによって人間は有限的実存となる」という考え方を否定する。サルトルは「人間は死ぬから有限なのではない。たとえ不死であっても人間は有限である。[5]」と言う。彼において有限性はどこから来るかと言えば、それは人間の自由からである。自由な行動は何ものをも根拠とせぬゆえ無限の可能性を秘めているが、それが現実的な行動となるとき、すべてであることはできず「何ものか」を選ばなければならない。人間はみずからの行動によってみずからを何ものかとして規定し、それを通じて世界に何らかの規定を与えるのである。自由であるとは、一面「何ものにも規定されない」ことであるが、だからこそ「みずから規定（限定）する」ことであり、自己を有限者として拘束する（s'engager）ことなのである。自由と有限性とは裏腹である。人間が居なければ、世界の内に自由な選択を行う主体がなければ、宇宙にはただ無差別でのっぺらぽうな物塊があるばかりであろう。この即自的な存在は無限に存続するかもしれないが、ただそれだけのことだ。それはいわば「永遠の無意味」である。この無差別な空間に意味が生じ、何らかの規定が生ずるのは、この即自的な存在から身をもぎ離し、みずからを限定する存在としての、自由な人間存在（対自存在）によってなのである。永遠なるもの、不死なるものに想いをはせる宗教の立場からすれば、人間の有限性は人間の卑小さ、みじめさを示すものである。だがサルトルにとっては、有限であることはみじめさの表現であるどころか、自由な行動者としての人間の尊厳の証しである。

このようにサルトルは、ハイデガーと同じく有限性を引き受けることをもって真の実存とするのだが、しかしハイデガーが有限性と終末性を結びつけた（Endlichkeit という語はこの両方の意味を含んでいる）ことに対しては真向から反対している。サルトルにとっては有限性は終末としての死によって生じてくるわけではないのである。サルトルは、有限性の概念をこう捉え直すことによって「死の束縛からわれわれを解放した(6)」と言う。死が我々を有限なものの内に閉じ込めるのではなく、我々が自分を有限なものとするのだ。「死すべきもの」であるか「不死なるもの」であるかは、有限性の問題にも人間の尊厳にも関わりがない。仮に人間が不死であるとしても有限であるし、不死なるものが無限で偉大だというわけでもない、というわけである。

だが、有限性の概念をこのように捉え返したからといって、それでもって死の問題から解放されたことにはならないだろう。サルトルは有限性と終末性を切り離し、終末が有限性をもたらすものではないとしたのであるが、「死が終末である」という事実はいぜんとして残された問題ではないだろうか。ハイデガーは終末としての死を引き受けることによって生は全体として存在する可能性を得ると言う。

これに対してサルトルはどう考えているのであろうか。

サルトルは、死を内面化することはできない、死は私の可能性の外にある不条理であると、繰り返し主張する。死は決して「待ち受けられた死（le mort attendu）」ではありえないと言う。その理由として彼は「死がいつやってくるかわからない」という事実を強調している。死は待ち受けているときにはやってこないことを示す色々な実例を挙げ、死の不条理性を示そうとする。（絞首台の上で取り乱さぬようにと覚悟を決めている死刑囚がスペイン風邪のためぽっくり死ぬ、など。）

だが死の時期が予期できないということだけでは――事実としてもそれに反する実例を挙げることもできると思うが、そのことは措くとして――死を内面化することができないことの十分な理由にならないし、ハイデガーへの批判になっていないと思う。ハイデガーにとっては死の「いつ」、「どのように」が問題なのではなく、死という事実があること、それが生の終末であることが問題なのである。だから問題は死の時期が予期できるかどうかではなくて、死そのものが「待ち受けられるべき」ものかどうか、死は真に生の「終末」であるかどうか、死へと先駆することによって生の全体的な存在が可能になるかどうか、である。実際サルトルも「意味づける存在」として人間を捉える中でそのことを問題にしているように思われる。

先に述べたように、サルトルにとって人間は自分の内にも外にも根拠を持たず、みずからを規定（限定）する存在である。人間の生の意味はそのような主体的な自由を根拠としてのみ生ずるのである。しかしこの、自分自身による自分自身への生の意味づけは、自分の行動以外の何ものにも根拠を持たず多くの可能性の中からの選択であるがゆえに、常に改変されうる。つまり私の生は「かけがえのない私の決断」によって意味づけられるからこそ、客観的な正当づけ、根拠づけを持たない。それゆえ現在の私の意味づけの行為は未来の私によって回顧的に確認され、根拠づけられることを欲する。私の生の意味が根拠のある一つの安らぎ（全体）となるべく、私の現在は未来を「待ち受け」ている。その点において未来は現在にとって「来るべきもの（à-venir）」なのである。サルトルの存在論の用語によればぼ、人間存在は根拠づけする自由な対自でありつつ根拠づけられた安らぎを持つ十全な存在であること、すなわち即自且対自であることを求めるものである。これが彼の言う「全体」であり、また「価値」と言われているものである。人間存在は、深層においてそのような全体的存在たらんとすることを求める「存在投企」を行っているのだ――これがサルトルの現象学的存在論の主要な結論であり、人間存在の解釈学（実存的精神分析）の原理となるべきものである。

このように、サルトルも、人間は終末を待ち受ける存在であり、一つの全体的存在となる可能性を求めていると考えるのであるが、しかし彼は死がそのような終末を与えるものとは考えていない。

サルトルにとって、終末を求める存在投企は必然的に挫折に至るほかはないものである。意味づけはあくまで対自の自由に発するものであるゆえ、未来に一時確認されても、その確認もまた新たな意味づけであり改変されうるのである。鼻先にぶら下がった人参を追いかける馬の如く、「人間存在は無益な受難（情熱）」であるほかはない。人間の生の究極的な意味づけは常に不確定なままであり、一つの全体――みずからの生が十全に意味づけられたという実感――は決して実現することはないのである。人間には決して「終末」はない。死もまた真の終末ではない。死は待ち受けの投企を終わらせるものではあっても、生を全体化して「終末させる」ものではないのである。それは、生の意味を不確定なままに残す、いわば「永遠の中断」である。死が不条理なのは単にその時期が予期できないというだけではなくて、「待ち受けている」生の投企を突然に中断させるからなのだ。そうだとすれば、死は決して「待ち受けられる」べきものではなく、生の全体存在の可能性を与えるものではない。かくの如く、サルトルはハイデガーに抗して、「死が終末である」ことを否定し、「死へと先駆する覚悟」など無意味だと断ずるのである。

以上、特にハイデガーの〈endlich-existieren〉という発想を手がかりにして、それとの比較でサルトルの死に対する考え方——それは人間の生の意味についての考え方と不可分である——を見てきた。サルトルにとって人間存在は「有限的存在」であり、「終末を求める存在」である。だがそれは人間存在が自由であることから必然的に生ずることであって、「人間が死ぬ」ところから導き出される事実ではない。死は人間を有限化するものでもないし、また終末を与えるものでもないのである。死は実存にとって特殊な意義を持たない。

(4) 自由の「外」としての他者・死

ここでハイデガーから離れよう。次にこれまでに述べたことと関連させつつ、サルトル自身の死の位置づけを考えてみよう。問題にすべきは、「死は対他存在の一様相にすぎない」という、異様と思える発想である。これを取り上げることは、同時にサルトルの限界状況論について考えることである。

彼の言う限界状況とは、「実感さるべき - 実感できないもの（l'irréalisable à réaliser）」である。私の可能性ではないものでありながら、しかし自分のものとして引き受けざるをえない状況、これが彼の言う限界状況である。サルトルは死をそうした意味での限界状況だとするのだが、ここで注目したいのは、

第一に、サルトルは死が唯一ではなく、「対他存在」もまた限界状況だと考え、死をその一様相だとしていること、第二に、限界状況はたしかに私の自由を限界づけるのであるが、それは外的な限界づけであって、自由の全面性はこれによって何ら損なわれることはないとしていること、である。

第一の問題について——私の可能性のすべてを奪いとる死は、私が根拠づけることのできぬ不条理な、偶然的な事実である。そのようなものとして私がこれを引き受けるとき死は限界状況となる。だがそこでサルトルに特異なところは、死に直面するときに感ずる不条理が、日々の生活の中で他者のまなざしを感ずるときの不条理と同じものだ、と考えることである。人間はみずからを意味づける存在であるが、同時に意味づけられる存在である。この受動的な意味づけは他者の目を意識し、これを自分の存在に突き入るものとして捉えるときに生ずる。この意味づけは私の手の届かぬ他者の自由に由来するのだから、私はこれを「よそ」として、決して自分の対自に一致させることはできぬものとして引き受けるのである。私が他者をまなざし返すのではなく他者のまなざしを私が受け容れるとき

——ヘーゲルの『精神現象学』で言えば「主人」の立場でなく「奴隷」の立場をとるとき——対他存在は、私が引き受けねばならぬ実感できぬものとして限界状況となる。他者とともに生き他者を意識する存在である以上、人間は自分の不透明な「よそ」を持っている。我々の生がそういうものであること、他者が存在するということ、それは如何ともできぬ偶然的な事実である。サルトルはこの不条理を、「人間が死ぬ」事実の不条理と重ね合わせる。死は私の投企を終わらせるものであるとともに「私自身を見るときの、私の観点に対する他者の観点の勝利」[7]であると言うのである。死は私の未来を奪い、私自身による私自身への意味づけの可能性を奪ってしまうのだから、死によって私への意味づけはただ他者にまかされることになる。「忘れられる」のも一種の意味づけであり、その場合後世の他者たちは、私をたとえば「二〇世紀の小市民たち」という集団に溶けこんだものとして把握するのである。

この特異な、死を「対自に対する対他の勝利」とするサルトルの発想は、もちろん他者についての彼に特有の把握の仕方が前提になっているが、それとともにやはり、先の「死は生の終末ではない」という捉え方を考慮に入れないと理解し難いように思う。私は死ぬ。しかし私の生の意味づけは終末に達したのではなく中断したのである。それを私自身によって改変する可能性は永遠に閉ざされたのであるが、他者による意味づけはいぜん続けられるのである。「もし他者が居なければ死というものは私と世界との同時的な消滅であろう。[8]」しかし他者が存在する限り、私の生への意味づけは、また私が意味を与えた世界への意味づけは、終末に達することなく続けられるのである。

そのことに関連してもう一つ、こうした発想の前提になるものとして考えられるのはサルトルにおける「私」の把握の仕方である。彼は意識の立場、主体性の哲学だと言われるが、処女論文『自我の超越』以来、一貫して意識から不透明な「私」を排除することにつとめた。意識は「それ自体として在る」実体ではない。意識的存在者としての人間は「内面」を持たず、外部世界へと炸裂しここで行動する主体なのである。そうだとすればサルトルにとって「かけがえのない」のは、「私」というよりは「私のこの行動」だと言うべきであろう。世界に対して、また私自身に対して意味を与え限定づけていく創造的行動、この「外化された活動」がかけがえがないのである。「私」を外部世界から切り離された実体と考える立場からすれば、私の死によって私の与えた世界の意味もまたすべて消滅する。そのことに耐えられないとすれば私の「内面」に外部世界とは関わりを持たぬ何らかの不死なるものを求めざるをえなくなる（→霊魂の不死）。だがサルトルの場合、人間主体は他者たちの生きる外部世界との関係以外の何ものでもない。死は私を無に帰せしめるが、私がそれに向かって炸裂し意味づけたこの外部世界は他者が存在する限り存在し続け、それを通じて私の生の意味もたえず捉え返される可能性があるのである。

人間と世界を「意味づけし‐意味づけされるもの」として考えるとき、サルトルの主体性の哲学は、徹底的なものであるからこそ「人類共同体」とのつながりを持っているように思われる。対他存在は私にとって「よそ」であるが、まさにそうであるがゆえに人間が存在する限り私の死後も存続し続けるのである。死を「対自に対する対他の勝利」と考えるサルトルの発想は、以上のような哲学を背景として持っているように思われるのである。
次に第二の問題——限界状況は自由の外的な限界であってそれによって自由は傷つかないとサルトルが考えていること——について。これは一面、傲慢な、自由の全面性の主張とも見える。しかし裏返せばそれは、人間の自由の可能性の「場」を限界づける主張とも読めるのである。人間が死ぬこと、他者が存在すること、それは我々にはどうにもならぬ事実性である。この限界を自由の「外」とし、これによって自由が傷つけられないとすることは、自由がこの限界を乗り超えることはできないとすることであり、この限界を人間の条件として認めようということである。限界状況を事実として、不条理の壁として認めよう。我々はその壁を乗り超えようとすることを断念し、この壁を受け容れ、その内側で精一杯生き尽そうではないか——自由の全面性の主張の裏側には、このようなサルトルの「諦念」が秘んでいるように思われる。詳論する余裕はないので、ここではただ戯曲『バリオナ』の中の次のセリフを引用しておきたい。

苦悩について思いめぐらしたり、ほかのこと以上にこれに名誉を与えるべきではない。ましてやこれに忍従するべきではない。苦悩なるものは全く自然で当たり前のことなのだ。これを全く当然であるかのように受け容れるべきなのだ。これについて多くを語るな。苦悩と宥和し、君の心の内にこれをすえつけよ。石ころが道ばたにころがっているように、苦悩がただそこにあること以外は何も考えるな。……苦しみの分け前を日々のパンと同じように受け取るとき、君は苦悩

の彼岸にいるのだ。(9)

サルトルは死の不条理を生の不条理の一面として捉え返した。人間が死ぬこと、それは我々にとって如何ともし難い不条理であり苦悩である。だが人間の生存そのものが苦悩ではないか。人間が有限者であり、終末を持たぬ存在であること、その事実にとって死は何ら意味を持たない。この苦悩的事実は、人間の尊厳である自由と表裏一体なのである。死が我々に実感できぬ壁であることも、我々の日々の生活の内に、他者とともに生きている限り感じられている壁なのだ。我々はこの壁を受け容れ、その中で有限なものとして生き尽そう。生きているあいだに私の生を最終的に意味づけ、根拠づけることはできない。私の意味づける行動、私の意味づけた世界は、私の死後、他者たちがそれなりの仕方で意味づけていくことだろう。それも最終的な意味づけに達するかどうかわからないし、世界は私の思わぬ方向へと動いていくかも知れぬ。だがそれは他人の自由に由来することであり、仕方のないことだ。これが我々に与えられた人間の不条理だとするならば、我々はこれを「よし」とするほかはないではないか。

冒頭で『創刊の辞』を引用したが、死をものともしないこの行動の哲学には何かしら異様なものがある。サルトルのこの異様な強烈さを支えているものは、今述べたような一種のストイシズムではないかと思うのである。

註

引用は原文通りではなく、意味をとって要約したところもある。

（1）*Situation II*, pp.14–16.
（2）*Sein und Zeit*, S.263.
（3）*L'ètre et le neant*（以下 EN と略す）, p.619.
（4）*Sein und Zeit*, S.329.
（5）EN, pp.630–631.
（6）EN, p.630.
（7）EN, p.624.
（8）EN, p.630.
（9）Michel Contat, Michel Rybalka: *Les Écrit de Sartre*, pp.624–626. ここで引用したセリフは、戦時中、捕虜収容所でこの戯曲が上演されたときサルトル自身が扮したバルタザールのセリフである。なおこの一節は、「サルトル哲学における救済の問題——戯曲「バリオナ」を手がかりに——」（『茨城大学人学部紀要』第十二号）でも引用した。

サルトルとヘーゲルにおける他者の問題

（1）実存と人倫は二者択一問題ではない

サルトルは『存在と無』の第三部「対他存在」において、現代の代表的な他者論を展開した哲学者としてフッサール、ヘーゲル、ハイデガーを挙げている。彼は三者の他者論を紹介しつつ批判することを通じてみずからの立場を明確にしていくのだが、その叙述を読むと、サルトルは自分の立場に最も近いものとしてヘーゲルを考えているように思われる。実際、彼は重要なところでヘーゲル、特に『精神現象学』における自己意識の記述を手がかりにしているのである。

たしかに『存在と無』において、ヘーゲルに関する言及の多くは批判に当てられてはいる。サルトルはヘーゲルの天才的な着眼を高く評価しつつも「ヘーゲルは存在と認識を同一視してしまった」と批判し（EN, 294-300）[1]、そのオプティミズムは克服されなければならぬと言う。これはヘーゲルに対するサルトルの一貫した観方であって、場面は異なるが『弁証法的理性批判』でも繰り返されている[2]。これに対してヘーゲルの立場からの反批判は可能だし、両者の対立点を浮き彫りにすることはそれはそれで意義のあることであろう。実存哲学の立場からすればガイスト（Geist）から実存に向かって飛躍することが求められるだろうし、サルトルを近代個人主義の枠を出なかったと批判する立場からすれば、ヘーゲルの思想は共同の自由に向かって一歩を進めたものと考えられるであろう。

しかし、こうした対立を述べ立てたり、一方の側に立って他方を批判するだけではそれ以上のものは生まれてこない。実存と人倫を二者択一とみなす発想をこそ我々は克服すべきであろう。この章では相違を念頭に置きつつも、両者に共通する思想に焦点を当ててサルトルのヘーゲル理解を紹介し、「間主観性」の問題を考え直す一つの手がかりとしたい。ここでは取り上げる著作を、両者の思想の原点と思われる『存在と無』と『精神現象学』に絞り、サルトルの「内的否定関係」という概念をヘーゲルの「精神」にぶつけて考えてみることにする。

（2）サルトルの「内的否定関係」とヘーゲルの「精神」

まず、サルトルにおける「現象学的存在論の試み」（『存在と無』の副題）はヘーゲルにおける「精神の現象学」に通ずる発想を持っていることを指摘しておきたい。

サルトルの現象学的存在論において「内的否定関係」というのは一つの鍵になる概念である。それは「自分でないものとの関係が自分の存在そのものを構成する」ことを意味する(3)。自分でないもの、すなわち「他」との関係がみずからの存在そのものであるような存在がありうること、これがサルトルにとっては存在論の可能性の条件であり、存在と無の論理の基調である。

事物 - 存在はそれ自体で自足した存在(即自存在)であり、それだけでは永遠の沈黙でしかない。「在る」という事態が問題化される――存在論がありうる――とすれば、そこに存在ではないもの、つまり「無」が生じていなければならないだろう。しかし無はまさに存在しないのであるから存在の外にあるはずはない。とすれば存在するということ自体において無を宿しているもの、言い換えればその存在仕方が自分自身の否定であるような存在者がなければならない。これが意識 - 存在(対自存在)である。

「無」は「存在の只中における存在の他者」である。存在は自らを問題化して、自らの内に自らの他としての無を要請する。この要請に応答するのが意識 - 存在としての人間なのである。このような立場からサルトルはヘーゲルとハイデガーの無の概念を批判するのだが(4)、私としてはむしろ、以上の存在と無の論理はヘーゲルの「精神」に通じていることに注目したい。「精神とは、みずから他者となり、この他在を止揚する運動である」(III, 38)という思想を、サルトルは存在論の用語で表現しているとも考えられるのである。

もちろん、そのことだけでサルトルにおける「存在」をヘーゲルにおける「精神」になぞらえることには問題があろう。『存在と無』においては、否定の運動は「無」を顕現させる個々人の意識の自由によって担われるとされている。「みずからを他在とする主体とは何か」を問題にするならば、ガイストの立場とコギトの立場はやはり根本的に対立するものではないだろうか。だがその問題関心からヘーゲルとサルトルの哲学を考えるならば、両者それぞれのうちに、すっきりとは割り切れぬ内容が含まれていると思う。

たしかにサルトルにとって、現象としての存在が問われる場は何よりもまず人間存在である。コギトの確実性に従う現象学的存在論は、意識－存在としての人間的現実を主体とし、その存在のあり方を探求していくしかない。存在論の役割は、存在論以前の人間存在の事実を顕わにするところで終わるのである。しかし、この現象学的存在論は「存在の形而上学」を背景に持ち、これを展望する。『存在と無』の本論では人間によってのみ無が世界にやってくるとされるのだが、緒論や結論を合わせて読めば、無とは存在そのものがみずからを根拠づけるためにみずからに問いかける働きであり、即自－対自－即且対自という過程は存在の自己展開とも考えられているのである。いかにして存在がみずからを他在とするのか、存在の只中にいかにして無が生じたのか、それを問題にする形而上学が結論のところで展望されている（EN, 713）。対自としての人間は即且対自に向かって投企するのだという「存在投企」の思想も、「存在は自己の根拠づけを求めて対自となる」という形而上学の裏返しと解釈されよう。

こうした事情はヘーゲルにおいても同様ではないだろうか。『精神現象学』において、「意識の経験」

は「精神の自己展開」に重ね合わされている。一方に対象とぶつかって挫折を繰り返し、教養を積む意識の立場があり、他方にこの展開を眺める哲学的観察者の立場がある。ヘーゲルは絶対知の立場に立って回顧的に語っているのだと言えばそれまでだが、だからといって意識の苦闘が無駄な努力だというわけではあるまい。ガイストの立場とコギトの立場とは確かに対立するものではあるが、そう明確な対立ではないと思うのである。『精神現象学』が実存主義的に解釈されるのは十分に理由のあることだし、『存在と無』の内にすでに、歴史的理性の了解を求める『弁証法的理性批判』への方向が含まれていたと言えよう。

ヘーゲルのガイストは自他の統一であるが、無差別な同一性ではなく自他はあくまで区別されたものとしてある。サルトルのコギトはあくまで個別的ではあるが、デカルト的な実体ではなく他と関係する動的な意識であり、自己意識の明証性そのものにおいて他が見出されるのだとされる。サルトルは意識を定式化するにあたって、ハイデガーが現存在に与えた「その存在においてみずからの存在が問題であるような存在」という規定を受け継ぎつつ、これに「他の存在と関わる限りにおいて」という一節を付け加えた(EN, 29)。(5)

ただし、ここで「他」というのは直ちに「他者(私とは別の自己意識)」ではない。『精神現象学』における対象意識の段階、また『存在と無』における対自存在の記述においても、様々な場面で「自体」と「対他」の関係が取り上げられるが、そこではまだ「他者」は主題にならない。ヘーゲルは無限性、生命、欲望の記述を経て自己意識相互の関係へと移行し、この人間関係の場面に至って初めて

「これ以後意識にとっては精神とは何かの経験が生ずる」(III, 145) と言う。一方サルトルは独我論を正面から取り上げる中で他者の存在を問題化する。本章が出発点とするのはその場面においてである。

内的否定関係という考え方によって、私と他者の関係が改めて捉え直され、独我論の暗礁を踏み越えることができるとサルトルは言う。もしも私と他者とをはじめに切り離された実体と捉えてしまったら、この二つの実体の結合を考えることは難しくなる。「他者の存在を私はどうして知りうるのか」というアポリアに落ち込まざるをえない。実在論の立場では私と他者とは実在的な空間によって切り離されており、観念論の立場では二つの観念的な空間が併存する。いずれにおいても私と他者とが外的関係において捉えられているが故に独我論に陥ってしまう。そのことが自覚されて、現代の諸哲学は他者との結合を「それぞれの意識をその出現そのものにおいて構成するものとして」捉えようとするようになった (EN, 288)。サルトル自身「自らの存在そのものの内に他者の存在を含む存在」としてコギトを捉え直そうとする。彼がフッサール、ヘーゲル、ハイデガーを取り上げるのはそうした文脈においてである。はじめに触れたように、この三者の内でもサルトルは特にヘーゲルを重視しているように思う。その点を明確にするために、原著とは順序が異なるが、まずフッサール、ハイデガーに対するサルトルの批判を取り上げよう。

（3） 私ではない他者がいかに私の内に見出されるのか

フッサールは意識に現れる世界は間モナド的だと考える。彼は心理‐物理的な自我を還元し、世界と同列のものとみなした。経験的に知られる現実としての「私」は何ら特権的なものではなく、世界や他者の実在を疑うならば私の実在も疑わねばならない。「私」の経験と世界経験、他者経験とは同時なのである。私が一人で対象を眺めている場合にも、対象自体に属する構成的な意味層として、世界の豊かさの内にすでに他者が含まれている。フッサールは「自我」を還元することによって私の世界経験そのものの内にすでに他者経験があることを示した。しかし、これでもって独我論が完全に克服されたわけではないとサルトルは言う。間モナド的な世界に現れている他者は私の世界経験の内部に見出される他者である。だが他者の他者たるゆえんは私の見出す世界の外部に存在するところにある。フッサールも経験的自我とは異なる超越論的な自我を認めた。そういう世界外的な主観としての私が存続する以上、同じく世界外的な他者が存在しなくてはならない。真の問題は超越論的主観相互の結びつきなのである。つまり、私の世界経験の外にあり、私には手の届かぬ他の意識が問題であり、この「私とは別の私」の経験が私の内に見出されるかどうかが問われねばならない。フッサールはこの問題を素通りしてしまっているとサルトルは言うのである。

ハイデガーは世界‐内‐存在としての人間存在のあり方を共同存在（Mit-sein）とした。他者との対面的な関係ではなく側面的な関係を表す〈共に〉は、私が世界内で生きるときの存在論的な連帯性を意味する。ハイデガーにとっては、共同存在は私が受動的に蒙るものではない。それを本来性とするか非本来性とするかは私に負わされた責任である。共同存在の地盤の上で私は自分を「誰でもよい誰か」と成し、あるいは良心の呼び声に動かされて先駆的な決意を行う。そうした私の存在の仕方が私、および他者を「交換可能なもの」あるいは「かけがえのないもの」とするのである。こうしたハイデガーの考え方は「自分の存在の内に他者の存在を含む存在」を与えるかに見える。しかし——とサルトルは言う——ハイデガーは解決の方向を与えるだけで解決そのものを与えてくれない。経験の上で他者との共存はたしかに見出されるとしても、これが人間の存在論的構造だとどうして言えるのか。そしてまた、共存を土台とすることによって「私は他者ではなく、他者は私ではない」という否定の構造は消滅してしまうのだろうか。私と他者との「否定関係」が「共存」に至りうるためには相当の説明が必要なのに、ハイデガーはその点を素通りしてしまっている。私の存在に問いかけてそこに「共存」を見出したとしても、それによって私とは別の意識を持つ他者の存在を基礎づけたことにはならないのだ。

サルトルの主張をやや強引に要約したのだが、以上からわかるように、サルトルは、フッサールもハイデガーも私と他者との「否定関係」を考慮に入れていないと批判している。他者とはまさに「私ではない」のであり、そのような「他」としての他者がいかにして私の内に見出されるかが問題なのだ。両者ともその問題を素通りしてしまっているというのがサルトルの批判の要点だと言えよう。その点からすれば、この問題を正面から取り上げているのが『精神現象学』における自己意識の記述なのであり、サルトルがヘーゲルを高く評価する第一の理由はそこにある。

その観点から、ヘーゲルに関するサルトルの紹介を要約してみる。

ヘーゲルの『精神現象学』においては、私が自己意識として存在すること自体に他者の出現が不可欠だとされる。私が私自身だという確信は「私は私である」という同等性において表現されるが、この確信は未だ真理を欠く。これが真の確信となるためには、みずからの外部に自分自身の対象性と存在を見出さねばならない。その媒介となるのは他者である。ヘーゲルにとっては、他在において自己を認識し、他の自己意識と同一でありつつ自分自身とも同一となることによって自己確信が究極的に実現されるのだが、まずはじめには、各人がそれぞれにみずからを相手に承認させて自己確信を得ようとするのだから、他者は、私が私であるために私が排除する者として、また彼が彼であるために私を排除する者として現れる。この二重の相互的な排除関係は（サルトルの言う）内的否定関係の絆である。他者とはまず「私とは別の者（ce qui autre que moi）」であり、この否定性において私に与えられる。他者が私に関わりを持つのは、彼が別の「私」、すなわち私にとっての「対象‐私（彼）」である限りにおいてであり、また逆に、彼が私の「私」を反映する、すなわち私が彼にとっての「対象‐私」である限りにおいてである。私は私の存在の承認を他者から得なければならず、私の対自存在そのものが他者に依存しているのだ。私が他者に現れるがごとくに、私は存在する。

『精神現象学』ではこのあと自己意識相互の生死を賭けた闘争、主人と奴隷の記述へと続き、サルトルもこれらに触れてはいるのだが、そこはのちの問題としよう。サルトルが高く評価しているのはまず以上の部分に関してである。

ヘーゲルの天才的な直観は、私を私の存在において他者に依存させているところにある。私は他者によってのみ対自的に存在する対自存在であると彼は言う。それゆえ他者が私に侵入するのは私の核心においてである。……ヘーゲルにおいて、他者を構成する否定はまず直接的であり、内的であり、相互的である。次にこの否定は、それぞれの意識をその存在の内奥において攻撃し、傷つける。問題は内的な存在の水準、普遍的超越論的な私の水準で立てられている。私が他者の本質的な存在に依存するのは私の本質的な存在においてである。〝私自身に対する私の存在〟と〝他者に対する私の存在〟とは対立させられるのではなく、後者は前者にとっての必要条件として現れる。(EN, 293f.)

これはサルトル自身の立場でもある。彼はより具体的に羞恥の感情を手がかりにして他者を論じ、たとえば次のように言う。

他者は私と私自身とのあいだの不可欠な媒介者である。私は他者に対して現れる私を恥じる(J'ai honte de moi tel que j'apparais à autre.)。他者の出現そのものによって、私は事物について判断すると同じように私自身について判断しうる状態に置かれる。なぜなら、私が他者に対して現れるのは対象としてなのだから。（EN, 276）

この一節からも、サルトルとヘーゲルとの親近性は明らかであろう。サルトルはヘーゲルの意義を語ったあと直ちに批判に移るのだが、本章はここで立ち止まり、以上に紹介した限りでの両者の他者論を、「間主観性」の問題として考えてみたい。

（4）間主観性としての他者論

私は私の存在において他者に依存している。私は孤立した存在ではなく、「私が在る」ないし「私は私である」ことすら現実には他者を媒介にして初めて言えることなのだ。この内的な絆を強調するのだから、ヘーゲルもサルトルもある意味では徹底した間主観性の立場だと言ってもよかろう。しかしこの場合、私が他者の意識の内にみずからの反映を認め、私の意識の内に他者を認めるのは、他者が「私ではない」限りにおいてである。この否定において把握されて他者は初めて「他者」であるというのがサルトル、およびヘーゲルの着眼であった。私の意識の只中に「私の他」なる「主観としての他者」を見出さなければ独我論は克服されたことにならぬとサルトルは言う。その主張には納得させられるが、その立場に立てば「間主観性」の経験は「自己疎外」の経験とならざるをえない。他者の意識という鏡を通して自分が何であるかを私が知るとき、私は私の内に「私にして私に非ざるもの」を捉える。他者は私の内に取り込まれて私自身の「他」となる。ヘーゲルの言葉で言えば、「自己意識は、第一に、自分自身を喪失している。自己意識は自分を他の実在として見出すのだから。第二に、そこにおいて自己意識は他者を止揚している。自己意識はまさに他者を実在として見るのではなく、他者の内に自分自身を見るのだから。」(III, 146) ということになる。ここでは主観‐私と主観‐他者とは直接に関係させられてはおらず、私自身の疎外が媒介にされている。先に引用したサルトルの「私は他者に対して現れる私を恥じる」という言葉も、主観としての他者――他者の客観としての「私」――この「私」を意識する主観としての私、という三極構造を語っているのである。これは否定を媒介にした間主観性の論理とも、あるいは間主観性を否定する論理ともとれよう。そこに、両者の他者論の意義と問題が見出されると思う。

サルトルとヘーゲルの他者論において問われているのは、自他の区別のない「ひと」としての生活ではない。前人称的な意識以前の生を掘り起こすことは現代哲学の重要なテーマではあるが、自他の区別のないところでは「主観」も「他者」も主題化されないのだから、こうした「ひと」の場面を間主観性と名づけて足れりとすれば、多くの問題を取り落とすことになる。区別があって初めて「間」が問題になり、そこに人間関係の困難や逆説も生じてくるのだから、その問題を素通りした間主観性論は、現状追随の安易な人倫の学となろう。

また、二つの主観の併存を第三者的に眺めるような方法はとられていない。客観的な目で眺めれば多数の主観の併存を語ることは容易であるが、そうした併存はサルトルの言う「外的関係」であり、当事者相互によって生きられる関係ではない。外面的な関係だけが主題にされる場合には、ここでもまた、主観とは何であるか、他者がいかにして経験されるかという問題が取り落とされてしまう。

そのような安易な間主観性論ではなく、私と他者との区別（私は他者ではなく、他者は私でないという「否定」）を、当事者によって生きられる「内的関係」において取り上げようとするのがサルトルの方法であり、また彼の解釈するヘーゲルの自己意識論なのである。

そこで問題はこの「内的否定関係」から積極的な間主観性の論理が導かれるかどうかである。疎外の経験はたしかに現実のものではあるが、ハイデガーの言う共同存在の経験も現実のものである。前者から後者への道が開かれるであろうか。これは困難な問題である。サルトルはそこへの道を閉ざし、ヘーゲルは楽観的にすぎるように見える。しかしここでも両者の「あいだ」に何らかの展望を見出すことができるのではないかと思う。

（5）他者との相克と連帯

まず、コギトの立場で「相互関係」を語りうるかという問題を立てることができよう。サルトルは私の意識の内に他者を見出した。しかしそこから直ちに「他者は自分の意識の内に私を見出す」ことは帰結しない。私が他者によって疎外されるように他者もまた私によって疎外されていると言えるためには、もはや「私の意識」を超えた地点に立たねばならないのではないか。

この点に関してサルトルは問題を感じていないようである。彼は私の立場と他者の立場とを「交換」する方法をよく用いる。二つの立場に「同時に」立つことはできないことをサルトルは強調し、それはヘーゲルに対する批判の大きなポイントなのではあるが、しかし二つの立場が交換可能だとする点ではコギトの立場を一歩ガイストの方へ踏みだしていると言えるのではないだろうか。

それに関係して「相克」と「相互承認」をどう考えるかという問題がある。他者経験が疎外の経験として捉えられるとき、「自己意識はこの他在を止揚しなければならない」(III, 146) とヘーゲルは言う。そのことは他者もまた行うのだとすると、相互関係はまず「自己意識相互の生死を賭けた闘争」となる。自分を脅かす他者に面して、自分が自立した主観であることを示すには相手を屈伏させるしかない。その結果、自分こそが自立した主観であることを誇りそれを相手にも認めさせている主人と、畏怖を通じて主人に奉仕し外的な事物に縛られている奴隷という二つの極が生ずる。ヘーゲルのこうした展開は、サルトルもまた基本的に認めるところである。サルトルにとって人間関係は本質的に相克であり、「交換」は「まなざす者」と「まなざされる者」との関係でしかない。

そこからいかにして共同存在への展望が開かれるか。一つの手がかりとなるのは、主人と奴隷の記述の中でヘーゲルが相互承認への方向を指示している部分と思われる。

〔主人は本質的な行為であり、奴隷は非本質的な行為である〕しかし本来の承認であるためには、主人が他者（奴隷）に向かって成すことを自分自身に対しても成し、奴隷が自分自身に対して成すことを他者（主人）に対しても成すような契機が欠けている。そのために一方的で不平等な承認が生じているのである。ここでは非本質的な意識が、主人にとっては自己確信の真理性を形成している対象である。……それ故に、自立的意識の真理は奴隷の意識である。（III, 152）

サルトルは「奴隷は主人の真理である」というヘーゲルの発想に共感する。しかしここに現れている「相互承認」を拒絶する。

後者の点に関して言えば、ヘーゲルにとって、自己意識相互の闘争も主人と奴隷の関係も（さらには前節に述べた疎外の経験も）実は相互承認が自己意識に対していかに現れるかというプロセスなのだ。

二つの自己意識は互いに相手を承認し合っていることを承認し合っている。この承認という純粋な概念へすなわち自己意識の統一の中での二重化を、そのプロセスが自己意識に対していかに現れるかという形で観察しなければならない。このプロセスは、はじめには両者の不等性の側面を示すだろう。すなわち媒体が両極へと分裂して相対立し、一方はただ承認されるもの、他方はただ承認するものであるという事態を示すだろう。（III, 174）

サルトルがヘーゲルを高く評価し、自分との親近性を認めたのはこのプロセスについてなのだ。その始めと終わりが相互承認ないし「我々なる我、我なる我々」としての精神とされることについては、そこにヘーゲルの認識論的かつ存在論的オプティミズムがあると、サルトルは強く批判する。彼にとっては、諸意識の対立が普遍的な自己意識へと高まることなどありえず、相互関係は本質的に相克でしかありえないのである。ヘーゲルのように全体の観点に身を置くのではなく、意識個体の複数性を人間に課された事実性として引き受けねばならぬというのがサルトルの立場である。

しかし先に述べたように、サルトルが相克を語りうるためには「私が行うことを他者もまたこれを行う」という了解がなくてはならない。この相互関係のあり方をヘーゲルは相互承認として語り、サルトルは相克として語るのである。そうだとすれば、「相克か相互承認か」という結論を導く前に、ヘーゲルの言う「私が他者に向かって成すことを自分自身に対しても成し、他者が自分自身に対して成すことを私に対しても成すという契機」がいかなる状況のもとでいかにして生じ、何をもたらすのか、それを我々なりに改めて問う必要があるのではないだろうか。これについてはサルトルもヘーゲルも論理が先行し、ともに一面的な現実しか語っていないように思えるのである。

前者の「奴隷は主人の真理である」に関して言えば、サルトルは「奴隷」の立場の内に共同存在への展望を見出しているように思われる。『存在と無』の第三章第三節では、圧迫するまなざしの下で〝他者の客観としての「私」〟を共有する場合の「我々」の体験が語られている。この場合には、第三者によって規定されている状況が我々の「間」となり、これをいかに生きるかが問題となろう。そうなると相克の場面は私と他者との対面的な関係ではなく、社会的な対立関係へと移されることになる。そのような場面における人間関係は『弁証法的理性批判』で取り上げられることになろう。「奴隷」すなわち「圧迫された階級」こそが社会的な相克を背負うゆえにこれを顕現させる。そしてこれを顕現させる運動において連帯が生ずるということになれば、相克と連帯とは矛盾するものではなく、むしろ前者は後者の条件となろう。そのような形で間主観性を考えることは、現代のような状況においても決して無意義だとは思えない。

註

（1）『存在と無』（*L'etre et le neant*, Gallimard）はENと略す。
（2）*Critique de la raison dialetique*, Gallimard, pp.120–1.
（3）「内的否定」と「外的否定」についてのサルトル自身の説明はEN, pp.223–4を参照。
（4）EN，第一部第一章、Ⅲ、Ⅳ。
（5）*Sein und Zeit*, Klostermann，全集第二巻、S.16.

モナドロジーと西田哲学
――「一と多の矛盾的同一」について――

西田幾多郎は一九三九年二月一〇日付の下村寅太郎宛の書簡で、「ラ〔イプニッツ〕氏が一生アルス・コムビナトリアを考え　最后にそのためすべての知識の根底としてモナドロジーの如きものをかいた　私は〈絶対矛盾の自己同一〉を以てそれと同意義のものにしたいと思う」と書いている。本章では、モナドロジーと西田哲学を対話の場に置いて、「一と多」ないし「個物と世界」の「矛盾的同一」[1]について考えてみたい。

その見地から、西田がライプニッツについて主題的に論じたテキストを、三段階に分けて考える。①一九二〇年刊の『意識の問題』に収められた小論（「個体概念」および「ライプニッツにおける本体論的証明」）。②一九三八年の『思想』（五月と六月）に掲載された「歴史的世界に於ての個物の立場」（『哲学論文集　第三』に所収）。③一九四四年の『思想』六月に掲載された「予定調和を手引きとして宗教哲学へ」（『哲学論文集　第六』に所収）[2]。

年代的にも偏っていて、西田の思想発展をこの三段階に合わせるのは無理があるが、西田のライプニッツ解釈との関係で概観すると、①の「個体概念」では、ライプニッツの個体概念が、主に『形而上学叙説』(一六八六年)を手がかりに、批判抜きに紹介されている。その後、①と②の間には、一九二六年の「場所」をはじめとする〈場所の論理〉の展開があり、さらに「個物と個物の相互限定」が働くとされる「弁証法的一般者としての世界」が、矛盾をはらんだ〈歴史的世界〉として問題とされるに至る。そうした新たな立場から、②の「歴史的世界に於ての個物の立場」では、モナドロジーが批判的に論じられ、その批判に重ねる形で、歴史的世界が「多と一の矛盾的自己同一の世界」として描かれるのである。②に続いて翌一九三九年に出された「絶対矛盾的自己同一」でも、しばしばモナドロジーを手がかりに西田の論理が展開されるが、③の「予定調和を手引きとして宗教哲学へ」になると、モナド論や予定調和論(もちろん西田の解釈のもとで)を自身の考えとして語るという印象がさらに強くなる。しかしまた、②や③の後半で示される宗教哲学では、「唯一の個」が強調されるとともに、モナドロジーを超えた立場が表明されている。その思想は、遺稿の「場所的論理と宗教的世界観」(一九四五年)につながっていく。宗教の場面においても「絶対矛盾の自己同一」の論理が捨てられるわけではない。道徳的・社会的な場面ではいわばヨコの関係で捉えられた「自他の矛盾的関係」が、宗教の場面では、「絶対他者に面する自己」の矛盾的関係として、いわばタテの関係において論じられると言えるだろう。

以上概観したように、時期によってライプニッツの取り上げ方にも変化が見られる、それは西田の思想深化の、一つのメルクマールともなろう。

(1)「個物」の〈一〉と、世界(宇宙)[3]の一

「個体概念」で西田は、ライプニッツにおける個体概念を次のように紹介している。

ライプニッツはすべて真なる命題は主語の中に述語が含まれて居らねばならぬという考えから出立して、真の個体概念とはその中に「或者に生じた又生ずるすべての事件」を含んだものでなければならぬと考えた。……アダムの個体概念の中に尽未来際に亘りてアダムによって起るすべての事件が含まれるということは、アダムに於て起る一々の事件が予定調和によって全世界との関係に於て定められたということを意味する。個体が個体となるということは全世界と動かすべからざる関係に入込まねばならぬ。ライプニッツは近世哲学に於てはじめて個体概念の真相に到達した人ということができる。(二、四五一—二頁)

以上の紹介を手がかりに、ライプニッツにおける個体概念の射程と問題を見ておこう。「個体は全世界と動かすべからざる関係に入り込む」とは、過去未来に個体に起こる出来事すべて、のみならず全世界に起こる出来事すべてが、互いに関係しつつ、個体の内に含まれ、表現されていることを意味

する。しかもライプニッツは、それぞれに異なった性質を持つ個体が無数に存在し、二つとして同じ個体は無いと言う。そうだとすると、後年西田も問題にするように、個体は「自己矛盾的概念」と言わざるをえないだろう。諸個物は、それぞれがすべての物事を統一する「一」でありつつ、それぞれが「唯一」であるゆえに「多」と言わねばなるまい。その場合、諸個体が併存する世界の統一性はいかにして保証されるのか。個々のモナドが唯一独自な仕方で世界の全体を表現し統一するのだとすれば、世界にはモナドと同じ数だけの中心があることになる。個々のモナドの〈一〉を強調すればするほど、それらの〈多〉が浮上せざるをえないのではないか。

——この疑問に対してライプニッツは次のように答える。

同じ町でも異なった側から眺められると全く別の町に見え、多様な展望に応じて多くの町が存在するかのようである。同じように、単純実体は無限に多であるために、それらと同じ数だけ異なった世界が存在するかに見える。しかし実はそれらは、個々のモナドの異なった観点から見られた、唯一の世界への諸展望（les perspectives d'un seul (univers)）なのである。（『モ』、p.57）

そうであってこそ、できる限りの多様性とともに、にもかかわらず最大限の秩序を獲得することができる。すなわち最大限の完全性を獲得することができる。（『モ』、p.58）

至高の作者の完全性からは、さらに次のことが帰結する。……世界全体の秩序が可能な限り最も完全であるだけではなく、自分の視点に従って世界を表現する生ける鏡、すなわち個々のモナド、個々の実体中心も、他のすべてと両立する（compatible）ような、最も統制された知覚と欲求を持つに違いない。（『原理』、p.12）

すべての実体は、他のすべての実体を、それらと結ぶよう定められた関係に従って、厳密に表出する。そのように図っている普遍的調和（harmonie universelle）というものがあるのだ。（『モ』p.59）

ライプニッツによれば、パースペクティヴの多様に応じて多様な世界が存在するわけではない。諸個物はそれぞれに独自でありながら、全体として秩序を形成するような統制がはたらいているのだ。個々のモナドが世界の鏡だということは、「多における一の表現」であるとともに「一における多の表現」でなければならぬ。「一即多かつ多即一」ということになるが、その支えとなるのが、神の完全性に由来する最善世界の仮説であり、予定調和への確信である。ライプニッツによれば、神は「最善」という基準に基づいて、現に在るこの世界を創った。最善の世界は完全な世界であり、彼の中心的な規定によれば、「最大限の多様性と最大限の秩序」が実現している世界である。諸モナドによって構成される世界は、同じような個物から成る画一的な世界ではないし、様々な個物が散乱するアナーキー状態でもない。モナド相互の「多における多の表現」も、全体としての〈一〉に統制され、調和が保たれている。——神は完全であるゆえに、こうした最善世界を計画して現実世界を産出した。そこにこそ、「何故に他の世界ではなく、このような世界が現実存在するのか」の理由、また「現実世界において、事態がこのように進行し、他のようには進行しないのは何故か」の理由がある。一々の個体は、また世界に起こる一々の事件は、「最善」を目指した神をも表現していることになる。華厳の理事無碍、事事無碍にも通ずる、この壮大で神話的な「合理主義」をどう考えるか。

「個体概念」で西田は次のように言う。

全体との関係を或る物の性質の中に入れて見ることによって、個体概念が成立するのである。全体と動かすべからざる関係に於て立てば立つ程、個体的となるのである。(『二巻』、四五四—五頁)

〔個体的知識を目的とする精神科学においては〕全体の直観より出立する綜合的見方がなければならぬ。……是故に、芸術と同じき創造的想像の力を要する。(『二巻』、四五六—七頁)

ライプニッツと同じく、個体は全体との関係において初めて個体だと西田は強調する。ここには、根本的な原理に基づいて「すべてを説明して見たい」という、西田の一貫した情熱が投影されていよう。(4)

しかし「原理からの説明」は独断論とみなされ、超越的な一者からの発出論とも受け取られかねない。田辺元は「西田先生の教えを仰ぐ」（一九三〇年）の中で、「先生の自覚の体系に於ては、最後の一般者が単に求められたものとしてでなく与えられたものとして存するのである。私は此点に於て根本の疑問を懐かざるを得ない。(5)」と批判した。

この批判が当たっているかどうかは微妙である。この小論でも、西田は「全体からの内面的限定」たる真の個体概念に到達することは、経験的知職によっては不可能であり「予定調和を策した神のみが知る」と言っている（『二巻』、四五六頁）。しかしまた、芸術的な創造的想像力を、神のごとき「全体的直観」になぞらえてもいる。

（2）予定調和なきモナドロジー

根本原理に基づいてすべてを説明するという情熱は「現実世界の論理構造」の探求に通ずるであろう。その探求において、西田はライプニッツの壮大な合理主義を受け継いでいるように見える。しかし神話的にではなく、あくまで生きた現実の論理としてモナドロジーの発想を生かそうとするのである。しばらく、②「歴史的世界に於ての個物の立場」（一九三八年）を手がかりに、西田のライプニッツ批判を通じて彼自身の思想に近づいていこう。

神の予定調和と云う如き考を棄てて、かかる立場からライプニッツを見ることによって、彼の考に今日尚生きた意義を見出し得るであろう。（『八巻』、三一七頁）

世界が単に多でもなく単に一でもなく、多と一との矛盾的合一と云う時、……それは単にライプニッツの云う如き予定調和の世界、合成物の世界ではなくして、物が生まれ来たり、亡び行く世界である。（『八巻』、三五九頁）

それ自身によって動き行く真の実在的世界と云うのは、多即一一即多として、矛盾的自己同一として動き行く世界でなければならない。（『八巻』、三一八頁）

神によって産出された予定調和の世界は永遠であり、その成員たるモナドも不死である。しかし西田の考える世界も個物も、そういうものではない。時間性と身体性を備えた生ける現実であり、移ろい、滅び行くものである。「矛盾的同一」というのは、そうした現実の論理である。西田もまた、実在する世界を「多即一一即多」だと言う。しかし予定調和という仮説を抜きにするなら、この論理は、生ける現実の逆説を示すものでなければならない。

もう一度、先の問いに立ち帰ろう。――「個々のモナドが唯一独自な仕方で宇宙の全体を表現し統一するのだとすれば、世界にはモナドと同じ数だけの中心があることになる。個々のモナドの〈一〉

を強調すればするほど、それらの〈多〉が浮上せざるを得ないのではないか。」――個物による世界の表現が「多における多の表現」と見えるのは見かけ上のことだとライプニッツは言ったが、西田からすれば、それは現実の姿だと言うべきだろう。世界の「一」は、我々にとって不可知と言うしかない。矛盾的同一のイメージとして、西田はしばしば「周辺なくして到る所が中心となる無限大の球」という比喩を引く(6)。個物は自己を限定して個物性を示すが、それは無限の一般者の自己限定を映ずるものである。しかし個物が有限である以上、一般者は把握できぬ無限であるから、諸個物は無数の中心（多）として自己を、そして世界を表現するしかない。具体的な行為の世界では、それは個物相互のせめぎ合いとなり、諸個物の矛盾対立を通じてのみ「一」ないし「調和」が展望されるのである。

彼〔ライプニッツ〕は無数のモナドを考えた、個物の多数性を考えた。併し彼は遂に個物は個物に対することによって個物であると云うに至らなかった。モナドは窓を有たないと考えたのである。……多の一としてモナドは自己自身を映し自己自身から動いて行くのである。かかる各自独立なる無数のモナドが、結合して一つの世界を組み立てるには予定調和の如きものを考えざるを得なかった。（『八巻』、三〇八頁）

独立的にして自己の内に自己を決定するものが、他に対することによって自己であると云うことは自己矛盾である。而もかかる意味に於いて自己矛盾的であるほど、それが個物的なのである。

多と一の絶対矛盾の自己同一によって真の個物というものが成立するのである。(『八巻』、三〇九頁)

①の「個体概念」では「全体と動かすべからざる関係に於て立てば立つ程、個体的となる」と言われた。②ここでは「自己矛盾的であるほど、個物的である」とされている。西田の思想展開として基本的な非連続があるとも見えるが、むしろ連続的に「個物は自己矛盾を通じて全体との関係に入る」と考えることもできよう。「自己矛盾」というのは、ここでは「他に対することによって自己である」ことである。多が一となり、個物が全体との関係に入るには、他者が不可欠である。ライプニッツの言葉で言えば「コムポッシブルの世界」が想定されねばならない。しかしその共存は平安な同一性ではなく、相互否定的な関係であり、それを通じてともに歴史を形成していくという意味の共存である。一と多の「即」は、予めの調和として神が定めているのではなく、世界の矛盾を通じ、歴史の中で実現されるべきものなのである。

多と一の絶対矛盾の自己同一によって、個と個が相対立し、個物相互限定の世界が成立するのである。真の実在的世界とは、此の如きものでなければならない。(『八巻』、三一〇頁)

個物と個物と相反し相争うという所に矛盾的自己同一として種的形成というものがあるのであ

る。個物の相互限定なき所に種の形成というものなく、種の形成というものなき所に個物の相互限定というものはない。(『八巻』、三三一頁)

多と一との絶対矛盾的自己同一の世界は、作られたものから作るものへとして無限なる労苦の世界である。(『八巻』、三四九頁)

ここで「種」というのは、複数の個物をともに方向づける「形」であり、行動パターンとされる。個物は、すでに作られた形に方向づけられつつ、相互に交流し合う中で新たな形を作っていく。大きくは、ライブニッツも西田も取り上げる、物質、生命、人間といった種別ができるが、民族とか文化、あるいは小さなグループの持つ基本的発想も含め、幅広く考えることができよう。モナドロジーにおいては「小宇宙としての個物」と「大宇宙としての世界」のみが考えられたが、西田は歴史的世界を、重層的な種的形成として考えているように思われる。それは常に「不調和の調和」(『八巻』、三三一頁)という形でしか現実化しない。実際に現実を生きている者にとっては、現在の世界は自己同一的世界と見えるかも知れないが、それは「絶対矛盾の自己同一の世界の、内に映されたる自己同一の影像」(『八巻』、三三三頁)として、「作られた世界」なのである。

（3）　モナドの身体性

西田はモナドロジーを批判しつつ、生ける現実の論理として「矛盾的同一」を示した。そこでは個物も永遠ではなく、生れ死ぬものとして、かつ相互に関係し合うものとして、つまり身体を備えたものとして捉えられた。

ライプニッツはモナドを形而上学的点と云うが、私は我々の自己の一々を歴史的世界の創造点と考えるのである。それは作られて作るもの、歴史的身体的なるものである。単なる物体でもなければ、単なる精神でもない。（「予定調和を手引として宗教哲学へ」、『十巻』、一〇七頁）

こうした西田の意見を参考に、「モナドの身体性」という見地からモナドロジーを見直してみよう。ライプニッツが語る「単純実体（substance simple）」と「生ける実体（substance vivante）」について考えると、両者もまた「矛盾的同一」としか言えないのではないかと思えてくるのである。まず単純実体について『モナドロジー』および『原理』の冒頭部分を引用しよう。

モナドとは、複合体を作っている、単一な実体のことである。単一とは部分がないということ

である。(『モ』、p.1)

部分のないところには、広がりもなく、形もなく、分割されることもできない。そのようなモナドが、自然の真実のアトムであり、一言で言えば諸事物の諸要素である。(『モ』、p。3)

モナドが、いかにして他の被造物によってその内部まで変質・変化させられうるか、それを説明する手段は存在しない。……諸モナドには、そこを通って何ものかが出入りするような窓はない。(『モ』、p.7)

実体とは作用できるものであり、単純であるか複合的であるかのどちらかである。単純実体は部分を持たぬ実体であり、複合体は、諸単純実体すなわち諸モナドの集まり(l'assemblage)である。……諸複合体すなわち諸物体は〈多(des Multitude)〉であり、諸単純実体(生命・魂・精神)は、諸々の〈一(des Unités)〉である。単純実体は到る所になければならない。それらなくしては複合体も存在しないだろうから。かくして全自然は生命に満ちている。(『原理』、p.1)

単純実体とされるモナドは、分割されない〈一〉であり、形も広がりも持たないとされる。そんな形無きモナドが、形有る物体の要素であるというのはわかりにくい。形のないものがいくら集まっても、現実に存在する複合性を形成することにならないのではないか。〈一〉が集まって〈多〉となるわけではない。ここでの一と多は同列平面に置かれるものではない。

形も広がりもないモナドは、一般にはエンテレケイア（エネルギーの発現）として、あるいはより高級な精神作用として、物体の〈多〉を取りまとめ、一つの方向へと向かわせる。だから魂と物体（身体）とでは作用の法則は異なるのであり、一方には目的論、他方には機械論が適合するとされる（『モ』、pp.78, 79）。

しかし西田も指摘することだが、人間世界を含む生命世界においては、両者は一緒に存在する。ライプニッツも両者が結合したものとして「生ける実体」を語るのである。

個々のモナドは特定の物体と一緒になって、生きた実体を成す。（『原理』、p.4）

モナドに属し、そのモナドを自分のエンテレケイアや魂としている物体は、エンテレケイアと一緒になって〈生物〉と呼ばれ、また魂と一緒になって〈動物〉と呼ばれうるものを構成する。（『モ』、p.63）

モナドは、特有の物体と一緒になって「生ける実体」を成すとされる。「物体から完全に離された魂とか、物体なき精霊など存在しない。物体から完全に切り離されているのは神のみである。」（『モ』、

p.72）〈多〉とされる複合体（事物（chose）、物体（corps）、物塊（masse）などと呼ばれる）の方から言えば、〈二〉であるモナドと一緒になって〈一性〉を与えられ、「生ける実体」としての身体となる。モナドと一緒になる以前の「多」があるとすれば、混然とした無差別の塊であろうが、ライプニッツにとってそんなものは現実に存在しない。それゆえ現実に存在するもの（神によって創造されたもの）は、いわば「一即多、多即一」である「生ける実体」と考えられる。「全自然は生命に満ちている」と言われるのも、モナドと身体が一緒になった生命体の充満を示しているのであろう。この実体の場合は身体性を具え、他の実体との影響関係に入るのだから、「窓がない」と言うことはできない。

ライプニッツは二元論と一元論のあいだを動揺しているように見えるが、魂と身体の関係、ないし個物の独自性と交流を論じ、生命に充ちた自然を語ろうとすれば、そうした「あいだ」に立つしかないのかもしれない。西田の言葉として言えば「矛盾的同一」ということになる。その現実を踏まえて西田は「生ける実体」の立場から歴史的世界を論じた。そこから見ると、モナドロジーとは何だったのか、なぜ「形も、広がりも、窓もない」単純実体を真実のアトムとしたのかという疑問も湧いてくる。その疑問も含め、「表現」について考えよう。

（4）「表現」について

まずモナドロジーにおける「表現」を問題にしよう。

〈一〉の内に〈多〉を包み、表現している（enveloppe et représente une multitude dans l'unité）推移的な状態が、知覚と呼ばれているものにほかならない。（『モ』、p.14）

我々は自身のこととして単純実体の内に〈多〉を経験する。魂が単純実体であることを認める限り、〈モナドの内の多〉を認めないわけにはいかない。（『モ』、p.16）

個々のモナドは自分に固有な物体（＝身体）が感じる諸影響（les affections）に従い、自分の外にある諸事物を、中心（たる自分）の内にあるかのごとく表現する。……世界の充満性ゆえにすべては結びついており、各物体は距離に応じて他の物体に作用し、また反作用による影響を受けるから、個々のモナドは内的作用を具えた生きた鏡であり、自分の視点に従って世界を表現し、世界そのものと同様に統制されている。（『原理』、p.3）

それぞれのモナドはみずからの内で、多様な外部を知覚（表象）するのだが、個々のモナドによる表現は、全宇宙にまでおよぶ。「モナドの本性は表現的ということであり、表現が事物の一部分に制約されるようなことはありえない。」（『モ』、p.60）なぜなら「世界は充満している」からであり、すべての物体が、遠近強弱の差はあれ影響し合っているからである。ある物体に一性を与えて自分の身体としているモナドは判明な知覚から微小な知覚に至るまで程度の差はあるが、他の物体すべてを知覚し表現していることになる。明暗の襞を備えて、それぞれのモナドは独自な仕方で世界を統一していると言えよう。先にも問題にしたように、モナドの〈一〉は「唯一」であるとともに「統一」である。「〈一〉の内に〈多〉を表現する」とき、ここでの「多」は「一切」でなければならぬ。

部分のないモナドは「体」など持たないのだから、モナドの「内」はそのまま「外」だとも言えるわけであって、両者をつなぐ「表現」を「即」と言うのも無理な言い方ではない。そう考えると、モナドの〈一〉は〈無〉に近いのではないかと言いたくなる(7)。

モナドにおいて「内が外へ」と転化するように、その「一が多へ」と転化するのである。個々のモナドは他のモナドすべてを表現するとともに、他のすべてのモナドによって表現されることになる。こうした転化が妨げなく行われる有様が、華厳で言う「事事無礙」ということになるのだろう。

しかし、そうはいかない。仮にモナドが「無」となって「一切をあるがままに表現する」ことができるとしても、そのモナド自身は「他のすべてのモナドによって表現される」ことはできないだろう。形なき無であれば、世界を充満させる部分とはなりえないはずだ。「他のモナドすべてを表現するとともに、他のすべてのモナドによって表現される」ためには、モナドは身体性を備えた、生ける実体でなければならぬ。そこでの表現のあり方はどのようなものであるべきか。――西田の表現論に移ろう。

個物の相互関係、個物と世界の関係を明にするため、私はライプニッツのモナドロジーを利用した。個物を表象的と考えるならば、モナドロジーの考は、それ以上に考えられないと思う程、巧緻を究めたものと云い得るであらう。併し私はライプニッツと立場を同じうするのではない。私の個物と個物と云うのは相働くものである。相否定するものである。自己自身を否定することによって肯定するものである。……私の個物と云うのは多即一一即多として自己自身を形成し行く世界の自己否定的契機と云うべきものである。此故に私の考はモナドロジーではない。私の考の要所は、個物と個物との予定調和にあるのではなくて、作られたものから作るものへと自己自身を形成し行く世界にあるのである。……強いて私の考をモナドロジー的と云うならば、ライプニッツのそれの如く表象的でなく創造的と云うべきであらう。弁証法的モナドロジーである。(『八巻』、三二八―三二九頁)

西田はライプニッツのモナドロジーを「表象的」だと言い、それに対して自分の立場を「創造的」、「弁証法的」、またしばしば「表現作用的」と称する。「表現と云うことは、他が自己に、自己が他にと云うことである。」(『十巻』、三〇〇頁)――それも実践的行為として、「個物と個物が相働く」ことである。ただし西田の重点は歴史的世界における形成作用にあり、そのためにこそ諸個物は、相互否定の活動を通じてその形成に参与する。

そこから考えると、先ほどとは違った意味で、モナドの表現作用を積極的に「無」と名づけうるかもしれない。個物は、自己否定の活動を通じて他の個物との相互関係に身を置き、その関係において世界を表現する。その場合、表現は自己から発するものであると同時に、世界の側からの自己表現ともなる。

「個物が世界を表現」することが同時に「世界による自己表現」であるということは、我々にはわかりにくい。無我の境に立つ西田の文体という感じもする。「絶対矛盾的自己同一」では、時間の逆説に重ねてその趣旨が繰り返されており、そこが絶対矛盾の自己同一なる論理のポイントの一つという印象を受ける。たとえば「現在が形を有ち、過去未来を包むと云うこと、そのことが自己自身を否定し、自己自身を越え行くことでなければならない。而してかかる世界は、個物がモナド的に世界を映すと共にペルスペクティーフの一観点であると云う如き、表現的に自己自身を形成する世界でなければならない。」(『八巻』、三八一頁)と言われている。

(5) 道徳的秩序

西田において「表現」は実践的な共同行為であり、相互の自己否定を通じて歴史的世界の形成作用に参与することであった。そうなると表現作用そのものが、道徳的色彩を持ってくる。

ライプニッツのモナドは他を映すと云う、世界を映すと云う。一つのものが他を映すと云うことは、何処までも他を否定することであると共に、何処までも他から否定せられることである。……

自己が他を映すと云うことは、自己が自己の直線的連続の外に出ると云うことでなければならない。自己が多の中の一になると云うことでなければならない、而してその立場から自己自身を見ると云うことでなければならない。かかる意味に於て表現することが知覚であるのである。(『八巻』、三一二頁)

ライプニッツの言う知覚(表象)は、一の内に多を包み、表現することであった。西田はこの働きを、「他を映す」-「他から否定される」-「自己の過去を振り捨て、連続の中に非連続をもたらす」-「多(他)との共存に於て自己を見る」という筋で論じていく。モナドロジーとは相当な隔たりを感ずるのだが、西田としては、モナドロジーから予定調和という仮説を取り払い、モナド相互の「多における多の表現」——諸個物の矛盾対立——こそが現実だとみなした以上、それを出発点として、改めて全体の調和が生ずる可能性を示そうとしたとも言えるだろう。諸個物の矛盾対立は、各自が他に対して自己自身を否定し合っているような、個物相互限定の世界とならねばならない。そうであってこそ自己否定が自己肯定になり、「他に対することによって自己である」と言えるのである。「多即一一即多として、矛盾的自己同一として動き行く世界」こそが真の実在的世界であるべきと言われたが、そうした世界をあらしめる原動力は、個物相互の自己否定的活動である。また逆に、「矛盾的自己同一として動き行く世界」においてこそ、個物は真に個物に対することができるのである。遺稿の「場所的論理と宗教的世界観」では、モナドロジーは明確に当為の世界として、道徳的秩序として語られている。

絶対矛盾的自己同一的世界に於ては、個物的多の一々が焦点として、それ自身に一つの世界の性質を有つのである。モナドロジーに於ての様に、一々のモナドが世界を表現すると共に、世界の自己表現の一立脚地となるのである。故にかかる世界に於ては、個と個とは、恰もカントの目的の王国に於てのごとく、互に表現作用的に相働くのである。……我々の自己は、かかる世界の個物的多として、その一々が世界の一焦点として、自己に世界を表現すると共に世界の自己形成的焦点の方向に於て自己の方向を有つ。此に世界の道徳的秩序と云うものがあるのである。(『十巻』、三〇〇―三〇一頁)

その上で西田は、こうした道徳的秩序を破るものとして宗教性を打ち出す。③の「予定調和を手引きとして宗教哲学へ」では「ライプニッツに於ては、全と個とが、真に矛盾的自己同一ではなく、何処までも全体的一が基底的であるのである。キリスト教的に神が絶対的主体である。」(『十巻』、一〇三頁)とされている。では矛盾的自己同一の論理で示される宗教とはどういうものか、これについて論ずるのは他日のこととしたい。

本章で目指したのは、西田の言う矛盾的自己同一の論理を、彼が手がかりとしたモナドロジーとの関係において理解することであった。そこで改めて問題にする必要を感じたのは、「身体」と「表現」の問題である。これについては、別の視点から(特にメルロ゠ポンティと西田を)取り上げて論じてみたい。

註

（1）西田は「自覚」、「絶対無」の思想とも関連して、「矛盾的自己同一」、「絶対矛盾の自己同一」などと言うが、本章ではこうした思索にまで深く立ち入ることができないし、ライプニッツとの対話の場に置くという観点から、より一般的な「矛盾的同一」という言葉を使った。

（2）西田の著作、論文からの引用は、二〇〇二―二〇〇九年発行の『西田幾多郎全集』（岩波書店）の巻数と頁を示す。原則として本文に組み込んだが、註に回したところある。書簡からの引用は、宛先と日付を示した。一部仮名使い等引用に際し改めた。

ライプニッツのテキストからの引用は最晩年（一七一四年）の『理性にもとづく自然と恩寵の原理』（『原理』と略記）および『モナドロジー』（『モ』と略記）に限った。それ以外の引用は註に示す。

（3）ライプニッツは「世界（monde）」と「宇宙（univers）」という別の言葉を使うが、特に意味の違いがあるとは思われないので、いずれにも「世界」という訳語を使うことにした。

（4）基本的な原理に基づいて「すべてを説明してみたい」という西田の情熱は、初期のテキストの序論には表立った形で表明されているように思われる。

「純粋経験を唯一の実在としてすべてを説明してみたいというのは、余が大分前から有っていた考であった。」（『一巻』、六頁）（『善の研究』序、一九一一年）

「余が此論文の稿を起こした目的は、余の所謂自覚的体系の形式に依ってすべての実在を考え……。」（『二巻』、

六頁）（『自覚に於ける直観と反省』序、一九一七年）

（5）「私の直観と云うのは……有るもの働くものすべてを、自ら無にして自己の中に自らを映すものの影と見るものである。」（『三巻』、二五三頁）（『働くものから見るものへ』序、一九二七年）

（6）『田辺元全集　第四巻』、筑摩書房、三〇七頁。

（7）「私と世界」（『六巻』、一〇八頁）、「弁証法的一般者としての世界」（『六巻』、二五一頁）では、パスカルの言葉として引用されている。「場所的論理と宗教的世界観」でも、この比喩は各所に見出されるのだが、「予定調和を手引として宗教哲学へ」では、「中世の神秘哲学に於て、神は周辺なくして中心が到る所にある無限球（sphaera infinita）と考えられた」（『八巻』一〇三頁）と書かれている。晩年の西田には、あるいはニコラウス・クザーヌスが念頭にあったのかも知れない。

（7）『華厳五教章』でも、「言う所の一とは、自性の一に非ず。……ただ無性なるに由りて一多の縁起を成ずることを得。」また「言う所の一とは、是れ所謂の一に非ず、縁成無性の一なり。此に為りて一即多なる者を、是を一と名つく。若し爾らざれば一と名づけず。」（「十玄縁起無礙法門義」）と言われている。

後記

本書は、一昨年（平成二六年）の一二月に亡くなられた片山洋之介氏の、「日常と偶然」に関する論考を集めたものです。いわゆる遺稿集ではなく、このテーマでの本の構想は、数年前に企画され、そのための研究会も何度も開かれ議論されてきていたものでした。

平成二一年、南山大学で開かれた第六〇回日本倫理学会大会の主題別討議は、「日常と偶然——和辻vs九鬼」というテーマでしたが、これも、その総括コメンテーターを務められた片山さんの発案に基づいて行われたものでした。

——日常性はすでに存在する自明の事実として必然視されるが、偶然性は、そうした日常性の余所《よそ》としてあり、日常世界を壊したり、あるいはそれを揺るがしつつ活性化するものとして働く。こうした日常性と偶然性を含みこんだ倫理学が構想されるとすれば、それはどのような倫理学としてありうるか。

南山大学の会場で、こう総括的に問いかけておられましたが、本書はその問いかけに対する片山さんご自身の答えでもあります。亡くなる三日前にも構成・目次などについてのご相談をいただきました。ほんのわずか、もうすこし時間があれば、と悔やまれながら、亡くなる直前まで手を入れ続けた本書が、ともあれ、こうして出版されることになったことを心より慶ばしく思うと同時に、片山さんのご冥福を心よりお祈りいたします。

各論文の初出は、左記の通りです。

第一部　日常と偶然

日常と偶然へのアプローチ

『茨城大学人文学部紀要　人文学科論集』第37号、二〇〇二年

日常経験と身体

『思想の科学（124）　現代哲学入門』思想の科学社、一九八〇年

日常性への回帰（改題「ハイデッガーと和辻の「対話」」）

平成一六〜一八年科学研究費研究成果報告書「両大戦間に日欧の相互交流が日本の哲学の形成・発展に与えた影響をめぐって」

存在論と日常性

『茨城大学人文学部紀要　人文学科論集』第41号、二〇〇四年

日常性への可能性

『可能性としての実存思想　実存思想論集XX』理想社、二〇〇六年

日常性と倫理学
『甦る和辻哲郎』佐藤康邦他編、ナカニシヤ出版、一九九九年
日常性の射程
平成一九〜二一年度科学研究費成果報告書「西洋哲学との比較という視座から見た日本哲学の特徴およびその可能性について」、二〇一一年
偶然の意味
『存在への問い　実存思想論集Ⅲ』以文社、一九八八年
〈よそ〉の受容
『理想　第665号　特集：サルトル・今』理想社、二〇〇〇年
自己と偶然性（改題「メルロ‐ポンティにおける偶然性の問題」）
『現象学年報（12）』、一九九六年

第二部　身体・他者・死

習慣と身体
『実存主義　七八号　特集：習慣のパラドックス』以文社、一九七五年
サルトル哲学における死の問題（改題「サルトル哲学と死の問題」）
『実存主義　八九号　特集：サルトル』以文社、一九八五年

サルトルとヘーゲルにおける他者の問題（改題「サルトルとヘーゲル――『存在と無』と『精神現象学』における他者の問題」）

『ヘーゲル社会思想と現代』城塚登／濱井修編、東京大学出版会、一九八九年

モナドロジーと西田哲学

『思想間の対話――東アジアにおける哲学の受容と展開』藤田正勝編、法政大学出版局、二〇一五年

※　引用においては、適宜表記を改めたところがあります。

なお、本書の全体構成につきましては、片山さんの基本構想をもとに、平木幸二郎、佐藤康邦、藤田正勝の各氏とご相談し、校正についても分担していただきました。また、奥様の尹久子さんにも校正等、いろいろとお手をわずらわせました。

本書の出版に際しましては、理想社の宮本純男氏には、ほんとうに何から何までお世話になりました。企画当初から、この本を出すなら宮本さんに、と片山さんが言っておられた意味がよくわかりました。宮本さんがいなければ、この本はかたちになりませんでした。片山さんに代わって、あつく御礼申し上げます。

平成二八年　陽春

竹内整一

著者紹介

片山洋之介（かたやま　ようのすけ）

1940年、大阪市生まれ。東京大学文学部西洋史学科、倫理学科卒業。同大学院人文科学研究科博士課程単位取得退学。茨城大学教授、人文学部長などを経て、同大学名誉教授。実存思想協会理事長、日本倫理学会常任評議員などを務める。2014年逝去。

著書・論文——『存在への問い』（共著、以文社）、『ヘーゲル社会思想と現代』（共著、東京大学出版会）、『現代哲学への招待』（共著、有斐閣）、『甦る和辻哲郎』（共著、ナカニシヤ書店）など、その他。論文「習慣と身体」（『実存主義』74号）で、第24回和辻賞受賞。

日常と偶然

2016年５月31日　第１版第１刷発行

著　者　　片　山　　洋之介
発行者　　宮　本　　純　男
発行所　　株式会社　理想社
〒270-2231　千葉県松戸市稔台２－58－２
TEL 047-366-8003　FAX 047-360-7301

ISBN978-4-650-10548-3 C1010
製作協力　有限会社トップアート　　製本　渡邉製本株式会社